民法公证人&和中立律师
——现代社会预防性司法比较研究

The Civil Law Notary-
Neutral Lawyer for the Situation
A Comparative Study on Preventative Justice in Modern Societies

[美]彼得·L.马瑞
[德]拉尔夫·施图尔纳 / 著

王葆莳 / 等译

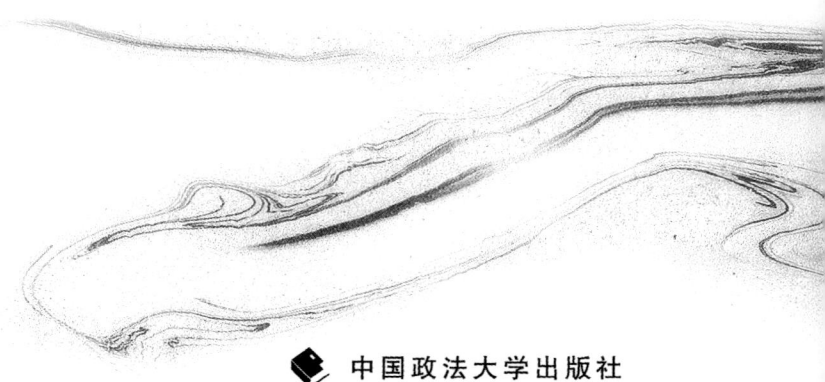

中国政法大学出版社

2023·北京

中文版序言

　　对普通法系和大陆法系的比较法研究一直是法律专家关注的领域。21世纪以来，两大法系的学者逐步认可对方法系的优势，并试图在共同价值观上达成妥协。但两大法系植根的国家和地区为了扩充影响力，在各个方面展开了理论及实践的竞争，特别是有关交易法的制度，公证亦处于两大阵营竞争的焦点。对此，法国学者 Pascal Lorot 曾撰文称"公证人位于世界法律体系战争的中心"。深受美国影响的世界银行不断对大陆法公证制度进行抨击，尤其在其每年发布的《营商环境报告》中，法国、德国等大陆法系国家多次因其不动产交易领域中的公证制度而被拉低排名。法国公证人高等理事会时任主席 JEAN TERRADE 曾在 2014 年 9 月 17 日的全国公证人大集会上疾呼："长期以来，美国和英国就明白法律输出的价值。长期以来，他们把接受普通法作为援助欠发达国家的先决条件"。

　　2019 年年底，国际公证联盟发布了《关于公证文书经济性的比较法研究》报告，回应英美法系对大陆法公证制度"阻碍经济效率"的诋毁，其中多处引用了马瑞教授和施图尔纳教授在本书中形成的研究成果。两位作者从实证法的角度，以各国不动产交易为研究对象，比较了美国和以德国为代表的欧洲国家各自房产交易法律专业人员的功能、特征以及优缺点，特别研究了美国不动产交易中出现的众多过度和虚假交易引发的金融危机，"用事实和数据全方位展示了大陆法公证制度不仅在经济成本和效率方面优于英美法机制，还提供了后者无法比拟的法律安全保障"。

　　作为全球第二大经济体，中国的大陆法公证制度不可避免地受到了这种法律输出争夺的影响。2020 年 1 月 15 日签署的中美第一阶段经贸协议中提到，"对于无法通过当事人之间认可或以接受伪证处罚为前提的证人证言引入或确认真实性的证据，中国应简化公证和认证程序"。2021年7月，全国人大常委会启动公证法执法检查，提出要与时俱进修改公证法。鉴于中国公证法修法既要立足于中国国情的长期实践转化，又要体现大陆法国家对于民法公证人承担预防性法律服务的公共职能定位，认真研究和借鉴大陆法公证制度在各国发展研究的成果就显得十分必要和急迫。

据统计，将国外公证专著翻译成中文在中国正式出版的共有三部，分别是《法国公证》（法律出版社1989年版）、《公证执业法》（法律出版社2008年版）、《公证人之民事责任》（上海人民出版社2015年版）。这三本著作的作者均为法国学者，内容有关法国公证制度。在2005年中国公证法颁布之前，司法部律师公证工作指导司曾组织编译过《中外公证法律制度资料汇编》，内容主要为外国的公证立法条文，是为公证法出台做准备。公证法颁布后，厦门市鹭江公证处组织人员翻译出版过外国公证法汇编。

但迄今为止，针对各国公证制度的历史进程以及公证对社会生活影响实证比较研究的外文专著在中国出版领域还是空白。究其缘由，系因法国、德国等欧洲国家公证制度是大陆法系国家中的典范，且国际公证联盟组织的通用语言亦是法文和西班牙文，因此联盟会议、学术著作、研讨发言大多采用非英文，使得中国公证员学习第一手外文资料比较困难。而在欧洲访学的中国学生和学者研究民法公证人制度的更是凤毛麟角。因此，本书的推荐及其翻译出版，特别是对于各国民法公证人的历史发展介绍，恰好填补了中国对于外国公证史研究的资料空缺。本书对于解决目前中国部分地区出现的预售商品房资金监管漏洞问题，以及对于不动产登记法的制定等诸多方面，有着非常及时的比较法视角借鉴意义。

本书的出版缘于中德两国法治国家对话机制的建立。根据2016年3月2日中国公证协会和德国联邦公证协会在北京签署的合作备忘录，中国公证协会组织全国不同省市的资深公证员一行19人，于同年9月份在德国进行了十天的公证培训。9月15日，德国联邦公证协会副主席赫希哈德·布朗科公证人在培训的最后一天，将两本在德国出版的公证专著赠送给中方团长张宇红女士，一本是罗尔夫·克尼佩尔教授的著作《公证的经济分析》（已由米婷博士翻译，上海人民出版社出版），另一本就是本书。

本书的出版得到了在中国政法大学设立的公证课题项目基金（由北京市长安公证处、上海市公证协会、厦门市鹭江公证处、昆明明信公证处共同发起）的资助，陈汉先生、蔡勇先生、李辰阳先生为本书的出版做出了自己的贡献。

最后特别感谢王葆莳教授和湖南师范大学 2016 级硕士研究生组成的翻译团队，精准的翻译让阅读者避免了歧义。参与本书初稿翻译的人员包括：王葆莳（导论、第 1 章、第 11 章）、梁仁辉（第 2-4 章）、丁萌（第 5 章）、余航（第 6 章）、肖乐芹（第 7 章）、钟娟（第 8 章、第 10 章）、李婷（第 9 章）。王葆莳在此基础上对全书校对、修改并统稿。

希望本书的出版能为中国公证制度的发展提供有益的帮助。

丁露

中国公证协会原会长

国际公证联盟原副主席

2023 年 2 月 18 日

序　言

　　本书的研究对象是在普通法系和民法法系的比较法研究中极为活跃的两个交叉主题。第一个主题是，如果说当事人及其代理律师居于一方，而中立律师、调解员和裁判者居于另一方，在预防和处理争端时如何处理两者的关系。第二个主题是，在自治化占主流的21世纪，交易法中的中立专业人员在何种程度上可以实现预防性法律中的公共利益，即保障交易的质量和合规性。

　　人们对第一个主题可能更加熟悉。比较法学者长期以来试图分析，各国法律体系是依赖国家监督下的当事人及其代理人实现正义，还是说需要中立司法决策者积极参与交易本身才能确保正义。近年来形成的共识认为，民法法系国家扩张了当事人在证据开示和程序准备方面的参与度，而普通法系国家则趋向于管理型审判[1]和民事争议的积极调解。

　　第二个主题的争论通常产生在欧盟（EU）背景下。欧盟在过去数十年实现了职业规范的跨境自由。但民法公证人一直在抵制（resist）这种同质化趋势，理由是公证具有预防性司法功能，而这一功能在不同成员国体现为不同的重大社会政策。同时，在美国发生的不动产抵押危机也引发人们的思考——为什么在美国这样一个

---

　　[1]　英美法系国家传统上奉行"消极被动型法官"。在此理念指导下，当事人是诉讼进程的主导者，法官只是中立被动的规则监督人。近年来，英国、美国、澳大利亚等原本推行消极沉默型法官的国家纷纷进行司法改革，加强法官的职权，呈现出向"管理型"法官过渡的趋势。美国改革后，法官的作用被一些学者描述为"诉讼管理""管理型的法官"（Case Management or Managerial Judge）等，即"法官随机应变式的诉讼指挥"。——译者注

要求所有不动产交易都必须有独立法律工作者签署文件的体系中，会出现如此众多的过度和虚假交易，以致引发了金融危机？

虽然民法公证人在民法体系中的核心功能已经存在了千年之久，但直到近几十年，人们才开始关注其在现代政治经济体系中的角色。在盎格鲁-撒克逊法律世界中，民法公证人的形象更类似于意大利歌剧中的滑稽人物，而不是经过严格训练、负有公共责任的法律职业者。尤其是美国人认为，公共公证人就是一种琐碎的兼职工作，无非就是给文件盖章并确定文件的准确性。[1] 很少有英语文献分析和解释民法公证人在现代法律文化中的角色和潜力。

本书写作的目的之一就是要弥补英语文献对现代法律文化下民法公证人及其功能研究的不足。本书试图揭示目前正在讨论的角色分配和预防性法律服务问题。本书作者分别具有民法和普通法文化背景，对于研究对象均有丰富的理论和实践经验。我们重视交易法中的预防性法律服务的效率、价值和潜力，特别是在交易双方均不了解相关法律时。我们也分析了欧盟各国不同形式的公证人所面临的挑战和问题。希望我们的观察和结论不仅有助于已经了解和相信境况中立律师（neutral lawyers for the situation）之角色和价值的人，也能帮助那些秉承传统观点、认为私人律师只能维护一方权益的人。

作为本书基础的合作研究项目始于 2006 年。项目得益于欧洲民法公证人理事会（the European Council of Civil Law Notaries，简称 CNUE）委托马瑞（Murray）教授主持的研究项目。该项目对五个欧盟国家和两个美国联邦州的不动产过户费用进行了比较研究。该研究的结论和主要内容已纳入本书。本书另一作者——施图尔纳教授自 1974 年在《德国公证人杂志》发表第一篇论文以来，已经持续关注民法公证人的作用和功能三十多年。他经常与公证人及其组织就重要政策和制度性问题交换意见。

---

[1] 美国的公共公证人（notary public）并不是法律人，仅是签名的证明者，没有特别的能力要求。——译者注

两位作者非常重视理论和实践的结合，均具有丰富的实务背景。在成为全职研究人员之前，马瑞教授是一名执业二十五年的专业律师。施图尔纳教授早期曾担任德国联邦法院法官，成为法学教授后，仍兼任巴登-符腾堡州高等地方法院法官长达二十五年。通过学术研究、与从业者交流，以及对美国和欧洲法律交易的实地考察，两位作者熟悉美国和欧洲的交易法体系。

马瑞教授曾多次作为客座教授在弗莱堡大学授课，施图尔纳教授也多次在哈佛法学院和纽约大学法学院担任客座教授。施图尔纳教授在德国参与编写了有关不动产法和比较不动产法的教科书，并担任美国法律协会和罗马统一私法协会《跨国民事诉讼程序原则》联合项目的报告人。两位作者共同编写了《德国民事审判》（卡洛琳娜学术出版社，2004 年版）一书，该书对德国民事诉讼法和德国民事审判制度进行了介绍、分析和比较。

本项目在研究过程中获得诸多同仁的帮助，借此机会向他们表示感谢：Andrew Watson 教授（英国）和 Hans-Heinrich Vogel 教授（瑞典）在诸多方面对本书提供帮助；我们还要感谢德国公证人 Jense Borman 博士、Stefan Goerk 博士、Marius Kohler 博士和 Wolfgang Roesing 博士；法国公证人 Jean Paul Ferret 先生、Oliver Pavy 先生、Thierry Blanchet 先生和 Stephane Zecevic 先生；爱沙尼亚公证人 Tiit Sepp 先生和爱沙尼亚公证人协会；意大利公证人 Eliana Morandi 先生、Charles Harpum 先生、Susan Knowles 先生和英格兰土地登记局前任局长 John Manthorpe 先生；瑞典的 Thed Adelswaerd 法官和土地登记局的 Hasselholms 先生；感谢美国的 Indira Odammten 先生和 John Sheldon 先生提供相关信息，以及对各自辖区内土地过户师功能的看法。感谢施图尔纳教授的科研助手 Friederike Bauer 先生、马瑞教授的科研助手 Ina Pavlova（England）, Maria Ait（Estonia）, Angelique Trouche（France）, Monika and Michael Scoville（Germany）, Kelly Hoffman, Renee Flaherty, Lucas Watkins, James Wawzyrniak（USA）等人在研究方面的帮助。感谢 Victoria Marini, Stephan Haefele 和 Jan-Michael Klett 帮助准备书稿和出版。

　　我们非常感谢哈佛法学院、欧洲法律研究基金（European Legal Studies Fund）、德国洪堡基金会给予我们的经济资助。若无他们的帮助，本项目很可能无法完成。

　　谨以此书献给我们的妻子：德博拉·马瑞和乌苏拉·施图尔纳。

彼得·L. 马瑞和拉尔夫·施图尔纳
2010 年 6 月
分别于坎布里奇和弗莱堡

缩略语表

缩略语	全　称	中　文
AcP	Archivfür civilistische Praxis	民法实务档案
Ala	Alabama	阿拉巴马州
ALI	American Law Institute	美国法律协会
All E. R.	All England Reports	全英法律报告
art.	Article	文章
B. U. L. Rev	Boston University Law Review	波士顿大学法律评论
BGB	Bürgerliches Gesetzbuch	德国民法典评注
BGHZ	Entscheidungen des Bundesgerichtshofs in Zivilsachen	德国联邦最高法院民事判例集
BNotO	Bundesnotarordnung	德国公证法
Buff. Envtl	Buffalo Environmental Law Journal	布法罗环境法杂志
BVerfG	Bundesverfassungsgericht	联邦宪法法院
C. R. S. A	Colorado Revised Statutes Annotated	科罗拉罗条例注释（修订版）
Cath. U. L. Rev	Catholic University Law Review	天主教大学法律评论
Ch.	Chapter	章节
CNUE	Conseil des Notariats de l'Union Europeenne	欧洲公证人理事会
Columb. L. Rev	Columbia Law Review	哥伦比亚法律评论

缩略语	全 称	中 文
D.	Digest. Part of the Corpus Iuris Civilis of Justinian	优士丁尼民法大全之学说汇纂
Dalloz	Dalloz Repertoire de Droit Civil	达洛兹民法目录
DDR	Deutsche Demokratische Republik	德意志民主共和国
DNotZ	Deutsche Notar-Zeitschrift	德国公证人杂志
ECJ	European Court of Justice	欧洲法院
ECR	European Court Reports	欧洲法院报告
EE	Estonia	爱沙尼亚
EN	England	英格兰
EU	European Union	欧盟
EuLIS	European Land Information Service	欧洲土地信息服务
EuZW	Europäische Zeitschrift für Wirtschaftsrecht	欧洲经济法杂志
F. S. A.	Florida Statutes Annotated	佛罗里达修订条例注释
Fla.	Florida	佛罗里达
FR	France	法国
FRCP	Federal Rules of Civil Procedure	联邦民事诉讼规则
Harv. Negot. L. Review	Harvard Negotiation Law Review	哈佛谈判法评论
ICC	International Chamber of Commerce	国际商会
id	idem	同上
J. O.	Journal Officiel	官方公告
JZ	Juristenzeitung	法学家报
Ky	Kentucky	肯塔基州

缩略语	全 称	中 文
L. J.	Law Journal	法律杂志
L. Rev.	Law Review	法律评论
La.	Louisiana	美国路易斯安那州
M. R. S. A	Maine Revised Statutes Annotated	缅因州修订法规注释
N. C. G. S. A.	North Carolina General Statues Annotated	北卡罗来纳州
N. Y. Gen. Oblig. Law	New York General Obligation Law	纽约一般义务法
N. Y. Ins. L	New York Insurance Law	纽约保险法
N. Y.	New York	纽约
NJW	Neue Juristische Wochenschrift	新法律周刊
No	Number	页码
NZ	Notariatszeitung	公证事务杂志
O. J.	Official Journal	官方公报
OECD	Organisation for Economic Co-operation and Development	经济合作与发展组织
Ohio St. L. J. on, Disp. Resol.	Ohio State Journal on Dispute Resolution	俄亥俄州争端解决杂志
Ohio St. L. J.	Ohio State Law Journal	俄亥俄州法律杂志
öNotZ	österreichischhe Notariats-Zeitung	奥地利公证事务杂志
Or.	Oregon	俄勒冈州
p.	Page	页
PLI/Corp	Corporate Law and Practice Course Handbook Series	公司法与实务课程手册丛书原理

缩略语	全　称	中　文
pr.	Principium. Unnumbered Introductory Paragraph to the respective rule in the Digest of the Corpus Iuris Civilis of Justinian	优士丁尼民法大全《学说汇纂》部分，各条文的未编号的引导说明
RabelsZ	Rabels Zeitschrift	拉贝尔杂志
RESPA	Real Estate Settlement Procedures Act	房地产处理程序法
RheinNotZ	Rheinische Notar-Zeitschrift	莱茵公证人杂志
SE	Sweden	瑞典
Stan. L. Rev.	Stanford Law Review	斯坦福法律评论
Sw. L. J.	Southwestern Law Journal	西南法律期刊
U. Chi. L. Rev.	University of Chicago Law review	芝加哥大学法律评论
U. Ill. L. Rev.	University of Illinois Law Review	伊利诺伊大学法律评论
U. S. C	United States Code	美国法典
UNIDROIT	Institut International pour l'Unification du Droit	国际统一私法学会
Unif	Uniform	统一
Vol.	Volume	卷
W. L . R	Weekly Law Reports	法律周报
Wash. U. L. Qu	Washington University Law Quarterly	华盛顿大学法律季刊
WIPO	World Intellectual Property Organization	世界产权组织
ZERP	Zentrum für Europäische Rechtspolitik der Universität Bremen	不来梅大学的欧洲法律政策中心

缩略语	全　称	中　文
ZRG RA	Zeitschrift der Europäische Savigny‑stiftung für Rechtsgeschichte/Romanistische Abteilung	欧洲萨维尼基金会法律史和罗马法杂志
ZZP	Zeitschrift für Zivilprozess	民事诉讼杂志
ZZPInt	Zeitschrift für Zivilprozess International	国际民事诉讼杂志

部分参考文献

原　文	中　文
ALI/Unidroit, *Principles of Transnational Civil Procedure*, Cambridge University Press, 2006	美国法律协会和罗马统一私法学会：《跨国民事诉讼程序原则》，剑桥大学出版社 2006 年版。
Amelotti/Costamagna, *Alle Origini del Notariato Italiano*, 1975	阿美罗蒂、科斯塔马格纳：《意大利公证制度的起源》1975 年版。
Andrews, *English Civil Procedure*, 2003	安德鲁：《英国民事诉讼程序》2003 年版。
Bärrmann, *Das Notariat in der westlichen Welt*, DNotZ 1979, 3	拜尔曼："西方国家的公证制度"，载《德国公证人杂志》1979 年第 3 页。
Barnet, *The Uniform Registered States Land and Adverse Possession Reform Act: A Property For Reform of the United States Real Property Law*, 12 Buff. Envtl. L. J. 1（2004）	巴内特："统一登记土地和反占有改革法案——美国房地产改革的建议"，载《布法罗环境法杂志》2004 年第 12 卷。
Barnhizer, *"On the Make": Campaign Funding and the Corrupting of the American judiciary*, 50 Cath. U. L. Rev. 361（2001）	巴恩黑策："竞选资金和美国司法的腐败"，载《天主教大学法律评论》2001 年第 50 卷，第 361 页。
Barret, *Promesse de vente, Dalloz Repertoire de Droit Civil*, Vol. IX, 2003	巴雷：《达洛兹民法报告》，2003 年第 9 卷。

原　文	中　文
Basedow, *Zwischen Amt und Wettbewerb-Perspektiven des Notariats in Europa*, RabelsZ 55 (1991), 409 ss.	巴泽多："公职行为和市场行为之间——欧洲公证制度观察"，载《拉贝尔杂志》1991 年第 55 卷，第 409 页。
Baur, *Freiwillige Gerichtsbarkeit*, 1955	鲍尔：《非讼事件法》，1955 年版。
Baur/Stürner, *Sachenrecht*, 18th ed. 2009	鲍尔、施图尔纳：《物权法》（第 18 版），2009 年版。
Berger et al., *Land Transfer and Finance* (Aspen) 2007	波尔格尔等：《土地转让与财政》，阿斯彭出版社 2007 年版。
Bork/Jacoby/D. Schwab, *FamFG*, 2009	博克等：《家事诉讼程序法》，2009 年版。
Bormann, *Die Deregulierung des Rechtsberatungsmarktes und die Gefährdung anwaltlicher Unabhängigkeit*, 8 ZZPInt 3-68 (2003)	波尔曼："法律咨询市场的反规则化与律师中立性的影响"载《国际民事诉讼杂志》2003 年第 8 卷，第 368 页。
Brazda/Bebr/Smilek, *Das Notariat in der Tschechosowakei*, DNotZ 1969, 329 ss.	布拉茨达等："捷克斯洛伐克的公证制度"，载《德国公证人杂志》1969 年，第 329 页。
Bresslau, *Handbuch der Urkundenlehre für Deutschland und Italien*, 3rd ed. 1958	布莱斯劳：《德国和意大利的书证学手册》（第 3 版），1958 年版。
Burke, *Law of Title Insurance*, 3rd, Aspen L. & Bus. 2006	波克：《产权保险法》（第 3 版），阿斯彭和布斯出版社 2006 年版。
Carrington/Jones (eds.), *Law and Class in America*, 2006	科灵顿等：《美国的法律与阶级》，2006 年版。
Cheney, *Notaries public in England in the Thirteenth and Fourteenth Centuries*, 1972.	车尼：《13 和 14 世纪的英国公证人》，1972 年版。

原　文	中　文
Wolf, *Das neue Rechtsdienstleistungsgesetz im Gefüge des anwaltlichen Berufsrechts*, 60 NJW Special Edition September 2007	沃尔夫："新法律服务薪酬法和律师职业法"，载《新法律周刊》2007 年特别卷。
Closen et al., *Notary Law and Practice. Cases and Materials*, 1997	克洛森等：《公证法律与实务：案例与材料》，1997 年版。
Coase, *The Problem of Social Cost*, Journal of Law and Economics 3 (1960)	科斯："社会成本问题"，载《法律与经济杂志》1960 年第 3 卷。
Coates/Ulen, *Law and Economics*, 3rd ed. 2000	寇提思等：《法律与经济》（第 3 版），2000 年版。
Conrad, *Die geschichtlichen Grundlagen des modernen Notariats in Deutschland*, DNotZ 1960, 3 ss.	康拉德："德国现代公证制度的历史基础"，载《德国公证人杂志》1960 年，第 3 页。
Creteau, *Principles of Real Estate Law* (Castle) 1980	克雷陶：《不动产法的原则》，卡斯尔出版社 1980 年版。
Dalloz, *Code Civil*, 2008	达罗茨：《民法典》，2008 年版。
Demharter (ed.), *Grundbuchordnung*, 27th ed. 2009	德姆哈特：《土地登记簿条例》（第 27 版），2009 年版。
Dilcher, *Das Notariat in den Gesetzen des staufischen Siziliens*, in: Schuler (ed.), Tradition und Gegenwart, 1981, p. 57 ss.	迪尔谢："施陶芬时期西西里法律中的公证"，载《传统和现代》1981 年，第 57 页。
Diner, *The Optimal Precision of Administrative Rules*, 93 Yale L. J. 65, 72—74 (1983)	戴纳："行政法规的最佳精度"，载《耶鲁法律评论》1983 年第 93 卷，第 65 页、第 72~74 页。

原　文	中　文
Dukeminier/Kier/Alexander/Schill, *Property*, 6th. ed. 2006	杜克米尼尔等：《所有权》（第6版），2006年版。
Elsener, *Notare und Stadtschreiber. Zur Geschichte des schweizerischen Notariats*, 1962	埃尔森纳：《瑞士公证的历史》，1962年版。
Eylmann/Vaasen, *Bundesnotarordnung. Beurkundungsgesetz*, 2nd ed. 2004	埃尔曼、法森：《联邦公证人法和联邦书证法》（第2版），2004年版。
Field/Murray, *Maine Evidence*, 6th ed. 2007	《缅因州的证据》（第6版），2007年版。
Frank, *The Legal Ethics of Louis D. Brandeis*, 17 Stan. L. Rev. 683（1965）	弗兰克："路易斯·布兰代斯的法律职业道德"，载《斯坦福大学法律评论》1965年第17卷，第683页。
Freedman, *Lawyers Ethics in an Adversary System*（Bobbs-Merrill）1975	弗里曼：《对抗模式下律师的职业道德》，1975年版。
Fuchs, *Das deutsche Notarial auf dem europarechtlichen Prüfstand*, 2008	福克斯：《欧洲视角下的德国公证》，2008年版。
Gimenez – Arnau, *Derecho Notarial*, 1976	吉姆那茨：《公证法》，1976年版。
Gordon, *The Independence of Lawyers*, 68 B. U. L. Rev. 1, 67	戈登："律师的独立性"，载《波士顿大学法律评论》第68卷，第1页、第67页。
Gordon, *Elements of Land Law*, 5th ed. 2009	戈登：《土地法的要素》（第5版），2009年版。
Green/Nesson/Murray, *Federal Rules of Evidence*, 2007 Edition	格雷等：《美国联邦证据规则》，2007年版。

原　文	中　文
Green/Nesson/Murray, *Problems*, *Cases and Materials on Evidence*, 3rd ed. 2000	格雷等:《问题、案例和证据材料》(第3版),2000年版。
Gresser, *Turning Conflict into Opportunity through Alliance Mediation*, 1063 Pli/Corp. 577 (1998)	格莱森:《通过联合调解将矛盾化为机遇》,1998年版。
Grziwotz, *Erfolgreiche Verhandlungsführung und Konfliktmanagement durch Notare*, 2001	格雷茨沃茨:《通过公证人处理和解决争议》,2001年版。
Grziwotz, *Kaiserliche Notariatsordnung von 1512. Spiegel der Entwicklung des Europäischen Notariats*, 1996 (with Italian, Spanish, French, and English translations of the imperial German Law on Notaries)	格雷茨沃茨:《1512年公证人条例:欧洲公证的发展》,1996年版(包括德国帝国公证法的意大利语、西班牙语、法语和英文译本)。
Haeder, *Das deutsche Notariat als Bereichsausnahme von der Niederlassungs- und Dienstleistungsfreiheit*, 2007 Zeitschrift für Europäischen Studien 117 ss.	霍德尔:"作为定居自由和服务自由之例外的德国公证",载《欧洲研究》2007年,第117页。
Hall/Soskice, *Varierties of Capitalism*, 2001	哈尔等:《资本主义的多样性》,2001年版。
Hartmann, *Freiheit und Bindung im Notarrecht. Der Notar im Spannungsfeld von Amtsführung und marktwirtschaftlicher Dienstleistung*, Festschrift für Bodo Gemper, 2006	哈特曼:"公证法的自由和约束",载《Bodo Gemper 纪念文集》2006年。
Hilaire, *La Science des notaires. Une longue histoire*, 2000	希拉尔:《法国公证学的历史》,2000年版。

原　文	中　文
Holtzschue, *Holtzschue on Real Estate Contracts* 2–71, 2nd ed. 2001	霍尔茨舒尔:《霍氏不动产合同法》（第2版），2001年版。
Jacob, *The Fabric of English Justice*, 1987	雅各布:《英国司法特征》，1987年版。
Jaeger, *Künftige Stellung der Rechtsanwalte im System der Rechtspflege und in der Gesellschaft*, 57 NJW 1492 – 1494 (2004)	耶格尔:"律师在未来司法辅佐体系中的地位"，载《新法律周刊》2004年第57卷，第1492~1494页。
Jauernig/Stürner, *BGB*, 13th ed. 2009	尧厄尼希、施图尔纳:《德国民法典评注》（第13版），2009年版。
Jennings, *Real Estate Law*, 8th ed. (Thomson) 2008	耶宁斯:《不动产法》（第8版），2008年版。
Kagan, *Adversarial Legalism*, 2001	卡甘:《对抗法律主义》，2001年版。
Kaplow, *Rules Versus Standards: An Economic Analysis*, 42 Duke L. J. 557 (1992)	卡普洛:"规则对标准:经济分析"，载《杜克大学法律评论》1992年第42卷，第557页。
Karpenstein/Liebach, *Das deutsche Notariat vor dem Europäischen Gerichtshof*, 2009 EuZW 161 ss	卡朋施泰恩:"欧洲法院中的德国公证"，载《欧洲经济法杂志》2009年，第161页。
Kern, *Justice between Simplification and Formalism*, 2007	科恩:《简单化和程式化之间的司法》，2007年版。
Kern, *Perception, Performance and Politics: Recent Approaches to the Qulitative Comparison of Civil Justice Systems*, 14 ZZP Int 445ss. (2009)	科恩:"观念、绩效与政治:民事司法制度定性比较的新方法"，载《国际民事诉讼期刊》2009年第14卷，第445页。

原　文	中　文
Kleine – Cosack, *Vom Amt des Notars zum freien Beruf: Grundrechtsdefizite im notariellen Berufsrecht*, 2004 DNotZ 327 ss. （2004）	克莱恩–科萨克："从公证人公职到自由职业"，载《德国公证人杂志》2004 年第 2004 卷，第 327 页。
Kluge, *Zur Geschichte des Notariats in der Pfalz*, Festschrift 150 Jahre Pfalzisches OLG, 1965, p. 122 ss.	克鲁格："普法茨地区公证人历史"，载《普法尔茨地方高等法院 160 周年纪念文集》1965 年，第 122 页。
Knieper, *Economic Analysis of Notarial Law and Practice*（Beck）2009	克尼佩尔：《公证法律和实务的经济分析》，2009 年版。
Kober – Smith, *Legal Lobbying. How to Make Your Voice Heard. A Practical Guide to Changing the Law*, 2000	科布尔–施密特：《法律游说：如何让你的声音被听见——改变法律的实用指南》，2000 年版。
Kuntze/Ertl/Hermann/Eickmann, *Grundbuchordnung*, 6ᵗʰ ed. 2006	昆茨等：《不动产登记条例》（第 6 版），2006 年版。
Kurtz/Moynihan, *Introduction to the Law of Real Estate Property*, 4ᵗʰ ed. 2005	库尔茨等：《不动产物权法概论》（第 4 版），2005 年版。
Laske, *Das österreichische Notariat im Zeitalter des Absolulismus bis 1806*, ZRG GA23（1975）, 132 ss.	拉斯科："1806 年之前集权时代下的奥地利公证制度"，载《欧洲萨维尼法律史和罗马法杂志》1975 年第 3 卷，第 132 页。
Limon, *Les notaires du Châtelet de Paris sous le regne de regne de Louis XIV. Etude Institutionnelle et sociale*, 1992	利蒙：《路易十四统治时期巴黎的夏特莱公证人：制度和社会研究》，1992 年版。
Lipset, *American exceptionalism*, 1996	李普塞特：《美国例外主义》，1996 年版。

原　文	中　文
Lipset/Marks, *It didn't happen here. Why Socialism failed in the United States*, 2000	李普塞特、马克斯:《社会主义在美国的失败原因》,2000 年版。
Luijten, *Das Notariat in den Niederlanden*, DNotZ 1965, 12 ss.	卢腾:"荷兰公证制度",载《德国公证人杂志》1965 年,第 12 页。
Malaurie/Aynès, *Les Sûretés. La Publicité Foncière*, 4th ed. 2009	马拉利亚:《土地公示制度》(第 4 版),2009 年版。
Malavet, *Counsel for the Situation-The Latin Notary: A Historical and comparative Model*, 19 Hastings International and Comparative Law Review 389 (1996)	马拉维:"情势律师和拉丁公证员:历史和比较范式",载《黑斯廷斯国际法和比较法评论》1996 年第 19 卷,第 389 页。
Malliard, *Le Notariat sous la Révolution*, 1908	马利雅得:《革命时代的公证》,1908 年版。
Malloy, *The Secondary Mortgage Market-A Catalyst for Change in Real Estate Transactions*, 39 Sw. L. J. 991 (1986)	马路易:"次贷市场——不动产交易变化的催化剂",载《西南法律期刊》1986 年第 39 卷,第 991 页。
Malpérin, *Les structures du barreau et du notariat en Europe*, 1996	马皮尔林:《欧洲的律师和公证机构》,1996 年版。
Maraist, *Louisiana Civil Law Treatise* 19, 2nd ed. 2007	马瑞斯特:《路易斯安那民法论》(第 2 版),2007 年版,第 19 页。
Marry/Raynaud/Jourdain, *Les Biens*, 1995	马瑞等:《论财产》,1995 年版。
Mas-Colell/Whinston/Green, *Microecnomic Theroy*, 1995	马斯-克莱尔等:《微观经济理论》,1995 年版。

原　文	中　文
McClane/Tessitore, *The Florida Civil-Law Notary*: *A Practical New Tool for Doing Business with Latin Americal*, 32 Stetson L. Rev. 727, 728-29（2003）	麦克可雷恩等："佛罗里达州的民法公证人：促进与拉丁美洲商业交易的新工具"，载《斯泰森法律评论》2003年第32卷，第727页、第728~729页。
McCormack, *Torrens and Recording*: *Land Title Assurance in the computer Age*, 18 Wm. Mitchell L. Rev. 61（1992）	麦克康马克："信息时代的土地所有权保障"，载《威廉姆米歇尔法律评论》1992年第18卷，第61页。
Menkel-Meadow, *Do the, Haves Come Out Ahead in Alternative Dispute Systems? Repete Players in ADR*, 15 Ohio St. J. on Disp. Resol. 19（1999）	门克尔-米多："医管局会出现在替代性争端机制中吗?"，载《俄亥俄州解决争端的杂志》1999年第15卷，第19页。
Mergarry/Wade, *The Law of Real Propery*, 7th ed. 2008	莫格里：《不动产物权法》（第7版），2008年版。
Meyer, *Felix et inclitus notarius. Studien zum italienischen Notariat vom 7 bis zum 13. Jahrhundert*, 2000	梅耶：《7世纪到13世纪之间的意大利公证制度研究》，2000年版。
Moreau, *Le Notariat Francais a Partir de sa Codification. Essai sur la Nature et I´Evolution de la Fonction Notariale 1788-1980*, 1984	莫若：《法国公证制度：公证行政和功能在1788~1980年的发展》，1984年版。
Moreau, *Les Metamorphes du Scribe. Histoire du Notariat Francais*, 1989	莫若：《法国公证历史》，1989年版。
Murray, *A Comparative Law Experiment*, 8 Indiana International and Comparative Law Revue 231 ss.（1998）	马瑞："比较法的实验"，载《印第安纳国际法和比较法杂志》1998年第8卷，第231页。

原　文	中　文
Murray, *Real Estate Convening in 5 European Union Member States: A Comparative Study*, 2007	马瑞:《欧盟五国不动产辅助交易制度研究》,2007 年版。
Murray, *The Privatization of Civil Justice*, 12 ZZP Int 283 ss. (2007)	马瑞:"民事司法的私有化",载《国际民事诉讼杂志》2007 年第 12 卷,第 283 页。
Murray/Stürner, *German Civil Justice*, 2004	马瑞、施图尔纳:《德国民事诉讼》,2004 年版。
Nelson/Whitman, *Real Estate, Transfer, Finance and Development. Cases and Materials*, 8th ed. (Thomson) 2009	纳尔森、惠特曼:《不动产转让和金融发展:案例与资料》(第 8 版),2009 年版。
Neschwara, *Geschichte des österreichischen Notariats*, Vol. I. Vom Spätmittelalter bis zum Erlass der Notariatsordnung 1850, 1996	纳什瓦拉:《奥地利公证史(第 1 卷):中世纪后期到 1850 年公证条例的颁布》,1996 年版。
Neschwara, *österreichisches Notariatsrecht in Mittel- und Osteuropa. Zur Geltung und Ausstrahlung des Österreichischen Notariats*, 2000	纳什瓦拉:《奥地利公证法在中欧与东欧地区的传播和影响》,2000 年版。
Oesterley, *Das deutsche Notariat*, Vol. I, 1842; Vol. II, 1845	奥斯特雷:《德意志的公证制度》1842 年第 1 卷;1845 年第 2 卷。
Osterburg, *Das Notariat in der DDR*, 2004	奥斯腾伯格:《德意志民主共和国公证制度》,2004 年版。
Ott, *Freiwillige Gerichtsbarkeit in Europa-ökonomische Analysen und Perspektiven*, 2003 Notar 159 ss. (2003)	奥特:"欧洲经济分析视角下的非讼事件法",载《公证人杂志》2003 年第 2003 卷,第 159 页。

原　文	中　文
Palomar, Patton, *Palomar on Land Title*, 3rd ed.（West）2003	巴勒莫:《巴勒莫论土地所有权》（第3版），2003 年版。
Pillebout/Yaigre, *Droit professionel notarial*, 7th ed. 2006	皮尔博:《职业公证法》（第 7 版），2006 年版。
Ploeger/van Lonen, *Eulis*: *At the Beginning of the Road to Harmonization of Land Registration in Europe*, 12 European Review of Private Law 379 - 387（2004）	普洛格:"欧洲土地登记统一之路的开端"，载《欧洲私法评论》2004 年第12 卷，第 379~387 页。
Posner, *Economic Analysis of Law*, 7th ed. 2007	波斯纳:《法律的经济分析》（第 7 版），2007 年版。
Priouret, *La Caisse de Dépôts*: *cent cinquante ans d'histoire financiere*, 1996	Priouret,《150 年的财政史》，1996 年版。
Randenborgh, *Zum französischen Notariatswesen*, 1990	兰登波:《法国公证制度》，1990 年版。
Ready, *Brooke's Notary*, 12th ed. 2002	瑞迪:《布鲁克论公证》（第 12 版），2002 年版。
Rechber, *Die Entwicklung des österreichischen Notariats zu einer Einrichtung der vorbeugenden Rechtspflege*, in: Rechberger/Oberhammer, Konfliktvermeidung und Konfliktregelung, 1993, p. 17ss.	莱西贝:"奥地利从公证到设立司法辅佐机构的发展过程"，载《冲突的预防和调整》1993 年，第 17 页。
Redlich, *Die Privaturkunden des Mittelalters*, 1967	雷德里希:《中世纪的私人书证》，1967 年版。
Reithmann, *Vorsorgende Rechtspflege durch Notare und Gerichte*, 1989	莱特曼:《公证人和法院的共同司法辅佐》，1989 年版。

原　文	中　文
Repin, *Das Natariat Russlands: Zurück in die Zivilisation*, DNotZ 1994, 284 ss.	雷宾:《俄罗斯的公证制度》, 载《德国公证人杂志》1994 年, 第 284 页。
Resnik, *Contracting Civil Procedure*, in: Carrington/Jones, Law and Class in America, 2006, p. 60 ss	雷斯尼克:"构建民事诉讼", 载《美国的法律和阶级》2006 年, 第 60 页。
Riskin, *Mediation and Lawyers*, 43 Ohio St. L. J. 29, 34 (1982)	李斯肯:"调解与律师", 载《俄亥俄州法律评论》1982 年第 43 卷, 第 29 页、第 34 页。
Rozdeiczer/Sander, *Matching Cases and Dispute*, *Resolution Procedures: Detailed Analysis Leading to a Mediation-Centered Approach*, 11 Harv. Negot. L. Rev. 1, 33-34 (2006)	"匹配案例和争端解决程序: 以调解为中心的方法分析", 载《哈佛谈判法律评论》2006 年第 11 卷, 第 33~34 页。
Rühl, *Methods and Approaches in Choice of Law: An Economic Perspective*, 24 Berkley Journal of International Law, 801, 831 ss. (2006)	吕尔:"经济视角下的法律选择方法和途径", 载《伯克利国际法律杂志》2006 年第 24 卷, 第 801 页、第 831 页。
Schaeferdiek, *Schweden*, in: Frank/Wachter, Handbuch Immobilienrecht in Europa, 2004, p. 1197 ss.	谢尔夫迪克:《欧洲不动产法手册》, 2004 年版, 第 1197 页。
Schick/Plotkin, *Torrens in the United States* (Lexington Books) 1978	希科等:《美国的托伦斯制度》, 1978 年版。
Schippel, *Das Notariat in den neuen Ländern*, DNotZ 1991, 171 ss	施里佩尔:"新联邦州的公证制度", 载《德国公证人杂志》1991 年, 第 171 页。

原　文	中　文
Schippel/Bracker, *Bundesnotarordnung*, 7th ed. 2006	施里佩尔等:《联邦公证人条例》（第7版），2006 年版。
Schmitz – Vornmoor/Korddl, *Vorsorge, durch den Notar*, *Vertragsfreiheit und Verhaltensökonomik*, 2009, Notar 4 ss. (2009)	施密茨等:"通过公证人制定预案:契约自由和行为经济学"，载《公证人杂志》2009 年，第 4 页。
Schmoeckel/Schubert（eds.）, Handbuch zur Geschichte des Notariats der europäischen Tradition, 2009	施默克、舒伯特:《欧洲传统公证的发展史》，2009 年版。
Schubert, *200 Jahre französisches Notariat*, DNotZ 2003, 181 ss.	舒伯特:"法国公证 200 年发展史"，载《德国公证人杂志》2003 年，第181 页。
Schubert, *Französisches Recht in Deutschand zu Beginn des 19. Jahrhunderts*, 1977	舒伯特:《19 世纪初法国法对德国的影响》，1977 年版。
Schubert, *Die Entstehung der Reichsnotarordnung vom 13. 02. 1937*, in: Rheinische Notarkammer（ed.）, Notar und Rechtsgestaltung. Tradition und Zukunft, 1998, p. 693 ss.	舒伯特:"1937 年 2 月 13 日帝国公证人条例的制定"，载《公证和法律形成:传统和未来》1988 年，第 693 页。
Schüler, *Die Entstehungsgeschichte der Bundesnotarordnung*, 2000	舒勒:《联邦公证条例的制定历史》，2000 年版。
Schultze – von Lasaulx, *Geschichte des Hamburgischen Notariats seit dem Ausgang des 18. Jahrhunderts*, 1961	舒尔茨:《18 世纪以来的汉堡公证历史》，1961 年版。
Schützeberg, *Der Notar in Europa*, 2005	舒茨伯格:《欧洲公证制度》，2005 年版。

原　文	中　文
Schwachtden, *Auf dem Weg zur weltumspannenden Authentizität – Ein Berufsstand als Garant der Rechtssicherheit wirtschafilicher Entwicklung*, 1999 DNotZ 268, 274 s, 1999	施瓦赫登："通往全球统一公证：为经济发展提供法律确定性的工作"，载《德国公证人杂志》1999 年，第 268 页、第 274 页。
Shaw, *Notaries in England and Wales: What future in a climate of globalization?* 1/2 Notarius International 43（2006）	肖："美国和威尔士的公证：全球化下的未来？"，载《国际公证》2006 年第 43 卷，第 43 页。
Shiller, *The Subprime Solution*, 2008	席勒：《次级解决方案》，2008 年版。
Singer, *Introduction to Real Property*（Aspen）2005	森格：《不动产导论》，2005 年版。
Slapper/Kelly, *The English Legal System*, 6ᵗʰ ed. 2003	斯拉波、凯里：《英国法律制度》（第 6 版），2003 年版。
Spark, *European Land law*, 2007	斯帕克：《欧洲土地法》，2007 年版。
Steer（ed.）, *Scriveners′ Common Paper*, 1357–1628, London Record Society, 4, 1968	史提尔：《斯克莱温公会档案 1357～1628 年》，伦敦档案协会 1968 年版。
Stöcker（ed.）, *Flexibilität der Grundpfandrechte in Europa*, Vol. I, 2006	施多科尔：《欧洲不动产抵押法的灵活性》2006 年第 1 卷。
Stöcker/Stürner, *Flexibility, Security and Efficiency of Security Rights over Real Property in Europe*, Vol. III, 2009	施多科尔、施图尔纳：《欧洲不动产安全保障权的灵活性、安全性和有效性》2009 年第 3 卷。
Stoebuck/Whitman, *The Law of Property*, 3ʳᵈ ed.（West Group）2000	斯托巴克、惠特曼：《财产法》（第 3 版），2000 年版。
Stoller, *Mega – lawyering in Europa*, 2000	施多勒：《欧洲的超级律师》，2000 年版。

原　文	中　文
Strum, *Louis D. Brandeis: Justice for the People*, 1984	施多姆:《路易斯布兰迪斯和人民正义》, 1984 年版。
Stürner, *Das Berufsethos des Insolvenzverwalters in der modernen Marktgesellschaft*, 122 ZZP 265-292 (2009)	施图尔纳:"现代市场经济下破产管理人的职业伦理", 载《民事诉讼杂志》2009 年第 122 卷, 第 265~292 页。
Stürner, *Der Notar - unabhängiges Organ der Rechtspflege*, 29 Juristenzeitung 154 ss. (1974)	施图尔纳:"公证人:独立的司法辅佐机关", 载《法学家报》1974 年第 29 卷, 第 154 页。
Stürner, *Der Notar im Europäischen Binnenmarkt*, Festschrift fur Dieter Leipold, 2009	施图尔纳:"欧洲内部市场的公证人", 载《Dieter Leipold 纪念文集》2009 年。
Stüner, *Die Anwaltschaft - ein Berufsstand ohne eigene Grundkonzeption?*, in: Hensssler et al. (eds.), Felix Busse zum 65. Geburtstag, 2005, p. 297 ss.	"律师——没有自身基本理念的职业?", 载《Felix Busse 六十五岁纪念文集》2005 年, 第 297 页。
Stüner, *L´acte notarie dans le commerce juridique europeen*, 1996 Revue Internationale de Droit Compare, 515 ss. (1996); also published in 1998 La Revue du Notariat (Montreal), 251 ss. (1998) and in German language in 1995 DNotZ 343 ss. (1995)	施图尔纳:"欧洲经济贸易中的公证", 法文版载于《国际法和比较法评论》, 1996 年卷第 515 页以下; 德文版载于《德国公证人杂志》1995 年, 第 343 页。
Stürner, *Markt und Welttbewerb über Alles*, 2007	施图尔纳:《市场与竞争》, 2007 年版。

原　文	中　文
Stürner, *Privatautonomie und Wettbewerb unter derHegemonie der angloamerikanischen Rechtskultur?*, 210 Acp 105 ss. （2010）	施图尔纳："当事人意思自治和英美法律文化下的竞争"，载《民法实务档案》2010 年第 210 卷，第 105 页。
Stürner, *Zugang zum Recht durch Erfolgshonorar?*, 60 NJW Special Edition 4th Hannoverian Civil Procedure Symposium 2007, 9 ss. （2007）	施图尔纳："通过公证人实现司法和正义"，载《新法律周刊特别版：第 4 届汉诺威民事诉讼法研讨会》2007 年第 60 卷，第 9 页。
Stürner/Bormann, *Der Anwalt – vom freien Beruf zum dienstleistenden Gewerbe?*, 57 NJW 1481–1492 （2004）	施图尔纳、波尔曼："律师：从自由职业到服务提供者"，载《新法律周刊》2004 年第 57 卷，第 1481~1492 页。
Suleiman, *Private Power and Centralization in France*：*The Notaries and the State*, 1987	苏雷曼：《法国的私权和集权：公证与国家》，1987 年版。
Szypszak, *Public Registries and Private Solutions*, 24 Whittier L. Rev. 663 （2003）	施皮斯扎克："公共登记与私人解决方案"，载《惠特尔法律评论》2003 年第 24 卷，第 663 页。
T–R. Fernandez/Sainz Moreno, *El notario, la function notarial y las garantias constitucionales*, 1989	费尔南德斯等：《公证人、公证书及其宪法保障》，1989 年版。
Terre/Simler, *Droit Civil, Les Biens*, 7ᵗʰ ed. 2006	《民法（财产卷）》（第 7 版），2006 年版。

原　文	中　文
Trusen, *Notar und Notarinstrument an der Wende vom Mittelalter zur Neuzeit. Zu den gemeinrechtlichen Grundlagen der Reichsnotarordnung von 1512*, in: Kleinheyer/Mikat (eds.), Gedächtnisschrift für H. Conrad, 1979, p. 545 ss.	特卢森："从中世纪到近代的公证人和公证制度：1512 年帝国公证条例的基础"，载《康拉德纪念文集》1979 年，第 545 页。
von Schliegffen/Wegmann (eds.), *Mediation in der notariellen Praxis*, 2002	冯施里格芬：《公证实务中的调解》，2002 年版。
van Velten, *Heet notariaat: inderdaad eenelastisch ambt.* Ars Notarius CVIII, 2000	范维尔特：《公证的职务弹性》，2000 年版。
Von Mehren/Murray, *Law in the United States*, 2nd ed. 2007	冯梅隆：《美国法律》（第 2 版），2007 年版。
Wagemann, *Funktion und Bedeutung von Grundstücksregistern*, 2002	瓦格曼：《不动产登记的功能和意义》，2002 年版。
Walz (ed.), *Verhandlungstechnik für Notare*, 2003	《公证人实务技巧》，2003 年版。
Wehrens, *Real Security Regarding Immovable Objects – Reflection on a Euro-Mortgage*, in: Hartkamp et al. (eds.), Towards a European Civil Code (The Hague, Kluwer) 3rd ed. 2004	魏伦斯："不动产物权担保——对欧洲抵押贷款的反思"，载《构建欧洲民法典》2004 年第 3 版。
Weiler, *The Constitution of Europe*, 1999	魏勒尔：《欧洲宪法》，1999 年版。
Whitman, *Digital Recordings of the Real Estate Conveyance*, 32 J. Marshall L. Rev. 227 (1999)	怀特曼："不动产交易的数据记录"，载《马歇尔法律评论》1999 年第 32 卷，第 227 页。

原　文	中　文
Wiedemann, *Preußische Justizreformen und die Entwicklung zum Anwaltsnotariat in Altpreuben*（1700~1894），2003	魏德曼：《普鲁士的司法改革和公证员发展》（1700~1894），2003 年。
Wilmarth, *The Transformation of the U.S Financial Services Industry 1975 - 2000；Competition，Consolidation and Increased Risks*，2002　U. III. L. Rev. 215	威尔马斯："1975~2000 年美国金融服务业的转型；竞争，合并和风险"，载《伊利诺伊大学法律评论》2002 年，第 215 页。
Wolfsteiner/Stöcker, *A Non-accessory Security Right over Real Property for Central Europe*，10 Notarius International 116-124（2003）	沃尔夫施泰恩、施多可："中欧不动产的非附属担保物权"，载《国际公证》2003 年第 10 卷，第 116~124 页。
ZERP - Study, *Conveyancing Services Market*，2007	《欧洲法律政策杂志》研究报告：《法律服务市场》，2007 年版。
Zuckerman, *Civil Justice in Crisis*，1999	楚科曼：《危机中的民事正义》，1999 年版。

目　录

第一章 导 论

　　随着世界的扁平化发展（flatter），* 以及不同法律体系与法律文化之间的互动日益频繁，在当代社会、法律和经济背景下，人们在理论和实践层面越来越关注不同的现代法律文化下如何处理和管理类似的法律和经济问题。近年来，法学家和实务专家们一直在积极进行比较法对话，研究深植于各国的不同民事司法制度及其实践。对话的核心是比较以陪审团传统为核心的英美民事诉讼模式和根植于罗马法和学者型法官的民法法系模式。进入 21 世纪以来，越来越多的迹象表明，两大法系的学者逐步认可对方法系的优越之处，并试图在共同价值观和偏好基础上寻求妥协。[1]

　　直到近些年，比较法研究还很少关注交易法（transactional law）方面的制度和专业人员。最近几年，人们开始关注有关交易法专业人员的法律制度和实践情况。这种变化的原因可能是多元的，其中之一就是世界银行努力培育法律制度和实践的发展，以促进投资交易和世界范围内的自由企业经济发展。世界银行的研究力图衡量和比较不同国家法律制度的经济效率，目的是构建以促进自由企业为出发点的交易法解决方案。

---

　　* 托马斯·L·弗里德曼在《世界是平的》一书中，以"扁平的世界"来形容全球化的下一阶段。"扁平化世界"意味着世界各地的相互联系越来越紧密，地域、语言、历史等隔阂被打破，科技、经济和政治革命正在铲平各种壁垒，这让世界各地的人们在一个全新的层面上合作或竞争。——译者注

　　〔1〕 例如，美国法院根据大陆法系有关审判职能的规定改革审判管理制度，大陆法系国家也在美国证据开示制度的影响下日益重视庭前调查程序。美国法学会和国际统一私法协会（ALI and UNIDROIT）共同制订的《跨国民事诉讼规则》体现了两大法系在程序法上的融合。

2　　　另外一个重要原因是欧盟对交易律师的关注。为刺激欧盟范围内商品和服务市场的发展，欧盟很重视各种专业人员，包括法律专业人员的功能、角色和准入制度。其中就包括民法公证人（civil law notaries），因为他们不仅为交易提供重要的法律服务，在大多数成员国还提供预防性法律服务（preventive law service）。欧盟支持的研究机构试图分析，在欧盟一体化背景下，是否可以基于国家公共政策利益而允许各国继续单独制定有关公证人及其执业的规定。

　　尽管交易法律专业人员及其在国内和国际法律经济中的地位看似无可替代，但人们仍在考虑对相关制度的进一步改革。我们正处于这个过程的早期阶段，可以预见的是，交易法的制度和实践在未来几年会越来越受到重视。

　　在民事司法领域，普通法系国家根植于英国法律传统，大陆法系国家则保留罗马法传统，两者在交易法的制度和惯例方面存在重大差异，其中之一便是公证人的角色和功能。在大陆法系国家，公证人作为法律专业人员承担着预防性法律服务的公共职能，即真正的"境况律师"（Lawyer for the Situation）。* 在很多大陆法系国家，重要的法律交易通常（在某些国家是必须）需由受过高等教育的法律专业人员制作文件、执行并"公证"（authenticated）。作为中立的法律专业人员，公证人并不代表单个当事人，而是以交易中各方当事人以及公共利益的名义执行法律交易。

　　因此，大陆法系的学者和专家很容易理解公证人作为境况律师的角色和功能，但普通法系的法律专业人员和学者就很难理解律师

---

　　* "Lawyer for the Situation" 字面译为"境况律师"，这个短语是路易斯·布兰代斯（Louis Brandeis）在1916年创造的。当时他在参议院出席美国联邦最高法院大法官提名确认听证会。反对者指出，布兰代斯在同一交易中同时代理多方当事人；对债权人与债务人之间的纠纷进行调解。争议核心在于：在存在利益冲突的情况下，布兰代斯是否能够提供足够的代理？是否向当事人指出过共同代理存在的风险？布兰代斯借助"境况律师"的概念对这种做法进行了辩护。参看［美］黛博拉·L·罗德等著、王进喜等译：《律师的职业责任与规制》（第二版），中国人民大学出版社2013年版，第91页。——译者注

可以为交易中的多方当事人同时提供法律建议的情形。境况律师的概念和普通法系的传统观点直接对立，后者认为律师应是当事人的法律顾问，是对抗敌对力量的代理人和辩护人。[1] 在英美法系国家，交易律师（transactional lawyer）和诉讼律师一样，都应对单方当事人保持绝对忠诚，并避免任何影响此种忠诚的因素。两者只是在对抗程度和代理方式上有所不同。

大陆法系国家固然承认律师在担任诉讼代理人或法律顾问时应有倾向性，其和普通法系的区别在于，民法法系在法律政策上认为，为了确保交易的合理进行并减少发生问题或争议的可能性，应当鼓励中立的独立法律顾问，并要求特定中立法律专业人员参与重大法律交易。虽然秉承对抗性法律传统的普通法系学者可能认为这种政策是典型的家长式立法，但在特定交易中引入中立的独立法律咨询确实有助于定纷止争、节约费用，因此在大陆法系国家具有实际意义。随着世界各国法律文化的不断融合，该理念也可以逐步被普通法系国家的当事人和法律人所接受。

一、美国法律文化下的"境况律师"

在富兰克林·罗斯福总统提名路易斯·布兰代斯（Louis Brandeis）在美国最高法院任职而引发的辩论中，美国法律文化对中立型律师（努力寻求对各方当事人的解决方案而非代表一方当事人利益）的态度得到了集中体现。尽管布兰代斯是一位出色的律师和法学家，但对他的提名遭到许多著名法学家的反对，包括美国律师协会的几位前任主席。他们的反对意见不是候选人才能欠缺，而是布兰代斯作为波士顿律师在执业生涯中曾严重违反法律职业道德。他们指责布兰代斯经常代表相互有严重利益冲突的客户，甚至同时协

---

〔1〕 丹宁勋爵下面这段话经常被用来描述普通法系国家律师在诉讼中的角色："诉讼犹如战争。一方出现失误，另一方即会获利。不禁止揪小辫子。"Burmah Oil Co. v. Governor and Co. of the Bank of England［1977］1 W. L. R. 473；［1977］2 All E. R. 461. See Jack I. H. Jacob, *The Fabric of English Justice*, 1987, p. 12 ss. , 14.

助雇主和工会进行劳资谈判，并在此基础上起草集体谈判协议。

尽管这种双重代表的行为最后取得了令人满意的结果，布兰代斯却因为忽视了传统执业伦理规范而备受指责。英美法系的传统律师规范认为，无论是在诉讼还是非诉实务中，律师均只能代表一方当事人的利益。尽管布兰代斯可以援引例外规则，即在双方当事人均同意的情况下可以代表存在利益冲突的多方当事人，但他选择直面这种批评。他在提名确认听证会上表示，当他解决若干存在利益冲突的当事人之间的交易法问题时，他扮演了"境况律师"（Lawyer for the Situation）的角色，并竭尽全力通过一种符合各方利益的方法处理此种境况。

尽管其观点不符合主流价值，布兰代斯最终仍获得美国参议院确认，成为最高法院的法官。但他在确认听证会中提出的观点在英美法系律师中仍长期存在争论。自布兰代斯首次提出境况律师的定义，已经过去了75年，但美国所有的正式律师执业伦理规定和几乎所有主流学者观点仍认为（极少数例外）应明确禁止律师在交易中同时代理存在利益冲突的不同当事人。特别是，律师不得在不动产交易中同时代表买卖双方，不得在离婚诉讼中同时代理配偶双方，不得在设立企业（如合伙和公司）时代表多方当事人。在这些情形下，应当由不同律师代理利益相冲突的各方当事人，理由是任何律师都不可能同时向利益相互冲突的多个客户提供咨询服务。各方当事人应在独立法律专家的协助下进行利益博弈，只有这样，才能取得最好和最公平的结果。

和传统的对抗式法律文化相对应，英美法系国家认为独立法律顾问也应当是具有倾向性的法律辩护人。由于国家行政权力相对薄弱，现实中又存在规制商业和个人事务的强烈需求，导致英美法系国家严重依赖私人委托的法律专业人员处理个人或公司法律事务。英美法律秩序即建立在当事人代理人交互作用的基础上。从这种文化背景出发，所有法律交易或争议所影响的利益都应该有各自独立的代理人。

原则上，英美法系要求交易中的不同利益方均需独立代理，但在实践中也会做出一些调整。在某些交易情况下，当事人无法承担聘任多个律师的成本，部分利益方只能选择有限代表或完全没有代表。例如，在房地产买卖交易中，只有买方会聘请律师并支付酬劳。该律师也可以为卖方提供契约，但除此之外并不代表卖方利益。如果买方觉得自己和卖方利益一致，可以不聘请律师。

处理离婚事件时同样如此。代表一方当事人的律师可以为双方起草协议。未聘请律师的一方只能基于对律师职业操守的信赖，认为其不会不当影响自己。

在新设公司或合伙等企业时，通常需要聘请一位律师组织设立活动并准备所有文件。在这种情况下，律师会从职业伦理角度将该企业视为"客户"，而不代表各参与人及其利益。

理想状态下，每个利益均应单独代理，但训练有素的法律资源也是昂贵的，英美法系的法学家们必须考虑如何缓解此种紧张关系。虽说每个利益均应当有立场鲜明的顾问来代表，但对于常见的法律交易而言，此种模式会产生不必要的费用和对抗，因此有必要进行妥协处理。在高度私法自治化的美国司法体系中，妥协又会造成新的问题，并产生司法不公的危险。

二、民法公证人：交易法中的中立法律人

在上述背景下，人们不禁会追问："有没有更好的方法？"随着各种替代性争端解决机制的成功发展，美国的当事人和他们的代理律师开始重新评估中立力量的价值。特别是在调解中，如果说中立的调解员和仲裁员能够有效和公正地解决争讼事项，为什么中立法律人就不能为法律交易的有序、公正和公平做出类似贡献呢？特别是在房产买卖、企业设立、结婚和离婚，以及家族信托等事项中。

只需看看欧洲的情况，美国的法学家和改革者即可有所收获。数百年来，欧洲的民法公证人（或称拉丁公证人）一直作为中立的法务官服务于交易法。民法公证人通常作为"境况律师"参与房产转让、企业设立、遗嘱和信托文件起草，以及结婚和离婚事务。在

大多数情况下，公证人向交易各方提供的服务公正且高效；更为重要的是，和各自聘请代理人的模式相比，公证人明显节约交易成本。

6　　　事实上，民法公证人模式已成为世界各国在房产交易和其他重要合同中的主导模式。该模式在欧洲已有几个世纪的历史，随后被伊比利亚美洲国家[1]所采纳，21世纪初又被苏联和东欧地区国家迅速接受。在很多国家，当事人在买卖房产或进行其他重大交易时，都会寻求中立公证人的专业服务，而不是各自委托代理律师。公证人为当事人提供中立性建议，起草文件并办理交割手续。

　　这并不是说，在具有民法公证人的传统国家，当事人不能自行咨询律师或委托律师处理重大法律事务、交易和诉讼。只是说在常规性交易中，比如不动产买卖或设立公司事项上，欧洲和伊比利亚美洲国家的人更依赖中立的民法公证人，而不是各自委托律师。

　　英美国家学者和法律改革者们并不确信，作为私法组织的现代民法公证人可以为法律服务消费者以及整个公共法律秩序带来净收益。尽管公证功能在很多场合下明显具有潜在优势，大多数美国法学家印象中的民法公证人仍是意大利歌剧中的滑稽人物形象，他们穿着黑色的长袍和假发，装模作样地宣告婚约或遗嘱。英语文献资料中几乎找不到任何对现代民法公证人职能和特征的描述、分析和研究。总之，传统的通行看法就是：公证人是罗马法的遗留物，至今仍残存于欧洲若干国家，和现代的英美法律文化并无关联。

　　随着世界的扁平化发展，此种态度显然不可取。公证制度的潜在结构优势显而易见。英美法系的学者应当正视公证在欧洲和伊比

---

　　〔1〕　伊比利亚美洲国家（Ibero-American countries）包括拉丁美洲19个讲西班牙语和葡萄牙语的国家，以及欧洲伊比利亚半岛的西班牙、葡萄牙和安道尔3个国家，共计22个国家。伊比利亚美洲是指使用西班牙语和葡萄牙语的所有美洲国家和地区的总称，它们曾经都是西班牙或葡萄牙的殖民地，属于西班牙殖民帝国或葡萄牙殖民帝国的一部分，并且在各方面尤其是文化方面深受原宗主国西班牙或葡萄牙的影响，它们的官方语言都是西班牙语或葡萄牙语，主要宗教都是天主教。由于西班牙和葡萄牙本土都位于欧洲的伊比利亚半岛，伊比利亚美洲由此得名。——译者注

利亚美洲国家的现代表现形式，以及数个世纪以来公证服务的范围。即使对于盛行对抗制法律文化的国家，了解中立法律服务也会有所借鉴。

三、本书的目的

德国的民法公证制度高度发达，是成功和完善的公证制度典范，本书的目的即在于介绍和分析德国公证的法律功能和制度，并将民法公证人体系和美国的当事人导向体系相比较。本书作者是具有比较法背景的实务工作者，侧重于研究民法法律制度在诉讼和非诉法律交易中的功能和运行情况，尤其是一种法律文化下的特点和政策是否值得被移植到另一法律文化中。

在简要介绍公证制度之历史发展后，本书重点研究不动产买卖、融资和过户，这些交易对各国消费者和整体经济都有重要意义。本书研究了各国参与不动产交易的法律专业人员的结构、角色和功能，重点介绍德国和美国两个州（纽约和缅因州）的房地产买卖流程，包括对交易成本的估算。由于专业人员的工作必须在相关法律背景下展开，每一部分也要相应介绍各国有关土地所有权和转让的法律背景。

除此之外，本书还简要介绍了交易专业人员在其他四个欧盟成员国的功能和角色。在英格兰，律师或土地过户师保留了作为当事人顾问或代表的传统角色。瑞典的土地过户由负责销售的不动产经纪人完成。法国坚持传统的不动产过户公证模式。爱沙尼亚是社会主义国家转型的代表，它在重新构建私人土地所有权及其过户制度时选择了民法公证人模式。

本书中对交易成本和过户费用的估算来自马瑞教授 2006-2007 年向欧洲公证人理事会（CNUE）提交的研究报告（以下简称"CNUE 报告"）。该研究报告可以在欧洲公证人理事会的主页访问（www.cnue.org）。该研究报告假设了八个房产交易，并据此比较各国房产过户专业人员的职能和交易成本。假设的交易偏重中低价格的交易，因为更具有代表性。本书也沿用了这八个典型交易，仍以中低价格的不动产买卖为主。

8 　　本书中大多数关于交易成本的数据来自 CNUE 报告，同时增加了美国缅因州和纽约州的数据。

　　前述介绍和分析的最终焦点在于专业过户人员在各自系统中扮演的不同角色，即美国体系中的律师或产权公司和德国等欧洲国家体系中的民法公证人。本书将深入比较两种体系下的服务质量、服务效率和服务成本。

　　本书最后详细比较了美国和以德国为代表的欧洲国家的房产交易法律专业人员的功能、特征以及优缺点。最后的结论是美国法律改革者应当关注诉讼领域之外的中立法律资源，并考虑是否在某些交易类型中以某种形式发挥中立法律人员的预防功能，从而为公共秩序、公平和经济效率做出贡献。

第二章　民法公证人的历史和背景

一、早期发展

"公证"源自"对重要文件和有重要法律意义的关系进行官方确认"这一概念，其来源非常古老。罗马人首创了和对抗式管辖（adversarial jurisdiction）相对应的自愿管辖（非讼管辖，voluntaria or noncontentious jurisdiction）。[1] 此种界分至今仍保留在各民法法系国家，例如，自愿管辖在法国被称为"procédure civile non contentieuse"，在德国是"freiwillige Gerichtsbarkeit"，在意大利叫作"jurisdiction voluntaria"。法院的非讼管辖指的是那些对个人有重大意义、需通过法院判决确认的法律行为。在古代，最重要的非讼事件包括子女独立（emancipation of children）、释放奴隶和收养。这些法律行为原本都是通过模仿对抗式诉讼来完成，当事人提出期望达到的条件，且这些条件本无争议，治安法官通过书面判决确认。非讼事件管辖权的范围在后古典时期得到扩张，但确切的发展细节仍存在争议。[2] 需要注意的是，非讼事件的管辖权由治安法官

---

〔1〕 Marcianus, D. 1, 16, 2 pr.: Omnes proconsules statim quam urbem egressi fuerint habent iurisdictionem: sed non contentiosam. sed voluntariam ut ecce manumit apud eos possunt tam liberi quam servi, et adoptions fier. 有关该段文字的真实性，参看 Fernandez de bujan, Jurisdiccion voluntaria en Derecho Romano, Madrid 1986; 瓦克（Wacke）: "非讼事件的起源"，载《德国公证人杂志》1988 年，第 732~750 页。

〔2〕 参看瓦克（Wacke）: "非讼事件的起源"，载《德国公证人杂志》1988 年，第 741 页。

(magistrates)、而不是公证人（notaries）来行使。彼时的公证人（notaries）似乎只是一种速记员（stenographer），可以由奴隶或自由民担任，负责审判过程的速写记录。

直到在罗马帝国后期，公证人才成为帝国官员。那时候的文书官员（documenting officers）被称为"代书人"（tapelines），他们负责准备裁判活动中的文件，但其本身并不具有和治安法官一样的公信力（publica fides）。[1] 在君士坦丁时代之后，治安法官逐步参与处理赠与交付和遗嘱（testamentum apud acta conditum）。

有证据表明，当时已经开始使用登记册和房地产档案，特别是在治理良好的省份，如埃及和法国南部。此种行为可以追溯到巴比伦和古希腊的传统。[2] 不动产法律行为通过使用证人或通过模拟诉讼的方式加以确认。在古典时代，此种程序要求已经出现了一定程度的缓和。

二、公证人作为自由职业在意大利北部的发展

将"公证员"从速记员转变为自由职业者，是意大利北部伦巴第地区城邦的法律创新。治安法官们开始将他们非讼管辖权下的交易公证工作（authentication of transactions）委托给其指定的书记官（scribes）处理。书记官出具的文件处于司法监督之下，和法官所出具的文件具有同等的公信力（publicfaith）。

大约在12世纪，意大利北部的"公证人"（notarius）完成了

---

〔1〕 有关"tabelliones"，参看 H. A. Ankum, Les tabellions romains, ancetres directs des notaires modernes, in: van der Marck（ed）, Atlas du notariat. Le notariat dans le monde, 1989, p. 5 ss.

〔2〕 参看瓦克（Wacke）:《慕尼黑民法典评注》, 2004 年版, 第 873 条的预备注释第 11 段。

从职员到独立自由职业者的演变。[1] 当时，教会和世俗权力机关如国王、大公等，都有权任命公证人。教会公证人的功能最初只限于教会事务，后来逐渐扩展到对世俗法律事务的公证。教会公证人的公证功能对于法律的总体发展具有重要价值。公证结果以出版物形式发布在书刊[2]或手册[3]上。意大利北部城邦国家的律令中就有关于公证人的规定，包括公证人的任命及其公共职责。这可以看作公证人形象的来源，即和交易公证有关的中立法律顾问。

三、公证在德国的兴起

当时的教会为了促进对法律行为的公证，扮演了公证在各个欧洲天主教国家传播的媒介。这一发展始于 13 世纪的某个阶段，并逐步扩展到对世俗法律行为的公证。公证传播在 1512 年达到顶峰，各种有关公证人的法律规定被整合到德意志《帝国公证人法》。[4] 马克西米利安皇帝颁布的《帝国公证人法》规定了公证人的职责和权限，包括公证人如何对当场进行的法律行为做成记录并起草报告（Imbreviatur），特别是对核心公证文件（如公证遗嘱、委托代理、

---

〔1〕 简明介绍参看瓦克（Wacke）："非讼事件的起源"，载《德国公证人杂志》1988 年，第 744 页；详细介绍参看布莱斯劳（Bresslau）：《德国和意大利的书证学手册》，1958 年版，第 618 页；雷德里希（Redlich）：《中世纪的私人书证》，1967 年版，第 209 页以下；A. Meyer, Felix et inditus notarius, 2000.

〔2〕 比较有名的是 12 世纪初颁布的 Liber Tabellorum of Irenäus，参看 Bärmann："西方世界的公证"，载《德国公证人杂志》1979 年，第 3 页。

〔3〕 Rolandinus, Summa artis notariae（1215~1297）.

〔4〕 参看布尔迈斯特（Burmeister）："1512 年帝国公证人条例之前公证人的兴起和发展"，载 Carlen/Ebel 主编：《费尔南多·埃尔瑟纳纪念文集》1977 年，第 77~90 页；奥斯特雷（Oesterley）：《德国公证人》第 1 卷（1842 年），第 2 卷（1845 年）；特卢森（Trusen）：《学说法在德国的兴起》，1962 年版，第 69 页以下；特卢森："公证人和德国法律书证学的兴起"，载《德国公证人杂志》1986 年特别卷，第 13~23 页；舒勒（Schüler）：《德国西南部公证人发展史》，1976 年版；舒伯特（Schubert）："德国公证人和公证人法的历史"，载 Schmoeckel/Schubert 主编：《欧洲各国公证人发展史》2009 年，第 203 页。

正式申请、公布帝国法令等）之实质内容的公证，还规定了担任公证人所必需的教育条件和法律知识条件。《帝国公证人法》规定了公证人的职业责任（canons of the professional responsibility）。公证人被定义为"公益服务者"（servant of the common good）（第15条），在公证过程中应信守法律、尊重习惯法，并负有中立职责。[1] 这项立法代表了数个世纪以来对公证人职业规范的最终成果，直到今天都有重要意义。

教会只保留了一小部分公证人任命权，大部分任命权由神圣罗马帝国皇帝和大公掌握。仅在帝国濒临崩溃的1803年（1806年帝国灭亡），皇帝就任命了大约7000名公证人。这些公证人大多是当时公认的法学家。[2] "罗马普通法（common law）"在德国得以发展，公证人的参与和贡献功不可没。

四、公证在德国的进一步发展

神圣罗马帝国灭亡后，德国分裂成多个邦国，关于公证人的帝国法律也无法维系。各邦国均各自制订公证人法。在此背景下，普鲁士选择了一条与众不同的道路。[3]

在1781年的《国法大全（Corpus Juris）》中，腓特烈大帝解散了私人法律职业，以官方法律顾问助理（又称司法委员"justice

---

〔1〕 一般性介绍参看魏伦斯（Wehrens）载于《公证事务杂志》1992年卷第238页的文章；详细介绍参看格雷茨沃茨（Grziwotz）的《1512年的帝国公证人条例：欧洲公证人法发展历程之映射》，其中包括该法的意大利文、西班牙文、法文和英文译本；特卢森（Trusen）："中世纪到新时代的公证发展：以1512年帝国公证人条例为共同基础"，载Kleinheyer/Mikat主编：《康拉德纪念文集》1979年，第545页以下。

〔2〕 简要介绍参看雷德里希（Redlich）：《中世纪的私人书证》，1967年版，第209页以下；沃尔夫（A. Wolf）："公证人"，载Coing主编：《新欧洲私法史的渊源和文献》，1973年第1卷，第505页。

〔3〕 参看康拉德（Conrad）："现代德国公证法的历史基础"，载《德国公证人杂志》1960年，第3页；魏德曼（Wiedemann）：《普鲁士的司法改革和公证员发展》（1700~1894），2003年版；韦斯勒（A. Weissler）：《普鲁士公证的历史》，1914年版。

commissars"）取代了律师。将公证处和司法委员办公室合并，公证人演化为诉讼中的官方律师。普鲁士于 1879 年重新设立自由法律职业时，这种联系依然存在。这是"律师公证人（attorney-notary）"概念的由来。从某种意义上说，这算得上是对公证人传统形象的补充。

在 19 世纪初期，德国部分地区受法国影响，接受法国的法律制度，包括在法庭和其他行政部门之外单独设立公证人公职。[1]巴伐利亚州也设有类似机构。

1871 年德国统一后，人们一直呼吁在立法上统一公证制度，[2]最终在 1937 年通过了《公证法》。虽然当时德国处在国家社会主义时期（纳粹时期），但该法主要体现的仍是传统法律观念，而非国家社会主义理念。[3]也正因为如此，该法在 1945 年之后得以继续适用，直到 1961 年被《联邦公证法》取代，后者确立了公证人在德国现行体系中的法律地位。[4] 1961 年《联邦公证法》同时规定了作为自由职业的公证人和作为官方律师的公证人。后者的双重角色很难和公证人的中立职能兼容，只能说是腓特烈大帝时期普鲁士特殊法律传统的残余。1990 年德国重新统一后，专职公证人制度

13

---

〔1〕 参看舒伯特（Schubert）：《19 世纪初法国法对德国的影响》，1977 年版，第562 页；舒伯特（Schubert）："法国公证人 200 年发展史"，载《德国公证人杂志》2003年，第 181 页；舒尔茨（Schultze）：《18 世纪以来的汉堡公证历史》，1961 年版；韦斯维勒（W. Weisweiler）：《莱茵普鲁士公证的历史》第 1 卷（1916 年），第 2 卷（1925 年）。

〔2〕 参看舒伯特（Schulbert）：《公证法统一资料汇编（1872~1937）》，2004 年版。

〔3〕 有关《帝国公证人条例》参看舒勒（Schüler）："1937 年帝国公证人条例的形成"，载莱茵公证人协会主编：《公证人和法律构造：历史和传统》1998 年，第 693 页。

〔4〕 有关联邦公证人协会的历史，参看许勒尔（Schueler）：《联邦公证人条例的形成历史》。

适用于所有新联邦州，但柏林除外。[1]

五、公证在意大利、法国及其他欧洲国家的发展

（一）意大利

如前所述，意大利北部的早期发展对后来整个欧洲的公证制度都具有重要意义。这里不容忽视的是，意大利在中世纪是神圣罗马帝国的一部分，北部伦巴第地区的城邦是欧洲最重要的经济中心。许多延续至今的商业传统均发端于这些城市，如复式簿记、资产负债表、支票和现代银行业务。

施陶芬王朝的腓特烈二世（号称"世界奇迹"，Stupor Mundi）主要经营西西里和意大利南部,[2]他在 1231 年颁布了《梅尔菲宪法》（Constitutiones of Melfi），该法又称《奥古斯塔利斯法典》（Liber Augustalis）。这部早期的西西里成文法[3]中就有关于公证人的实体规定。[4]其中许多规定看起来相当现代化，例如要采取适当仪式进行官方宣誓，公证人要具有西西里公民身份、保持独立且声誉良好，禁止同时从事公证和其他经济活动，公证人必须通过考试证明其具备必要的法律知识，知晓通用的公证语言，在当事人面前完成公证程序的时限、费率表，限制公证人数量以避免不当竞争。尽管比 1512 年的《帝国公证人条例》还早了 300 年，但这些

〔1〕 有关民主德国时期的公证人历史，参看奥斯特尔伯格（Osterburg）：《德意志民主共和国公证制度》，2004 年版；布兰德（Brand）：《民主德国的检察官和国家公证人》，1985 年版；舒尔茨（Schultze）："苏占区的公证制度"，载《德国公证人杂志》1965 年，第 275 页；施里佩尔（Schippel）："新联邦州的公证制度"，载《德国公证人杂志》1991 年，第 171 页以下。

〔2〕 有关腓特烈二世的最新传记，参看斯徒尔纳（Wolfgang Stürner）：《腓特烈二世》第 1 卷（1992 年），第 2 卷（2000 年），第 3 卷（2009 年）。

〔3〕 参看施图尔纳（Wolfgang Stürner）：《腓特烈二世》（第 2 卷），2000 年版，第 189 页。

〔4〕 详见迪尔谢（Dilcher）："施陶芬时期西西里法律中的公证"，载舒勒（Schüler）主编：《传统和现代》1981 年，第 57 页。

意大利早期立法和后来的德国立法相比也并不逊色。当然,《奥古斯塔利斯法典》本身也吸收了很多之前就存在的规定,这些规定是各城邦为规范和指导帝国和教会公证人而制订的,包括公证文件的形式和制作、公证人职能等。

在欧洲大陆,意大利公证人于中世纪创设的公证交易或文件(authentic notarial transaction or documents)的概念依然占主导地位。[1] 此外,意大利世俗公证人从 13 世纪开始组织学会(Colleges),学会对公证人进行了一定的监督,对公证职业发展具有重要意义。[2] 没有进入学会的公证人不能执业,进入学会需通过考试证明其具备必要的法律知识,同时还要提供道德品质良好的证明。这些学会对于公证人职业的独立性发展极其重要,[3] 对整个欧洲的公证人发展都产生了深远影响。

（二）法国[4]

意大利公证制度至迟在 11 世纪传播到法国南部。[5] 并进一步从南部的"成文法区域"扩展到北方的"习惯法区域"。南方公证人数量增长很快,仅在图卢兹一地,1300 年就有近 4000 名公证人,以致出现了公证人从南方向北方的迁移或者说"殖民"的现象。至

15

---

〔1〕 参看雷德里希:《中世纪的私人书证》,1967 年版,第 209 页以下。

〔2〕 布莱斯劳(Bresslau):《德国和意大利的书证学手册》,1958 年版,第 631 页。

〔3〕 有关中世纪的意大利公证,详见 Amelotti/Costamagna:《意大利公证制度的起源》,1975 年版。

〔4〕 有关法国公证的历史,参看莫若:《法国公证历史》,1989 年版;莫若(A. Moreau):《法国公证制度:公证行政和功能在 1788～1980 年的发展》,1984 年版;E. N. Suleiman, *Private Power and Centralization in France: The Notaries and the State*, 1987;J -L. Alperin, Les structures du barreau et du notariat en Europe, 1996; J. Hilaire, La Science des notaires. Une longue histoire, 2000; F. Roumy, Histoire du notariat et du droit notarial en France, in: Schmoeckel/Schubert(eds), Handbuch zur Geschichte des Notariats, 2009, p. 125.

〔5〕 R. Aubenas, Etude sur le Notariat Provencal au Moyen Ageet sous l'ancien regime, 1931;雷德里希:《中世纪的私人书证》,1967 年版,第 225 页以下;Gouron, Le fond et la forme: l'empreinte du notariat italien sur les pratiques medievales frangai ses, in: Tomba, Rolandino, e l'ars notari da Bologna all'europa, 2002, p. 721 ss.

13 世纪末，此种迁移造成兰斯（Reims）和巴黎的公证人数量过多，欠缺执业能力和行为不当的现象也司空见惯，导致法国国王不得不通过皇家法令进行规制。从 1304 年法皇腓力四世[1]颁布《代书人和公证人条例》（Ordonnance sur les tabellions et notaires）开始，历经整个 14 世纪和 15 世纪，直到 16 世纪末才完成对公证人的法律规制。[2]

无论是公证文件的形式和结构，还是公证的行业组织，法国公证人都在努力向意大利模式看齐。类似于意大利公证人学会，法国公证人也组织了"公证人协会"（Communautes des Notaires）。[3]协会对公证人法律规制和职业纪律的发展均具有重要意义。在法国大革命之前、君主制结束时，法国约有 40 000 名公证人。其中既包括皇家公证人（royal notarie），其职位可以通过买卖或继承获得，薪酬丰厚，也包括大量由当地贵族任命的普通公证人，他们的收入相对菲薄。[4]在 1791 年（颁布了《关于重新组织公证的法令》）和 1803 年（颁布了《风月 25 日关于公证人组织的法律》，即"风月法"[5]）之间，法国大革命之后设立的国民立法机关认真讨论

---

〔1〕 相关文本参看 E. de Laurier et al., Ordonnances des rois de France de la troisieme race, 21 Vol., Paris 1723~1849；1304 年的 Amiens 皇家律令在重印第 1 卷第 416 页以下。

〔2〕 1597 年亨利四世文本参看 Neron/Girard, Receuil d'edits et ordonnances royaur sur le fait de la justice, Vol I, 1720, p. 685 ss.

〔3〕 R. Jegaden, La Communaute des Notaires au Chatelet de Paris au XXII; Siecle, Revue Historique de Droit Francais et Etranger, Vol. 29（1951），352 ss.；Vol 30（1952），356 SS；R. Latouche, Etudes sur le Notariat dans le Bas-Quercy et le Bas-Rouergue, Revue Historique de Droit Francais et Etranger, Vol. 2（1923），5 ss.；Limon, *Les notaires du Châtelet de Paris sous le regne de regne de Louis XIV. Etude Institutionnelle et sociale*, 1992.

〔4〕 参看舒伯特（Schubert）："法国公证 200 年发展史"，载《德国公证人杂志》2003 年，第 181 页。

〔5〕 有关风月法的文本，参看 Duvergier, Collection complete des lois, decrets, ordonnances, reglements et avis du Conseil d'Etat, 2nd ed., 149 Vol., 1834-1949, reprint 1995, Vol. 3, p. 410 ss.

了是否保留公证制度以及未来公证的形式。[1] 公证是否属于集权专制下的强制监护形式？应当和旧政权一起被废除吗？自由的公民真的需要强制性法律顾问吗？是否以及向谁进行法律咨询，难道不是个人的自由选择吗？国民会议及后来的议会认为，革命后应当继续保留公证制度，且无损于公民自由。该观点对今天衡量公证与自由之关系时仍有裨益：[2] "社会需要公证契约的人，需要确认当事人真实意图和日期的官员；简言之，我们需要官方证书对相关事实进行确认，否则法律就无法得知并确公证书中的权利。从公共利益角度出发，我们需要经验丰富的人指导同胞们避免那些危及个人福祉和礼仪的重大错误，从而维护公共秩序和福利"。[3] 基于上述的重大政策考虑，国民议会颁布了一系列针对公证人的法令，确立了如下立法原则：

· 在每个行政区根据人口任命一定数量的公证人；

· 区分非讼事件管辖权和诉讼管辖权；

· 公证人对需要公证的契约或文件专属管辖（婚姻财产契约、子女准正、抵押契约、捐赠、公证遗嘱、设立公司等）；

· 公证文件具有等同于官方文件的证明力；

· 公证文件可以直接执行，无需法院裁决；

· 提供瑕疵咨询意见的公证人应承担责任；公证咨询意见应当

---

〔1〕 大革命后，公证职业在法国的复兴得益于 1791 年 9 月 26 日和 10 月 6 日颁布实施了两项法律，这两项法律废止了职位买卖和职位作为财产继承两项原则，并统一了公证职业类型。最终，共和八年（即 1803 年）的"风月法"确立了公证的法律地位和公证人职责。该法第一条对公证的法律地位和公证人职责的定义十分重要，它奠定了法国现代公证法律制度的基础。参看程春明："法国公证法律制度的基础理论与实践"，载《中国司法》2005 年第 6 期，第 89 页。——译者注

〔2〕 莫若（Moreau）：《法国公证制度：公证行政和功能在 1788～1980 年的发展》，1984 年版，第 59 页；舒伯特（Schubert）："法国公证 200 年发展史"，载《德国公证人杂志》2003 年，第 181 页；Bärmann："西方世界的公证"，载《德国公证人杂志》1979 年，第 6 页。

〔3〕 文本来自莫若（Moreau）：《法国公证制度：公证行政和功能在 1788～1980 年的发展》，1984 年版，第 60 页。

记录；

· 设立公证人议会（Chambre des notaires）作为惩戒机关，通过公证人议会进行行业自治；

· 公证费用法定；

· 禁止公证处和其他机关或职业合并（禁止混业经营）；

· 存在利益冲突时不得公证，例如公证人和当事人存在亲属关系；

· 废止职位买卖和职位的可继承性。

在接下来的两个世纪，上述大多数基本原则一直是法国公证制度的基础。法国大革命实现了公证的复兴，并让法国公证制度成为许多国家的典范。

在其后的法国公证发展史中，还需要提及几个特点。一个特点是废除公证人职位可买卖性的努力没有完全成功。1816 年 4 月 28 日的法律又重新规定公证人职位可以作为财产买卖，也可以被继承。离任的公证人必须与其继任者达成协议，约定如何偿付未决款项、未付公证费以及承担公证人保证金等事项。[1] 这些安排可能导致继任者向公证人支付可观费用。

另一个特点是法国允许两个公证人对同一契约进行公证。这种做法的历史根源可以追溯到早期对某些特定交易的要求，即在公证中也需要一名或多名证人见证，而证人可以被另一名公证人取代，从而形成两名公证人共同公证的结果。

晚近以来，禁止公证和其他行业混业经营的规定也逐步松动。公证人可以和商业活动如物业管理人、房地产经纪人或抵押经纪人合作，还出现了跨行业的执业主体。法律原本为每个公证人指定了执业区域，并要求其居住在该地，这些规定也逐步被废除或松动。除了法定的公证费用，公证人可以在大型交易中收取约定的咨询费和谈判费。从这个意义来看，现代法国公证制度呈现出商业化迹

---

〔1〕 参看克鲁格（Kluge）："普法尔茨地区公证人历史"，载《普法尔茨地方高等法院 160 周年纪念文集》1965 年，第 122~124 页。

象，而这正是当年"革命公证"所直接反对的。[1]

随着拿破仑帝国和法国民法典在欧洲的扩张，欧洲各国纷纷接受或仿效法国的公证制度。德国的汉堡、威斯特法伦州、巴登、莱茵兰-帕拉丁和巴伐利亚皆是如此。[2] 当拿破仑帝国溃败时，公证人在德国各地区的命运各不相同，特别是在具有"律师公证人"（attorney-notary）传统的普鲁士地区。但无论如何，若无法国大革命的影响，专职公证人很难发展成今天的形式和功能。

（三）其他欧陆国家

由于篇幅有限，无法一一备述欧洲各国公证人的历史发展。只能聊举数国简要介绍。

在阿尔卑斯山沿线的奥地利[3]和瑞士[4]两国，公证制度的发展情况和德国类似。和其他欧洲国家一样，它们在中世纪按照意大

---

〔1〕 参看兰登波（Randenborgh）:《法国公证制度》，1990 年版；魏伦斯（Wehrens）:"当代法国公证特征"，载《奥地利公证人杂志》1990 年，第 57 页以下；巴泽多（Basedow）则对此种发展给出积极评价，参看"公职行为和市场行为之间——欧洲公证制度观察"，载《拉贝尔杂志》1991 年第 55 卷，第 409 页，第 417 页以下；舒伯特（Schubert）:"法国公证人 200 年发展史"，载《德国公证人杂志》2003 年，第 187 页以下。

〔2〕 详见舒伯特（Schubert）:"法国公证人 200 年发展史"，载《德国公证人杂志》2003 年，第 187 页以下。

〔3〕 参看纳什瓦拉（Neschwara）:《奥地利公证史（第 1 卷）：中世纪后期到 1850 年公证条例的颁布》，1996 年版；纳什瓦拉:《法国公证在奥地利的影响》，载 Ogris/Rechberger 主编：《赫尔伯特霍夫洛斯特纪念文集》，1996 年，第 472 页以下；瓦格纳（Wagner）:"奥地利公证制度"，载《德国公证人杂志》1978 年，第 322 页；莱西贝（Rechberger）:"奥地利从公证到设立司法辅佐机构的发展过程"，载 Rechberger/Oberhammer 主编：《冲突的预防和调整》，1993 年，第 17 页以下；拉斯科（Laske）:"1806 年之前集权时代下的奥地利公证制度"，载《欧洲萨维尼法律史和罗马法杂志》1975 年第 3 卷，第 132 页以下；纳什瓦拉:"奥地利到匈牙利：奥地利公证的历史和文献"，载 Schmoeckel/Schubert 主编：《公证人历史手册》2009 年，第 241 页。

〔4〕 有关瑞士公证人历史参看埃尔森纳（F. Elsener）:《瑞士公证的历史》，1962 年版；J. P Graber, Histoire du notariat dans le Canton de Neuchatel. Ses Origines, son evolution, son organisation, 1957: Luminati:"瑞士地区公证发展史概要"，载 Schmoeckel/Schubert 主编：《公证人历史手册》2009 年，第 279 页。瑞士大多数邦州规定公证人为自由职业，少部分州设立公证官员职务。

19 利模式设立公证制度。两个国家至今仍保留单一职业公证的模式
（sole professional notarial model）。[1]

　　西班牙[2]、比利时[3]和荷兰[4]均受到法国的强烈影响。自
由执业的独立公证人制度在（office of the independent free notary）
这三个国家得以保留，并在法律文化发展中扮演重要角色。在荷
兰，近年来的趋势是放松对公证，特别是对公证费用的管制。[5]

---

　　〔1〕　这方面希腊属于特例。在拜占庭帝国早期，公证人制度直接承袭罗马法，并
受到古希腊法的强烈影响，在帝国后期又受到意大利和拉丁国家的影响；教会公证人一
直延续到奥斯曼帝国时期。在独立战争之后，希腊公证人制度受到法国和德国的影响。
参看 H. Saradi-Mendelovici，"A History of the Greek Notarial System"，载 Schmoeckel/Schu-
bert 主编:《公证人历史手册》2009 年，第 523 页。

　　〔2〕　有关西班牙公证在中世纪和近代的发展，参看 Mariano Alonsoy Lamban，Notas
para el estudio del notariado en la alta Edad Media de Aragon，Anuario de Derecho Aragones
1949/1950，p. 353 ss；R I. Burns，Jews in the Notarial Culture. Latinate Wills in Mediterranean
Spain 1250-1350，1996；J. Bono Huerta，Historia del Derecho Notarial espano. La Edad Medi-
da，1982；J Guenzberg Moll，Los notarios y su organizacion en Barcelona，Consejo General del
Notariado，2004；Fernandez Casado，Tratado de notari. Vol I and IL. 1895；Gimenez-Arnau，
Derecho Notarial，1976；T. -R. Fernandez/F. Sainz Moreno，El notario，la funcion notarial y las
garantias constitucionales，1989.

　　〔3〕　H Nelis，Les origines du notariat public en Belgique（1269-1320），Revue Belge de
Philologie et d'Histoire Vol. 2（1923），267 ss：Cl. Bruneel/Ph Godding/F. Stevens（eds），Het
notariaat in Belgie van den Middeleeuwen tot heden，1998.

　　〔4〕　Luijten:"荷兰公证制度"，载《德国公证人杂志》1965 年，第 12 页以下；
A. Fl. Gehlen/P. L Neve（eds），Het notariaat in de Lage Landen（1250-1842）. Ars Notarius
CXVIL，2005：A. Fl. Gehlen，Het Notariaat der Lage Landen in historisch perspectief，in:
E. M. van der Marck et al.（eds），Atlas du Notariat，1989，p. 127 SS，477 ss.；R. de Jong，
Tussen ambt en vry beroep. Het notariaat tussen 1842 en 1999. Ars Notarius CXVI，2002：
A. A. van Velten. Heet notariaat: inderdaad een elastisch ambt. Ars Notarius CVIIL. 2000：
S. Roes:"荷兰公证的历史和文献"，载 Schmoeckel/Schubert 主编:《公证人历史手册》
2009 年，第 319 页。

　　〔5〕　这一变化的原因参看荷兰 1999 年的《公证职能法》（Dutch Law on the Notarial
Office of 1999，Wet op het notarisambt，Stb. 1999，190）。参看 Z. Huszar/Y. N. M. Rijlaards-
dam（eds），Quo vadis notarius? Ars Notarius CXIX（2003）.

　　东欧地区的捷克共和国、[1] 波兰、[2] 匈牙利、俄罗斯[3]和 [20]
塞尔维亚[4]也值得特别关注。这些国家被苏联支配之前，在民法
公证人方面的发展和欧洲其他国家并无二致。[5] 进入社会主义时
期后，公证在大多数国家继续存在，但被纳入行政或司法序列，公
证人的工作也简化为只管签字盖章。因为私法交易在这些社会体系
中处于边缘地带，并不具有重要角色。但在某些领域，特别是遗嘱
方面，公证仍保留了一些重要意义。苏联解体后，东欧各国回归欧
洲民法公证人传统，只是程度不一。某些俄罗斯学者甚至将恢复传
统欧洲公证制度形容为"回归人类文明"。[6]

（四）英格兰及北欧

　　公证在英格兰的发展尤其值得关注。今日英格兰之"公证人"
（public notary）主要负责对外国法律交易的公证，在英国法律文化
中并无重要地位。英格兰的公证制度为何和欧陆各国大相径庭呢？

　　历史上，意大利公证制度不仅影响了法国、德国和西班牙，在

---

　　[1]　有关苏联公证制度，参看 Brazda/Bebr/Smilek："捷克斯洛伐克的公证制度"，
载《德国公证人杂志》1969 年，第 329 页以下。

　　[2]　有关波兰公证制度发展史，参看 46 For the history of the Polish notaries see Bar-
dach, Prawidlnik w dawnym polskim prawie sadowym, Czasopismo prawno-Historyczne Tom XXI
（1969），64 ss；Mikucki, Remarques sur les origines du notariat public en Pologne, Revue His-
torique de Droit Francais et Etranger, 1937. 333 ss.；Janicka："现代波兰公证制度的产生和发
展：从法国模式到本国特色"，载 Schmoeckel/Schubert 主编：《公证人历史手册》2009
年，第 483 页。

　　[3]　施罗德（Schroeder）："苏联的公证制度"，载《德国公证人杂志》1964 年，
第 645 页以下；Repin："俄罗斯的公证制度"，载《德国公证人杂志》1994 年，第 284
页以下；Avenarius："俄罗斯公证的历史"，载 Schmoeckel/Schubert 主编：《公证人历史手
册》2009 年，第 497 页。

　　[4]　塞维利亚公证的历史参看 Bubalo, Nomiks in Medieval Serbia, Institute for Byzan-
tine Studies 29（2004），p. 267ss。

　　[5]　有关法国和奥地利的影响，参看纳什瓦拉：《奥地利公证法在中欧与东欧地区
的传播和影响》，2000 年版，第 4 页，第 35 页以下。

　　[6]　有关苏东地区公证法改革，参看《德国公证人杂志》1993 年，第 24 届德国
公证人大会特别版，第 214 页以下有关东欧论坛的报道。

21 　13 世纪初也传播到了英格兰。[1]最初是外国公证人来到英格兰定居，其主要业务是为涉及教会的法律交易（ecclesiastical transaction）起草文件，并被任命为一定教职。和欧洲大陆的情形一样，这些公证人的公证工作逐步扩展到世俗法律交易，并且在 14 世纪之前取得相当的成功。

　　但在 14 世纪，公证发展为独立制度的进程戛然而止。其主要原因有二。第一个原因是，尽管公证取得了一些成功，但公证文件在普通法院并未获得更高的证据效力，从而缺失进行公证的根本动因。在大陆法系国家，公证文件向来在诉讼中具有更高的证明力。而在英格兰，公证文件并无此种优越地位，所以人们不愿意耗费钱财对拟提交为证据的文件进行公证。在衡平法院，公证文书甚至不能作为特殊证据来源获得承认，尽管衡平法院的程序和大陆法系国家的法院程序更为相似。

　　第二个原因在于，英国皇室以政治独立为由拒绝神圣罗马帝国皇帝对英格兰的发展施加任何影响。英王爱德华二世禁止帝国公证人在其治下执业，即将拒绝世俗公证人作为国家独立理念的体现，公证制度遂在英格兰失势。[2]

　　英国法律文化在很多方面吸纳了意大利公证制度中的文件起草技术，尤其体现在英国法律文件的传统形式中。撰写封印文件（sealed documents）的专业化需求推动了"代书人"（scriveners）的兴起。[3]但这一切都未能推动在英格兰产生专司公证工作的特殊行业。

---

　　〔1〕　有关英国公证发展，参看 C P. Cheney, Notaries public in England in the Thirteenth and Fourteenth Centuries, 1972; N Ramsay, The History of the Notary in England, in: Schmoeckel/Schubert (eds):《公证历史手册》，第 375 页。苏格兰的公证发展史深受欧洲大陆影响，但苏格兰公证人并未取得显著的垄断身份，也没有欧陆国家公证人那样的重要地位；参看 J. Finlay, *The History of the Notary in Scotland*, 载 Schmoeckel/Schubert 主编：《公证人历史手册》2009 年，第 393 页。

　　〔2〕　参看本书第五章第一部分有关英格兰公证人的形式和地位的内容。

　　〔3〕　有关行业组织，参看 F. W. Steer (ed) Scriveners Common Paper, 1357-1628, London Record Society, 4, 1968.

地处北欧的斯堪的纳维亚国家也有类似情形。公证文件在这些 ²²
国家并无特殊的证明效力，公证人独立执业之路遭遇阻碍，并未发
展出类似欧陆各国、承担重要法律责任的独立公证人。[1]

斯堪的纳维亚国家早期也曾经试图移植意大利的公证人模式。
但由于对法律专家的怀疑态度，当地人宁可将法律事务委诸普通人
之手，故此种移植并不成功。在 16 世纪兴起的新教改革中，斯堪
的纳维亚国家几乎完全废止了天主教会以及和教会相关的制度，包
括教会公证人。19 世纪时，多个国家如瑞典、丹麦和芬兰试图通
过改革重新引进公证制度，但也未取得圆满成功。斯堪的纳维亚国
家有类似英格兰的"普通公证人"，其功能仅限于证明和验证相关
记录的真实性，在法律事务中并不具有重要地位。

（五）其他地区

伊比利亚美洲国家在法律文化上深受西班牙和葡萄牙的影响。
这些国家都接受了欧洲民法公证人模式，其公证人积极参与各种国
际活动，是拉丁公证人国际联盟（International Union of Latin Nota-
ries）的主要成员。[2] 虽然德国、西班牙和法国的法律对东亚和非
洲有着显著影响，但在世界其他地区，欧洲公证人模式并未取得和
欧陆各国同样的地位。[3] 需要强调的是，全球大多数国家都接受
了欧洲公证人制度中的中立第三方概念。

---

〔1〕　有关挪威公证历史，参看 H. F. Marthinussen/J. O. Sunde， "Notarius Publicus in
Norwegian Legal History"，载 Schmoeckel/Schubert 主编：《公证人历史手册》2009 年，第
463 页；Herulf Nielsen：《北欧中世纪百科全书》，1967 年版，有关公共公证人的词条。
有关丹麦的公证历史，参看 Henrik Stampe, Erklaeringer, Breveog Forestillinger, Vol. I,
1793, p. 613 ss. D. Tamm："丹麦公证的历史"，载 Schmoeckel/Schubert 主编：《公证人历
史手册》2009 年，第 429 页。关于瑞典和芬兰的情况，参看 H. Pihlajamaki， "The Notary
Public in the Legal History of Finland and Sweden"，载 Schmoeckel/Schubert 主编：《公证人历
史手册》2009 年，第 441 页。

〔2〕　关于 16 世纪此种发展的开始阶段，参看 Th Duve："西属美洲地区和阿根廷的
公证和公证人历史"，载 Schmoeckel/Schubert 主编：《公证人历史手册》2009 年，第 595
页。

〔3〕　综述性文章参看：施瓦赫登（Schwachtden）："通往全球统一公证：为经济发
展提供法律确定性的工作"，载《德国公证人杂志》1999 年，第 268、274 页。

六、小结

欧洲公证制度的历史可以追溯到罗马帝国时期，历经多个世纪的演变，公证人的角色和作用在 13 世纪的伦巴第地区达到顶峰。在随后的几个世纪，意大利公证人模式传播到整个欧洲，甚至到达了英格兰和斯堪的纳维亚国家。在德国，1512 年颁布的《帝国公证人条例》意味着德国的公证人制度在 16 世纪初基本成型。

但公证模式最终未能在英格兰和斯堪的纳维亚国家生根发芽。在宗教改革过程中，公证的作用和功能在这些国家进一步弱化，尤其是新教国家完全排除了教会公证人的活动。

法国大革命促进了民法公证人制度的重生和复兴，拿破仑帝国将这一模式传播到欧洲大部分地区。今日之欧洲民法公证人制度或多或少可以视为法国大革命版本的延续，同时保留了 13 世纪意大利公证人模式的一些特征。

第三章　现代德国公证人

——交易中的中立法律专业人员

　　德国公证人制度堪称现代民法公证制度的典范，是德国司法体系中不可或缺的组成部分。虽然各地区的公证制度因为传统因素而略有差异，但全德公证人在法律体系中的角色、功能和履职过程均保持一致。在具有专属管辖权的私法领域，德国公证人作为中立、公正的法律专家承担着公共服务职能和责任，为各方当事人利益而记录和执行私法交易。

一、德国公证人的公共角色和功能

　　德国公证人既是一种公共职务，又是自由职业者，具有双重属性。他们的地位和功能源于德国的"预防性司法"（vorsorgende Rechtspflege）概念。

　　在德国，民事司法包括两个层面，一是传统的对抗型事件，二是建立在预防司法管理概念上〔1〕的非讼事件（freiwillige Gerichtsbarkeit）。〔2〕非讼事件是国家为公民提供的预防性争端解决机制之一，通过在容易发生争议的领域向当事人释明，促使当事人理性决策，从而避免低效和高成本的法院程序。

　　从制度设计角度而言，非讼事件和预防性司法制度主要针对遗

---

　　〔1〕　参看莱特曼（Reithmann）：《公证人和法院的共同司法辅佐》，1989 年版。

　　〔2〕　参看马瑞、施图尔纳（Murray/Stürner）：《德国民事诉讼》，2004 年版，第 49 页；有关德国非讼事件的最新发展，参看 Keidel：《非讼事件管辖权》（第 16 版），2009 年版。

26 嘱或继承事项，尤其是公共登记制度，如土地登记簿（Grundbuch）和商事登记簿（Handelsregister），其目的是提高不动产和公司行为能力的确定性。当事人在进行重大法律交易时，可以合理信赖这些登记簿的正确性。

同样基于预防司法管理的考虑，国家设立专职法务人员记录和执行特别重要的法律交易，例如，公共遗嘱、捐赠物转让、不动产的转让和设置抵押，以及设立公司。国家要求这些交易必须由公证人执行，其目的是有意干预公民之间的私法行为，以保护交易当事人，避免发生争议、耗费当事人的时间和金钱。从这个意义而言，公证人的角色和功能是分担国家责任。

公证人在德国（以及其他民法法系国家）的角色，在概念上与"经公证的"文件、交易或法律行为有关。和美国不同的是，[1] 在民法法系国家的理解中，公证并不限于确认特定证件或法律文件在物理上的真实性。民法上"经公证的"交易或行为指的是，应按法律规定的形式和要求进行的重大交易，其目的是确保相关文件、行为或交易的当事人获得充分法律咨询，不存在误解或障碍。[2] 这样一来，诸如不动产过户、重要合同、遗嘱、委托律师等具有重要法律意义的行为，要么必须经过公证才有效，要么通过公证提高其可信度，使其无需经过其他司法程序便可直接执行。由此，国家应规定必须进行公证的交易类型、公证程序，以及专业人员的许可和行为规范。[3]

---

〔1〕 美国法律中并无对法律行为、法律交易和文件的"公证"概念。法律行为或交易是否有效取决于当事人是否具备行为能力，是否存在欺诈或缺乏对价等。对文件的公证通常仅指对标的本身物理真实性的认定，例如在司法程序中提出的证据。参看《联邦证据规则》第901条。

〔2〕 Field/Murray, *Maine Evidence*, 6th ed. 2007, p. 529；Green/Nesson/Murray, *Federal Rules of Evidence*, 2007 Edition, p. 255 ss.；Green/Nesson/Murray, *Problems, Cases and Materials on Evidence*, 3rd ed. 2000, p. 945 ss.

〔3〕 参看德国《联邦公证人法》和《联邦公证书证法》；温克勒尔（Winkler）：《联邦公证书证法》，2008年版；Eylmann/Vaasen：《联邦公证人法和联邦书证法》，2004年版；施里佩尔、布卡克（Schippel/Bracker）：《联邦公证人条例》，2007年版。

对于公证（authenticity）而言，起草重要私法交易文件并监督其执行的法律专业人员至关重要。赋予此种职业适当功能，才能确保其公证人身份。

出于同样的原因，这些由特定法律专业人员制作的文件也应获得特别地位，即公共文书（public documents，öffentliche Urkunde）。在德国民事司法体系中，公共文书由承担公法职责的法律官员制作，具有更高的可信度。在庭审中具有更高的证明力。[1]

最后需要指出的是，德国公证人应如同"计程车站台"（cab-rank）[2] 一样依法履行公共职能，不得仅因个人喜好或经济原因而拒绝对必须以公证形式做成的文件、行为和交易进行公证。该职责由联邦法律规定，适用于所有公证人，无论其执业形式如何。[3] 这对于只有一个或少数几个公证人的地区意义重大，旨在确保每个公民均可获得预防性司法救济。

因此，在德国民法体系中，公证人的地位兼具公共职能和自由职业两种特征。公证人的公共职能体现在其必须依法进行公证，公证文件具有公共文书效力。和这一地位相关联的就是提供预防性法律的强制性职责，这对于理解"经公证的"行为、交易、文件及其法律后果至关重要。

在依法需要公证文件和交易的私法领域中，德国公证人被视为专家。虽然所有公证人在公证所涉领域都应当具备高超的法律技能，但部分公证人仍然呈现出专业偏好，例如在不动产、公司、财产法或继承法方面享有盛誉。复杂交易中的当事人有时会就专业问

---

〔1〕 参看德国民诉法第 415 条和第 418 条；参看马瑞、施图尔纳（Murray/Stürner）：《德国民事诉讼》，2004 年版，第 276 页。

〔2〕 这个概念来自于英格兰的公共计程车（taxicab），这种计程车必须接受站台上候车的所有乘客而不得选择。传统上将这一概念拓展适用于英国出庭律师，其有义务代表各类型当事人出庭，而不能考虑经济因素或个人喜好。参看 Andrews, English Civil Procedure, 2003.

〔3〕 《联邦公证人法》第 15 条第 1 款第 1 句：公证人在没有充分理由的情况下，不得拒绝执行职务。参看施里佩尔、布卡克（Schippel/Bracker）：《联邦公证人条例》，2006 年版，第 15 条注释。

题咨询此类公证人。这意味着，客户可以咨询位于不同地区的公证人，而不限于自己所在区域或交易履行地所在区域的公证人。

由于他们公认的专业性，当事人有时会就房地产、继承或公司法方面的疑难问题请教公证人，即公证人的工作不限于起草文件或公证具体交易。[1] 在专业领域享有盛誉的公证人可以通过咨询服务获得巨额收入，该费用受特殊规定的制约。[2]

对很多小城镇和居民点的民众而言，当地公证人就是法律和正义的化身，帮助他们处理大部分法律事务。他们不仅在转让房产、设立有限责任公司或起草遗嘱时求助当地公证人，也就其他个人和经营事务咨询公证人。

可见，如同在大多数民法法系国家一样，德国公证人已经发展为法律职业的独特分支。公证人具有公共性，公证行为具有预防功能（preventative law function）并产生相应的法律后果；公证又具有私法特征，公证人并非公职人员，他们虽然受到全面、严格的法律规制（public regulation），但本质上仍是自由职业者，通过当事人付费获得收入。[3]

二、德国公证人在私法交易中的角色

在法律规定或当事人委托的公证事项中，德国公证人在功能上

---

〔1〕《联邦公证人法》第24条第1款第1句：公证人的职务包括其他为预防纠纷而进行的活动，特别是为当事人起草文书和提供咨询服务。根据该条规定，咨询服务也是预防性司法的形式之一。参看施里佩尔、布卡克（Schippel/Bracker）：《联邦公证人条例》，2006年版，第15条注释。

〔2〕《联邦非讼事件收费法》第145条、第147条，以及《联邦公证人法》第17条第1款：就其职务活动，公证人应当按照法律收取相应费用。对非法律规定的，由于不正确程序处理而产生的免除费用或折扣，在基于道义和礼节而发生的范围内，经过公证人协会批准，允许免费和折扣。在公证人收费处和国家公证人收费处，这些情况由公证人协会处理。

〔3〕《联邦非讼事件收费法》第140条。原则上公证人不得就收费进行约定。参看收费法第140条第2款和《联邦公证人法》第17条第1款和第2款。参看施里佩尔、布卡克（Schippel/Bracker）：《联邦公证人条例》，2006年版，第17条注释。

可以说是真正的"境况律师"（Lawyer for the Situation）。如前所述，基于预防性司法的考虑，德国法律要求某些交易必须由公证人处理，例如需要登记在土地登记簿（Land Register，Grundbuch）的不动产过户和抵押、[1] 必须登记在商业登记簿（Commercial Register，Handelsregister）的企业设立事项。[2] 德国的不动产法规定，任何旨在转让不动产且需要重新登记所有权的合同都必须在公证人面前完成，并由公证人制作公证文件。[3] 在不动产上设置抵押，必须由公证人对所有权人的签名进行确认或者对其同意声明进行公证。[4] 未经公证人做成的土地转让合同不得进行登记，[5] 甚至在当事人之间也不发生效力。[6]

原则上，德国法律承认被继承人以书面形式表达的任何死因处分均为有效遗嘱。[7] 遗嘱可以由被继承人自行书写，也可以由普通律师起草。但仍有许多德国人愿意付费让公证人起草遗嘱。一般认为，公证遗嘱意味着被继承人有充分的遗嘱能力，[8] 且无需其他证据佐证。[9] 公证人在财产规划和起草文件方面的专业能力也可以提高遗嘱质量、减低税负。

---

〔1〕 有关德国土地登记制度参看本书第四章第一部分。

〔2〕 德国《商法典》第8条以下的规定。参看卡纳里斯（Canaris）：《商法》（第24版），2004年版，第4章。

〔3〕 参看德国《民法典》第925条，详见鲍尔、施图尔纳（Baur/Stürner）：《物权法》（第18版），2009年版，第284页以下。

〔4〕 参看德国《民法典》第873条第2款和德国《土地登记法》第19条和第29条。

〔5〕 参看德国《土地登记法》第20条。

〔6〕 参看德国《民法典》第925条、第125条意见第311b条第1款第1句。

〔7〕 德国《民法典》第2231条第2款和第2247条。

〔8〕 若嗣后发生争议，公证笔录中对立遗嘱人行为能力的说明对于其行为能力的判定有重要影响。参看尧厄尼希、施图尔纳（Jauernig/Stürner）：《德国民法典评注》（第13版），2009年版，第2229条。《联邦公证书证法》第28条：公证人在笔录中应注明对立遗嘱人必要行为能力的评价。

〔9〕 公证文件可以充分说明被继承人的意思表示（《民诉法典》第415条），且对立遗嘱人的意图与合理解释构成事实推定。参看尧厄尼希、施图尔纳（Jauernig/Stürner）：《德国民法典评注》（第13版），2009年版，第2084条。

基于同样的原因，当事人也经常委托公证人制作授权委托书，附有公证文件的授权书往往更容易被交易相对方接受。

公证人受托对交易进行公证时，并不是像律师那样代表一方当事人（Mandant）。办理公证的各方不能称为"当事人"（Mandanten），而是交易参与方（或称关系人，Beteiligte）。[1] 公证人并不向某一特定交易方负责，而是向全体交易方负责。公证人的工作就是确保交易能够根据全体交易方的意愿和理解依法执行。

中立性和独立性是公证人发挥其角色和功能的核心要素。[2] 德国公证人对于其所公证的交易不得有经济上或人身上的关联。例如，公证人不得在他们公证的交易中担任经纪人或融资中介人。[3] 公证人也不得与其他专业从业人员如会计师、税务咨询师等形成任何形式的合伙或关联关系。[4]

为此目的，公证人应以中立和坦诚之方式向全体交易方进行披露。任何可能损害其中立性的利益或关联均由法律详加规定并禁止。此外，公证人也不得有任何示好一方或不利另一方的行为。这种中立和谨言慎行的要求贯穿公证人整个执业过程，包括其在办公

---

　　〔1〕《联邦公证人法》第14条第1款第2句：公证人并非一方的代表人，而是独立公正的双方当事人的办事人。

　　〔2〕《联邦公证人法》第1条：公证人是各州为了对法律事实予以证明，以及对纠纷进行预防所任命的独立的公职人员。第14条第1款：公证人必须遵守其誓词。公证人并非一方的代表人，而是独立公正的双方当事人的办事人。第2款：公证人在执行职务的过程中，若被要求做违反公证人职务的事情，尤其是明显地带有不法或不正当目的的事情，必须予以拒绝。

　　〔3〕《联邦公证人法》第14条第4款：公证人不得作为当事人的消费信贷、土地买卖的中介，或作为与其职务有关的或有其他担保责任的保证人。此外，公证人还应当确保其职员不得从事上述行为。

　　〔4〕《联邦公证人法》第9条第1款：专职公证人只能和同一个职务区域的公证人就共同职务上的事务进行联系或者与其拥有共同的事务所。为满足各地方的需要并尊重其习惯，州政府或其授权机关有权以法律形式规定：①以上提及的共同职务上的联系或者拥有共同的事务所，应得到监督机构在听取公证人协会的意见后所给予的许可。②共同职务或者拥有同一事务所，特别是共同职务或共同事务所成员的前提条件，以及对共同关系或共同事务所的设立、领导、继续和结束的要求。

室对待交易方的态度。[1]

三、公证程序

对交易或法律行为的公证人公证一般包括五个步骤。第一步是确认交易方的身份,[2]并确定他们对于拟进行的法律行为具有相应的行为能力。[3]通常情况下,公证人会依据民事身份证件如护照和身份证,并结合交易方的具体状况、外在表现及谈话情况,形成个人对交易方精神状况的判断。在存疑情况下,公证人需要其他措施来确定交易方的身份或精神能力,甚至寻求医生或精神健康专家的意见。[4]此种要求的理念在于,公证人在公证法律行为之前,有义务确定当事人的身份和法律能力。若公证人对任一交易方的行为能力存疑,或者有任何可能影响交易效力的异常情形或原因,必须在公证文件中注明此种怀疑或异常情形。[5]

公证人确认交易方的身份和行为能力后,第二步是根据交易方

---

〔1〕《联邦公证人法》第14条第1款、第2款,尤其是第3款:公证人无论是在办公还是在非办公时间,都应该注意其言行符合他人对公证职业的信任和尊敬。另外,公证人还应当注意避免做出违反法律义务的行为,特别是有损其独立性和公正性的行为。

〔2〕《联邦公证书证法》第10条:①在笔录中必须详细注明当事人的基本情况,不得不予确定或调换;②笔录中必须注明公证人是否和当事人相识或者如何确定当事人的身份。在不能确定而又必须制作笔录时,公证人应在笔录中注明。

〔3〕《联邦公证书证法》第11条:①公证人认为当事人缺乏必要的行为能力的,应拒绝公证。公证人对当事人应有的行为能力有怀疑的,应在笔录中注明。②如当事人病重,应在笔录中注明,并说明公证人对其行为能力的评价。《联邦公证书证法》第28条:公证人在笔录中应注明对立遗嘱必要的行为能力的评价。

〔4〕参看瓦克(Wacke):《慕尼黑民法典评注》,2004年版,Hagena主编部分。

〔5〕参看《联邦公证书证法》第11条和第28条。

提供的信息做成笔录。[1] 交易方可以书面提供或当面陈述，或者兼采两种方式。若基本信息存在差异或遗漏，公证人应进一步询问当事人，以确保交易完整、准确地记录在案。虽然并无规定禁止公证人与多方交易中的一方当事人单独接触，但审慎的公证人在信息收集过程中会尽量保持中立，以避免当事人产生疑虑。[2]

32　　信息收集过程中可能会涉及询问第三方或查询公开记录和登记簿。在办理不动产过户公证时，公证人应当查询土地登记簿和其他公共登记簿，并联系市政官员、留置权人等相关人员。[3]

　　第三步是由公证人起草实施交易所需的文件，例如契约、抵押等。虽然公证人可以使用电子模板和表格来提高效率，但传统上要求公证人为每次交易单独准备文件。公证人要确保所起草的文件完全符合特定交易的需要。[4] 如果时间允许，应在会签之前将文件

---

　　〔1〕《联邦公证书证法》第17条：①公证人应当了解当事人的真实意愿、澄清事实，向当事人说明公证事项所涉及的法律，在笔录中准确、清楚地记录当事人的意思表示。公证人应注意避免错误和疑义，不使无经验的人和诚实的人受损。②对事实是否符合法律或对当事人的真实意愿有怀疑的，公证人应和当事人交换意见。公证人怀疑事实但当事人坚持公证的，公证人应在笔录中说明并注明当事人对此所作的陈述。③公证人应当向当事人提出并在笔录中注明适用外国法律或对此存在的疑义。公证人不负有解释外国法律的义务。

　　〔2〕《联邦公证人法》第14条第1款：公证人必须遵守其誓词。公证人并非一方的代表人，而是独立公正的双方当事人的办事人；第3款：公证人无论是在办公还是在非办公时间，都应该注意其言行符合他人对公证职业的信任和尊敬。另外，公证人还应当注意避免做出违反法律义务的行为，特别是有损其独立性和公正性的行为。

　　〔3〕有关强制咨询的规定参看《联邦公证书证法》第21条：①在办理登记或者应登记到土地登记簿的公证事务时，公证人应了解土地登记簿的内容。当事人被告知存在有关风险而仍坚持立即公证的，公证人应予以公证，但应将此点在笔录中注明。②在设定或转让抵押时，公证人应在笔录中注明该契约是否已经提交。

　　〔4〕《联邦公证书证法》第17条第1款：公证人应当了解当事人的真实意愿、澄清事实，向当事人说明公证事项所涉及的法律，在笔录中准确、清楚地记录当事人的意思表示。公证人应注意避免错误和疑义，不使无经验的人和诚实的人受损。第2款：对事实是否符合法律或对当事人的真实意愿有怀疑的，公证人应和当事人交换意见。公证人怀疑事实但当事人坚持公证的，公证人应在笔录中说明并注明当事人对此所作的陈述。

草案送给各交易方审阅。[1]

第四步是公证人向交易方当面宣读前述文件。在多方交易中，除非有充分的适当理由，原则上所有主要交易方应同时出席。这一要求的立法意旨在于，公证人应同时向所有交易方解释交易和相关文件、回答问题并宣读文件，在此基础上由各方签字。此种设计是为了尽可能确保各交易方理解交易及其法律后果，从而在自由和充分知情的基础上进行交易。[2]

如前所述，公证人必须在交易方面前完整宣读需要签署的文书，来自其他国家的观察者可能会觉得这一规定古怪且多余。[3]极端情况下的场景是，公证人花了几天时间轮流宣读设立公司所需的全部文件，底下坐着昏昏欲睡的交易方代表们。但大多数德国公证人坚持此种传统做法，认为此种做法既可以保证基本透明度，又

33

---

〔1〕 交易参与方有消费者的，应当提前两周交付起草的文件。参看《联邦公证书证法》第 17 条第 2a 款第 2 句。

〔2〕 参看《联邦公证书证法》第 13 条（宣读、同意和署名）、第 13a 条（附注和宣读义务的限制）、第 14 条（宣读义务的限制）、第 15 条（拍卖）、第 16 条（笔录的翻译）；《联邦公证人法》第 14 条。

〔3〕 宣读文件的传统起源于早期的公证实践，彼时很多交易参与人都无法读写文件。在很多民法法系国家，已经不再要求宣读全部法律文件。但公证人仍有义务宣读并解释文件中的关键条款和术语。公证人宣读时一般会向交易方提供副本。有时候也通过投影或屏幕向当事人展示并解释。

可以避免交易方发生错误或产生误解。[1]

公证人向主要交易方宣读完文件后，会监督各交易方签字。[2]虽然法律规定有些法律交易中无需当事人签字，仅需作出声明并由公证人签字，如遗嘱开示。[3] 但在几乎所有情况下，公证人都会让交易方签字，以确保公证人已经宣读并完成公证。

各方当事人签署交易文件后，公证进入第五步，由公证人在法律上执行该交易。例如，土地转让必须在土地登记簿上进行过户登记方可生效。大多数情况下，当事人会要求公证人将变更登记申请和附件专递给土地登记部门，以确保根据交易方的意愿重新登记土

---

〔1〕 有关宣读的限制，参看《联邦公证书证法》第13a条（附注和宣读义务的限制）和第14条（宣读义务的限制）。第13a条（附注和宣读义务的限制）：①对笔录中引证的按本章规定制作的其他笔录，如果当事人表明已经了解或放弃听取的权利，则公证人不必宣读。但应在笔录中予以注明。公证还应证明，未向当事人宣读的上述笔录是可靠的。前面规定适用于只审阅而不宣读的图注、图表或图画。②如果当事人放弃，前款笔录无须附加在笔录中，但笔录中应注明此情况。③在公证前，其他部门要求查阅第一款规定的笔录的，公证人应在查阅前通知当事人。应当事人的请求，在公证人处的引证的其他笔录应交还当事人。在不违反第17条规定的情况下，公证人应向当事人说明引证的这些笔录的意义。④前三款适用于笔录中引证的由官方机构在其职权范围内或者有信用的个人在其业务范围内提供的，并附有签名、印鉴的图表、图注或图画。第14条（宣读义务的限制）：①在办理涉及抵押权、土地债务、养老金债务、船舶抵押权或飞机执照抵押权的意思表示公证时，写成书面的意思表示，应在笔录中注明并附于笔录中，无须载入地契、船舶执照、船舶证书或飞机权证书。如当事人放弃宣读，可不予宣读；但当事人服从立即强制执行的意思表示须记入笔录。②按前款规定未予宣读而附于笔录的书面材料，必须告知当事人由其签名。准用第17条的规定。③当事人放弃宣读应在笔录中注明，附于笔录的书面材料应告知当事人予以确定。

〔2〕《联邦公证书证法》第13条（宣读、同意和署名）：①笔录必须在公证人在场时向当事人宣读，并经其同意后由其亲笔签名；笔录引证图注、图画、图表形式时，以当事人审阅代替向其宣读。但应在笔录中注明。当事人亲笔签名后，可认为已按前面的规定向其宣读或经其审阅，并已获得其同意。笔录在同意前须经当事人审阅。②按前款规定制作并经全体当事人签名的笔录有效。准用《公证人法》第18条的规定。③笔录应由公证人亲笔签名，并注明其职称。

〔3〕德国《民法典》第2232条（公开遗嘱）第2款：遗嘱人对公证人就其遗嘱以开封或密封提出；该遗嘱无须由遗嘱人自写。《联邦公证书证法》第35条：公证人未在遗嘱公证笔录上签字，而仅在封好的封袋上签字并注明公证地点的，该公证仍属有效。

地所有权。[1]

　　公证人对其公证之交易的最后一项义务是保管交易记录。在大多数交易中，笔录原件或副本原件应存放在制作笔录的公证处。[2]公证处应将文件在保险柜中保存一百年。[3]这些文件通常按照年份顺序排列，便于索引，有时会装订成册或者以其他方式妥善保管。[4]公证人停止执业的，应当将其保管的文件妥善安排，以便在需要时随时获取。作为通例，继任的公证人有义务保管前任留下的文件。有时候也会将这些文件保管在当地的公证人协会（Chamber of Notaries），以便随时从协会保险柜中提取。[5]在德国许多地方，公证人甚至保留着一百多年前的交易记录。

34

---

　　[1]《联邦公证书证法》第53条：公证人在做成意思表示公证书后，应督促当事人尽快将其提交土地局或登记法院，但全体当事人要求其他做法时除外；公证人应指出迟延提交可能发生的法律后果。有巴登-符腾堡州的某些地区，公证人本身负责土地登记局事项，他们无需其他公务员的配合即可直接办理过户手续。有关通过电子方式即时办理过户的实践，参看第四章第一部分。

　　[2]　参看《联邦公证书证法》第45条：①唯有当公证文件需要在外国使用时，公证人在征得全体交易方同意后方可发放笔录正本。在此情况下，除正本必须加盖职务印章之外，必须留存一份副本并在其上注明原件发给何人及发放原因。该副本代替正本。②公证文件的正本未经当事人要求保管的，发给当事人。

　　[3]　参看《公证人职业伦理道德法》第5条第4款。2005年之前的规定要求将文件无期限保管在保险箱中。

　　[4]　参看《公证人职业伦理道德法》第6条和第18条。

　　[5]　参看《联邦公证人法》第51条：①当公证人的职务终止，或者其职务地迁移到其他法院的辖区时，州法院必须保管公证人的文书、账簿和因职务关系被交付的文件。州司法行政机关可以委托其他州地区法院或者公证人保管这些文件。此情况下，可适用第45条第2、4、5项的相关规定。②公证人的职务印章由第1款规定的地方法院进行销毁。③公证人的职务终止或者职务地迁移后，再次被任命为原职务地区法院辖区的公证人的，根据第1款的规定交付给他人保管的文件，可重新交还该公证人。④公证人的职务地被迁移到同一城市的其他法院辖区时，文书和账簿仍由该公证人保管。其职务印章不用交出。⑤州司法行政机关对向国家档案馆送交公证文件及销毁公证文件制定规则。在公证书送交国家档案馆后，如果该公证书属于在职公证员，或者根据第1款的规定交给其他公证人保管的，由公证人或管辖公证人原职务地的地区法院负责在必要时提供给他人或机构。此情况准用第45条第4、5款，以及《民事诉讼程序法》第797条第3款的规定。

四、德国公证人的类型

德国有关公证的规范由联邦法和各州共同制订。联邦法律规定需要公证的交易类型、公证的法律效果、办理公证的行为准则、公证收费等事项。全体德国公证人均对客户和公众承担基本法律义务。可见，和公证人履职相关的规定由联邦法律管辖。[1]

公证人的设置数量、教育资格和某些特殊执业资格则由各州法律规定，或者由公证人协会自行规定。[2] 目前德国存在四种不同形式的公证人，其中巴登-符腾堡州兼有四种公证人。

传统公证人类型被称为专职公证人（single-profession notary, Nur-Notar），广泛存在于巴伐利亚州、汉堡州、北莱茵-威斯特伐利亚地区、莱茵兰-巴拉丁地区、萨尔州，以及在前民主德国地区设立的新联邦州（柏林除外）。专职公证人只能从事公证事务，不得作为律师执业，也不能从事任何有可能影响其独立性和公正性的职业。[3] 律师公证人（Anwalts-Notare）主要分布在柏林、不来梅、下萨克森州、黑森州、石勒苏益格-荷尔斯泰因州和北莱茵-威斯特法伦部分地区，[4] 法律上严格禁止其作为律师从事可能影响

35

---

〔1〕 有关联邦对该项事务的管辖权参看《联邦德国基本法》第74条第1款第1句：下列事项属于共同立法范围：民法、刑法及判决执行、法院组织、司法程序、律师、公证及法律咨询，参看施图尔纳的论文，载《Lindacher 纪念文集》2007年，第175页以下。

〔2〕《联邦公证人法》第4条：任命的公证人的人数应该符合司法实践的需要。特别是应当符合通过公证服务预防当事人纠纷的需要，并应当保持公证人合适的年龄组成结构。

〔3〕《联邦公证人法》第3条第1款：专职公证人职务为终身制；第8条第1款：公证人不得同时从事其他领取薪水的职务。特殊情况下，州司法局在听取公证人协会的意见后，可以准许公证人兼职，但此种准许随时可以撤销；撤销后公证人不得继续从事此种行为。第2款：公证人不得从事第3条第2项未提及的其他职业。律师公证人可以兼职专利律师、税务咨询师、会计师和稽核员等职业。

〔4〕《联邦公证人法》第3条第2款：只有在1964年4月1日之前律师可以被任命为公证人的法院辖区，方可继续任命律师公证人。

其公证独立性和公正性的活动。[1] 律师公证人是德国公证人中数量最大的群体，但其承担的公证业务份额与其人数不成比例。很多律师公证人将公证业务视为律师业务的附属品，仅对少量交易和文件进行公证。[2] 近年来，大城市的律师公证人开始侧重发展公证业务，特别是在公司法律事务方面，他们的功能几乎和专职公证人一样。[3]

传统上，巴登-符腾堡州设有"公务员公证人"（official notary, Beamter Notar）。原则上，《联邦公证人法》和《联邦公证书证法》也适用于这些公务员公证人（如有关中立性和独立性的规定）。但另一方面，公务员公证人实际上属于国家公务人员，或称政府雇员，[4] 国家支付他们的基本工资，并收走大部分公证费。[5] 公证人可以保留部分费用作为额外补偿。此种制度来源于巴登地区的传统，已被逐步取消。部分已经被任命的公务员公证人可以继续执业到退休。但巴登未来的公证人模式是专职公证人，政府也鼓励年轻的公务员公证人转型为专职公证人。

最后，还是在巴登-符腾堡州，在斯图加特州高等法院的辖区，存在培训方式不同于其他公证人的特殊公证人。一般的公证候选人必须接受正规大学的法律教育，但这些特殊公证人在斯图加特一所技术院校接受培训。[6] 虽然他们的教育和培训显著不同于其他的

36

---

[1]　参看《联邦公证人法》第 3 条第 1 款、第 4 款、第 6~8 款。原文如此，但经查询德国司法部网站公布的法条，《联邦公证人法》第 3 条只有两款。网址：http://www. gesetze-im-internet.de/bnoto/_ _ 3. html。怀疑作者笔误。——译者注

[2]　例如，在 2006 年，巴伐利亚州每个专职公证人办理完成的公证数量在 1500~1800 件之间，但律师公证人完成的公证数量则在 250~400 之间。

[3]　大多数专业化的律师公证人在大型律所工作，不能作为专职公证人执业。

[4]　参看该州关于非讼事件的法律第 3 条和第 13 条；《联邦公证人法》第 115 条：本法在卡尔斯鲁尔高等法院辖区不适用。根据有关巴登州公证人的职务关系的法律规定，管辖和执行职务的程序不受本法约束。

[5]　参看该州关于司法管理费用的法律第 10 条。

[6]　参看该州关于非讼事件的法律第 17 条第 2 款。巴登-符腾堡州首府斯特加特设有"符腾堡州公证人学院"，采取五年制教育，包括理论学习和实习。毕业后获得学士学位的人员可以立即作为见习公证人工作。

专职公证人和律师公证人，但原则上可以履行同样的公证职能，并基于公证服务获得和其他公证人相同的报酬。经过培训，年轻的公证人通常首先被任命为"区公证人"（district notaries, Bezirksnotare）。区公证人与巴登的传统公证人即公务员公证人[1]具有同样的公证职能，还附带承担管理当地土地登记簿、监督监护和处理遗嘱案件的责任。经过几年历练后，区公证人可以申请成为专职公证人，同时免除诸如管理土地登记簿的附带责任。除了专职公证人和公务员公证人，巴登-符腾堡地区还批准了少量的律师公证人。这样一来，巴登-符腾堡州就同时存在三种类型的公证人：专职公证人、公务员公证人和律师公证人。最近的改革倾向于集中发展专职公证人，以简化公证人制度。

联邦法律规定了公证人的基本道德和执业责任，各州法律规定公证执业中的某些具体方面。例如，州法规定公证人是否可以合伙执业，是否可以共用办公场地，是否可以相互协助。[2] 大多数州允许公证人组成二至四人的小型合伙或社团。[3] 多个律师公证人可以共同执业。律师公证人可以加入任何规模的律所，但他们在公证执业方面，不得受到律所方面的任何控制或影响。[4]

37 　　在所有的联邦州，任命公证人时应注意保障各地居民均可获得

---

〔1〕 参看该州关于非讼事件的法律第3条和第13条；《联邦公证人法》第114条。

〔2〕《联邦公证人法》第9条授权各邦州就特定事项发布规定。第9条第1款：专职公证人只能和同一个职务区域的公证人就共同职务上的事务进行联系或者与其拥有共同的事务所。为满足各地方的需要并尊重其习惯，州政府或其授权机关有权以法律形式规定：①以上提及的共同职务上的联系或者拥有共同的事务所，应得到监督机构在听取公证人协会的意见后所给予的许可。②共同职务或者拥有同一事务所，特别是共同职务或共同事务所成员的前提条件，以及对共同关系或共同事务所的设立、领导、继续和结束的要求。

〔3〕 参看施里佩尔、布卡克（Schippel/Bracker）：《联邦公证人条例》，2006年版，第9条，段14a。

〔4〕 有关争议参看施里佩尔、布卡克（Schippel/Bracker）：《联邦公证人条例》，2006年版，第9条，段9以下。

适当的公证服务。[1] 每个公证人会被任命到特定的办公地点（Amtssitz）。该地点一般和所在区域基层法院的辖区相对应，公证员必须在该辖区内（职务地，Amtsbereich）[2] 保留办公场所并履行大部分公证职能。同时，公证人只能在当地高等地方法院的辖区内执业（职务区域，Amtsbezirk）。[3] 公证人必须在职务地（Amtsbereich）之外进行公证活动的，必须通知监督机关并说明理由。[4] 只有在紧急情况下或经过监督机关的明确许可，公证人才能在职务区域（Amtsbezirk）之外办公。[5]

　　各地区可任命的公证人数量由法律规定，公证人数量应符合司

---

　　〔1〕《联邦公证人法》第 4 条：任命的公证人的人数应该符合司法实践的需要。特别是应当符合通过公证服务预防当事人纠纷的需要，并应当保持公证人合适的年龄组成结构。

　　〔2〕《联邦公证人法》第 10 条：①公证人会被指派到特定的办公地点。在拥有超过 10 万居民的城市，将会在其中一个城区或者初级法院辖区指派公证员。为了更好地保护权益，在听取公证人协会的意见，且经过公证人的同意之后，其办公地点可以被搬迁。惩戒法庭判决的办公地点的搬迁可以不经过公证人同意。②公证人在办公地点应拥有事务所。其住所应位于不会影响正常有序办公的地方；当涉及违反法律权益时，监督机构可命令公证人住在办公地点。律师公证人的事务所地点必须符合《联邦律师法》第 27 条第 1 项的要求。③公证人在执行职务期间应保持其事务所处于营业状态。④公证人可拥有多个事务所；但应经过监督机构的许可。该规定同样适用于工作日的改变。该许可也可以以命令的形式作出，并享有撤销保留权，可以附期限。在给予或者撤销许可之前，应听取公证人协会的意见。第 10a 条：①公证人的职务地为其办公地点所属的初级法院辖区。州司法行政机关可以根据权益需要，特别是在法院辖区发生变化的情况下，改变公证人的一般或特殊情况下的职务地，使其与办公地点不一致。②公证人只能在其职务地内进行公证活动（第 20～22 条），除非其职务地外的当事人有特别合法权益上的需要。③公证人必须将其职务地外进行的公证活动，立即向监督机关通知并说明理由，或者根据其所在的公证人协会的规定进行通知和说明理由。

　　〔3〕《联邦公证人法》第 11 条：①公证人的职务区域同他们办公地点所在的州高等法院的辖区一致。②只有在紧急情况下或经过监督机构许可，公证人才能在职务区域之外办公。③公证人在其职务区域之外，包括在其受委托的州之外执行职务的，其职务行为仍具有法律效力。

　　〔4〕 参看《联邦公证人法》第 10 条第 2 款和第 3 款。见注释 116。

　　〔5〕 参看《联邦公证人法》第 11 条第 2 款。

法实践的需求，特别是"通过公证服务预防纠纷之需求"。[1] 州司法局定期审查和调整各地区的公证人数量，并听取当地公证协会的意见，以适应经济和人口状况的变化。在诸如黑森州或柏林等存在律师公证人的地区，对律师公证人的数量限制较为宽松。这也恰如其分地反映了现实情况，律师公证人的公证业务通常只占其执业活动的一小部分。

但无论公证人在何处执业，在其办公地点均可办理全德各地的法律事务，这些法律文件可以在其职务区域之外生效。这意味着，若当事人打算就位于汉堡州的某不动产交易签订公证合同，完全可以在任一公证处办理。[2]

五、公证候选人的教育和培养

38

在德国，公证人必须像律师和法官一样接受法律教育和培训。[3] 这包括至少三年半（通常是四到五年）的大学教育，通过第一次国家考试，在法院、检察机关、行政机关和律所进行两年半的实习（见习文官制度），通过第二次国家考试。[4] 如前所述，为了谋得公证职业，年轻法律人之间的竞争非常激烈。只有那些高分通过考试、学术成绩突出的申请人才有望在完成法律职业教育和培训后担任专职公证人。

要想成为公证人，还需要额外培训才能满足公证事务的特殊需要。在设立专职公证人的联邦州，公证候选人通常必须在有经验的公证人指导下担任三年"见习公证人"（Notarassessoren），才能向

---

〔1〕《联邦公证人法》第 4 条。

〔2〕《联邦公证人法》第 11 条第 3 款。

〔3〕有关斯图加特法院的特殊情况，参看上文有关部分。

〔4〕参看《联邦公证人法》第 5 条（只有具备《联邦法官法》规定的法官资质的人才能被任命为公证人）和《联邦法官法》第 5-5d 条。

所在州的司法部申请公证人职位。[1] 律师必须达到公认的执业成功标准，才会被任命为律师公证人。律师在被任命前需要参加关于公证执业和伦理要求的培训，并通过资格考试。[2]

六、公证人的选拔、任命和薪酬

在所有的联邦州，公证人均由州司法局负责选拔和任命。[3] 在专职公证人占据主导地位的联邦州，公证候选人的选拔过程非常严厉。当地公证人协会协助司法部审查公证候选人，并优先推荐最具资质的候选人。[4] 公证候选人的基本选拔标准是学术成绩和在两次国家考试中的分数等级。通过这两次国家考试的人员被称为全法律人（Volljuristen），可以从事法官、律师和公证人等职业。

需要强调的是，德国并无购买或继承公证职务的传统或可能性。每个联邦州的选拔规则都是以候选人的个人才能为基本标准，而不考虑家庭关系或家族传统。公证人选拔适用最严格的职业道德

39

---

[1]《联邦公证人法》第7条：①作为见习公证人只有在履行了三年见习职务后，才能被任命为第3条第1款规定的专职公证人。②在选拔公证人时，应根据其个人和专业能力，特别是其是否通过国家司法考试来进行选拔。申请者可以通过公告获知；准用第6b条第2~4项的规定。另外，州司法局会将申请者登记在一个固定的清单里，并将该清单保持一段时间，申请者也可以通过该清单获知。该清单的制定一般会公布。③州司法局在听取公证人协会的意见后，任命见习公证人。公证人协会主席将见习公证人委托给公证人负责。受托公证人应教导见习公证人以认真负责的态度履行其义务。④见习公证人在履行职务期间，与国家是公法上的职务关系。除了第19a条规定的义务外，见习公证人负有和公证人相同的职务义务和其他义务。并在整个见习职务期间享有公证人协会提供的和法官相当的待遇。公证人协会应对受托公证人是否应向见习公证人支付薪水，以及薪水标准制订相应的规定。

[2] 对此各州根据联邦宪法法院的裁判各自立法。德国联邦宪法法院裁判，载《德国公证人杂志》2004年，第560页以下；参看 Eylmann/Vaasen：《联邦公证人法和联邦书证法》，2004年版，第6条。

[3]《联邦公证人法》第12条：公证人由州司法局在听取了公证人协会的意见后，通过授权任命书任命。该证书应标明公证人的办公地点、职务地和任命期限。

[4]《联邦公证人法》第12条第1句。详见 Schippel/Bracker：《联邦公证人条例》，2006年版，第12条。

标准，绝对禁止以任何形式买卖职务。[1] 被任命为某一地区的公证人，在其他地区公证人出缺的情况下，可以重新申请被任命为该地区的公证人。此种重新任命也完全基于资历或其他客观标准，并不构成买卖，和家庭背景也没有关系。

虽然公证人由州司法局任命，也承担公共职能，但差不多所有公证人都是"自由职业者"，[2] 他们并不从政府获得工资，而是由公证交易的当事人支付报酬。[3] 公证人的执业成本也由他们自行承担，包括租用办公室、聘请职员和支付其他运营费用。[4]

公证收费标准由联邦法律统一规定。针对非讼事件的联邦法律详细规定了各种类型公证的收费标准。总体来说，公证费用的高低和交易性质及交易金额相关。例如，高档房产交易的公证费用高于普通房屋交易公证。客观而言，此种区分并不能完全反应不同公证在复杂程度和潜在责任风险方面的差异。事实上，这种分级收费制度成了变相的补贴制度，让高标的合同的当事人补贴低标的合同当事人，这样就有利于鼓励低收入人群选择预防性民事司法途径。[5]

根据法律规定，在双方交易如房产买卖中，交易当事人应共同承担公证费用。[6] 但很多情况下，当事人可以自行约定公证费用

---

〔1〕 根据公证人协会颁布的行为指南，一般允许对建筑物、设备、图书馆和软硬件付款，但不允许通过付款获取客户信息，详见施佩尔、布卡克（Schippel/Bracker）：《联邦公证人条例》，2006 年版，第 1 节、第 51 节。

〔2〕 《联邦公证人法》第 2 条第 3 句：公证人执业为非盈利性质。

〔3〕 《联邦公证人法》第 17 条：①就其职务活动，公证人应当按照法律收取相应费用。对非法律规定的，由于不正确程序处理而产生的免除费用或折扣，在基于道义和礼节而发生的范围内，经过公证人协会批准，允许免费和折扣。在公证人收费处和国家公证人收费处，这些情况由公证人协会处理。当这些费用涉及和公务有关的利益，或有第三方当事人参加的，则不被允许。②对于依据民诉法可获得免费司法救助的当事人，公证人必须根据民诉法相关规定，暂时免费为其制作公证书，或允许其分期按月付款。

〔4〕 参看《联邦公证人法》第 10 条第 2 款和第 3 款。见注释 116。

〔5〕 欧洲法院（ECJ）认为，若巴登地区的公务员公证人就公共服务收取此类费用，则此种形式的补贴会损害欧洲市场的自由。参看欧洲法院判决，载《新法律周刊》2007 年，第 3051 页。

〔6〕 参看《联邦非讼事件收费法》第 2 条。

的承担方式，并把此种约定写入需要公证的文件。例如，很多不动产交易中习惯由买方支付公证费用。

虽然和未采取公证人制度的国家相比（如英国、美国），法定公证收费标准明显较低，[1] 但由于公证人对某些交易类型如不动产交易和大部分公司事务具有法律上的垄断地位，加之高度专业化发展，德国专职公证人的收入相当可观，且非常稳定。大多数律师公证人的收入并不依靠公证事务，他们的收入和一般律师差不多。但某些专业方向的律师公证人也主要通过公证业务获得收入。

七、德国公证人的责任和惩戒制度

德国公证人故意或过失给当事人造成损害的，应对公证交易中的全体当事人承担个人责任。[2] 承担责任的原因不仅包括法律错误，还包括未能向当事人释明特定合同条款或措施的法律后果，以及未发现不动产权属上缺陷的法律后果。该责任由承办业务的公证人（以及见习公证人的监督人）个人承担，而不能通过任何公司形

---

〔1〕 第十章比较了德国和美国对于房产不动产交易的法律服务费用。有关美欧各国在不动产交易费用方面的全面比较研究，参看马瑞：《欧盟五国不动产过户制度比较研究》，2007 年版。

〔2〕《联邦公证人法》第 19 条：①由于故意或者过失违反了职务上的义务时，公证人须对因此造成的损害进行赔偿。若公证人只有过失责任时，被害人只有在通过其他方式不能获得赔偿时，才能向公证人提出赔偿请求；该规定不适用于第 23、24 条规定的公证人和委托人之间的公务行为；在其他方面，适用民法典中有关公务员违反职务义务造成损害时的有关赔偿的规定。国家不替代公证人承担责任。②见习公证人独立执行第23、24 条规定的职务时，违反了职务义务，造成了损害的，适用前款规定。若是公证人为了培养见习公证人的能力，委托其独立完成某项职务行为的，公证人需与见习公证人共同承担连带责任。不得因为见习公证人与国家具有职务关系（第 7 条第 3 款），而追究国家的责任。见习公证人作为公证代理人进行职务行为时，其责任的判定应参照第 46条的相关规定。③对于前两款规定的损害赔偿请求权，无论标的额大小，州法院均对其有专属管辖权。

41 式进行转嫁。[1] 所有公证人必须依法办理执业责任保险。[2] 地区公证人协会可以设立特别基金，以赔偿法定责任保险不完全涵盖的公证损害。[3]

公证人职务区域所在的州法院院长、州高等法院院长和州司法局负责公证人的监督和惩戒。[4] 设立在州高等法院的公证人协会在维护行业标准和惩戒事项方面发挥重要作用。[5] 公证人在执业或伦理方面有任何疑惑或者困难的，应向当地公证人协会寻求帮助。公证人选拔标准很高，实践中公证人有不当行为而被惩戒的情况非常少见。

全国性的联邦公证人协会（Bundesnotarkammer）为涉及整个行

---

[1] 有关联邦州对公务员公证人不当行为的责任承担，参看施佩尔、布卡克：《联邦公证人法评注》（第7版），2006年版，第19条、第151页。

[2] 参看《联邦公证人法》第19a条。该条详细规定了公证人办理职务责任赔偿保险的义务、保险不予赔偿的情形、保险金额、免赔额、联邦司法行政机关的监督义务等。

[3] 参看施佩尔、布卡克：《联邦公证人法评注》（第7版），2006年版，第19a条。

[4] 《联邦公证人法》第93条：①监督机关有责任定期检查和监督公证人、实习公证人的工作。此外，没有特别允许，不得进行中间检查和抽样检查。对新任命公证人的初次检查应在其任职的前两年内进行。②检查的对象是公证人对职务的履行情况。检查对象还包括：事务所的成立、对账簿、登记簿及文书的维护和保存情况；对个人数据是否进行了有序整理；对贵重物品是否进行了妥善保管；是否及时对代理进行了报告和责任保险的办理情况。在任何情况下，应审阅大量证书和附带文件，并应对成本计算进行检查。③检查应按照州司法行政机关公布的有关规定进行。监督机关可以在听取公证人协会的意见后对公证人进行检查。对登记簿的审查以及对成本、支出、收取费用、保管费用的结算等检查，可以由司法行政机关的工作人员进行；这些工作人员不具有监督权。若由公证人收费处委托的人已经对公证人的成本和收取费用进行了检查，则无需再进行一次检查。④公证人有义务向监督机关或受监督机关委托的人提交文书、登记簿、账簿以及保管的证书，提供自动处理个人信息设备的使用，以供查阅。如果是对合作禁止的检查有需要，则和公证人有过职务上的联系或者一起拥有过共同事务所的人，有义务向监督机关提供消息或文件。该规定也适用于第27条第1款规定的和其有过职务上联系的第三方当事人。

[5] 参看《联邦公证人法》第67条（公证人协会组织和职能）、第74条（公证人协会要求公证人提供信息）和第75条（公证人协会对公证人的警告惩戒）。

业的事务提供支持和指导，并在联邦立法层面代表公证行业。[1]

八、德国公证人的社会认可度

总体来说，公证人及其工作在德国的公众认可度很高。德国人看起来很满意他们通过完善规定构建的公证人职业，认为其完美结合了专业性、安全性和高效率。最近的一项民意调查显示，90%以上办理过公证手续的当事人都对公证人的表现表示满意。[2] 在欧盟层面上，德国是有力抵制欧盟委员会提出的公证职业和公证活动"去管制化"之动议的成员国之一，特别是在房产交易等方面。[3]

对公证的高度认可并不意味着公证职业及其司法预防功能会把德国变成完美国度。但公证至少可以有效避免出现不公平或不合理状况。德国公证制度随时准备接受或发起改革，包括接受批判者的意见。[4] 司法管理需要开明社会人士的批判性合作，预防性司法和公证人的管理同样如此。

42

[1]　参看《联邦公证人法》第 76 条有关联邦公证人协会的规定。

[2]　马瑞：《欧盟五国不动产辅助交易制度研究》，2007 年版，有关德国的部分。

[3]　详见下文第九章。

[4]　本书作者之一，施图尔纳教授曾经在 1974 年发表过一篇严厉的批评性文章——"作为生意的公证"（《法学家报》1974 年，第 154 页以下）。公证人协会一开始非常抵触，但随后开展了一系列卓有成效的改革。大约十年后，该文章所批评的现象全部得到改观。

43

第四章　德国的房产不动产交易

对于大多数德国公证人来说，不动产交易是其工作的主要组成部分。德国法律要求不动产交易必须做成公证证书形式。公证人作为法律专业人员参与所有的不动产交易。

基于同样的考量，在几乎所有的房产不动产买卖中，参与交易的唯一法律专业人士便是专职公证人。作为中立的准官方法律顾问，公证人负责对交易做成笔录并执行交易。当事人也可以随时咨询各自的律师。虽然很多私人律师也会参与商业不动产交易，但最终的买卖和过户协议必须由公证人做成。下面将详细介绍典型的不动产交易流程和公证人在该交易中扮演的角色。

一、典型的房产不动产交易

在德国，大约50%的不动产交易会有不动产经纪人参与。但经纪人的角色仅限于撮合买卖双方对商业条款进行谈判。[1]经纪人不参与交易笔录或执行过户。他们的销售佣金是购买价格的 3%～5%，通常由卖家支付。

当事人对不动产交易的商务条款达成一致后，就可以通过公证人对交易进行公证，并办理产权变更。实践中，公证人通常在交易初期就参与进来。德国法律规定的不动产交易包括三个步骤：①通

---

〔1〕 参见德国《民法典》第652条［报酬请求权之发生］：①就报告订约之机会或就订约之媒介，约定支付居间报酬者，仅于契约因居间人之报告或媒介而成立时，始负支付报酬之义务。契约附停止条件而制定者，条件成就时，始得请求居间报酬。②费用应偿还于居间人，但以其经合意者为限。契约虽不成立，亦适用之。

过买卖合同设立转让所有权义务和支付价款义务；②就所有权转移形成单独的合意；③共同申请重新登记所有权。如此方可完成所有权变动，即使在买卖双方之间也是如此。第一个步骤中的合同和登记申请通常会包含在同一份文件中。[1]

德国法律要求买卖合同和所有权转移合同必须经过公证人公证，方可进行所有权变更登记。[2] 非公证形式的合同在法律上无效，顶多只能作为双方谈判情况的非正式记录。[3]   44

（一）初步咨询

大多数公证人会安排两次当事人咨询会议。第一次会议的目的是让公证人了解交易各方的情况和交易细节。首次会议可以包括一方或双方。在某些情况下，若公证人可以通过书面方式从双方获得有关交易的必要信息，也可以不进行首次会议。公证人还可以通过电话、信函或电子邮件等方式与一方或双方当事人交流，为拟定文件和进行公证收集必要信息。在所有这些初步接触中，特别是在和

---

　〔1〕　参见鲍尔、施图尔纳（Baur/Stürner）：《物权法》（第18版），2009年版，第21a节（买卖合同）、第22节（转让合意），第15~16节，第19节（所有权登记和过户完成）。

　〔2〕　参见德国《民法典》第311b条第1款第1句和第925条。《民法典》第311b条［土地、财产及遗产之契约］：①使当事人一方负有移转或取得土地所有权之义务之契约，应公证。契约纵未依该方式制定，但已为让与合意及登记于土地登记簿者，依其全部内容为有效。②使当事人一方负有将来财产或将来财产之一部移转，或设定用益权之义务之契约，无效。③使当事人一方负有财产或财产之一部移转，或设定用益权之义务之契约，应公证。④关于生存之第三人之遗产之契约，无效。关于生存之第三人之特留份或遗赠之契约者，亦同。⑤第4款规定，于未来之法定继承人间关于其中一人之法定应继份或特留份之契约，不适用。该契约应公证。第925条［土地所有权让与合意］：①关于土地所有权之让与，依第873条规定，让与人与受让人间所应具之合意（土地所有权让与合意），由双方当事人同时到场，向主管机关表示之。在不影响其他机关之主管权限下，任何公证人得受理土地所有权让与合意。土地所有权让与合意，亦得以诉讼法上和解或在有既判力所确认债务清偿方案中表示之。②土地所有权让与合意，附以条件或期限者的，无效。

　〔3〕　参见德国《民法典》第311b条第1款第1句、第125条、第154条。第125条［因欠缺方式而无效］：欠缺法定方式的法律行为无效。欠缺法律行为所指定之方式的，于有疑义时，亦为无效。

单方当事人进行的初步接触中，公证人应努力保持中立态度，避免让任何一方对公证人的独立性产生疑虑。

公证人有义务核实各方当事人的身份，并确定其具备缔约的行为能力。[1] 公证人应就拟进行的不动产交易的潜在法律风险和责任向双方提供咨询，解释如何应对这些风险并回答各方的问题。[2] 只要当事人清楚交易性质，且不存在胁迫或欺诈，公证人就不会对交易价格或其他纯粹交易条款发表意见。[3] 但如果交易的某些方面有失公允，或者在法律上显示公平，公证人可以提出非正式建议。公证人可以就购买价格或抵押贷款与物业价值的关系发表意见。[4]

45

公证人通过与当事人的初步会谈可以发现各方之间潜在的争议或分歧。公证人可以就双方目前和潜在的法律状况提供中立建议，还可以作为非正式调解人帮助双方解决分歧。[5] 不过，公证人只能就争议问题提供选择方案，最终由各方当事人自行达成协议。

---

〔1〕 参见德国《联邦公证书证法》第 10 条、第 11 条和第三章第二部分。

〔2〕 参见德国《联邦公证书证法》第 17 条和第三章第二、三部分。

〔3〕 根据联邦最高法院的裁判（载《新法律周刊》1967 年第 20 期，第 931 页），公证人无需就当事人的可信度或财务状况提出警示。根据《联邦公证书证法》第 17 条第 1 款第 1 句，公证人只需说明相关的法律后果。参见第三章第二部分。

〔4〕 有观点认为，如果美国那些经历了严重住房抵押贷款危机的州也要求对交易进行公证的话，说不定可以避免房贷金融危机。参看 Robert J. Shiller, *The Subprime Solution*, 2008, 第 130 页："另一种可能的制度选择是，要求抵押贷款人获得类似于民法公证人的专业人员的协助。这样的公证人存在于美国之外的许多国家。例如，在德国，公证人是训练有素的法律专业人员，他们在当事人面前宣读并解释合同文书，向双方提供法律建议。这对于那些原本请不起法律顾问的当事人来说尤其重要。这些政府指定的专业人员会向当事人充分说明风险，而不像那些金融机构的律师有意无意淡化可能存在的风险。"

〔5〕《关于原东德地区土地确权的联邦法律》第 87 条和《联邦公证人法》第 20 条第 4 款都明确授权公证人可以作为调解人处理原来所有权人和目前占有人之间的纠纷。同时，公证人还可以根据州法的授权处理继承纠纷，参看《巴登符腾堡州非讼事件法》第 38 条以及《联邦公证人法》第 20 条第 5 款。事实上，公证人担任调解人的传统早已有之，而并非来自于美国的"调解浪潮"，参看瓦尔茨（Walz）：《公证人实务技巧》，2003 年版；格雷茨沃茨（Grziwotz）：《通过公证人处理和解决争议》，2001 年版。

（二）德国的所有权登记体系

在公证开始阶段，公证人首先要通过电子方式查询产权登记状态。[1]德国的所有不动产均有产权登记。基层和地方的土地登记簿（Grundbuch）列明了本地区所有登记地块的所有权状况，包括共有情况、土地负担和其他相关数据。[2]

土地登记记录中还包括地籍登记部门提供的地籍信息，[3] 其 46中详细描述了每个已登记地籍块的位置、面积和编号。德国的所有土地均由官方勘查测量。勘查记录保存在德国各邦州的地籍登记部门。[4] 每个地块都有唯一编号，标记在地籍地图和记录中。地图中高精度地标出每个地籍块的四至和界分标记。若要设立新的地籍块或变更现有地籍块，必须对地块进行官方测量并将结果载入地籍册，方可进行土地登记。[5]

土地登记事务属于基层法院（Amtsgerichte）非讼管辖范围。每个基层法院都设有土地登记局。[6]部分土地登记局正在进行区域化（regionalization）创新，即多个地方法院在土地登记方面进行合作，将登记情况汇总到计算机中央系统中。[7] 利害关系人可查阅

---

〔1〕 参见《联邦公证书证法》第21条。

〔2〕 参见鲍尔、施图尔纳（Baur/Stürner）：《物权法》，2009年版，第14~15节；有关联邦土地登记法的评注详见麦可尔（Meikel）：《土地登记法》，2004年版；德姆哈特（Demharter）：《土地登记簿条例》，2009年版。

〔3〕 参见鲍尔、施图尔纳（Baur/Stürner）：《物权法》，2009年版，第15节；《土地登记法》第6条和第7条。整个德国的领土原则上已经被测量，测量单位为地籍块或地籍单位（Katasterparzelle）。地籍册中用数字或字母编号地籍块。法律意义上的土地，是指以地籍块的方式进行测量和标记的，并登记在土地登记簿的地球表面部分。土地登记簿和地籍册存在交错关系。参看鲍尔/施图尔纳：《德国物权法》（上），张双根译，法律出版社2009年版，第284~285页。

〔4〕 参见鲍尔、施图尔纳（Baur/Stürner）：《物权法》，2009年版，第15节。

〔5〕 参见《土地登记法》第2条第3款第7项。

〔6〕 参见《土地登记法》第1条第2~3款；鲍尔、施图尔纳（Baur/Stürner）：《物权法》，2009年版，第15节。

〔7〕 参见鲍尔、施图尔纳（Baur/Stürner）：《物权法》，2009年版，第15节。通过当地法院终端可以获取电子登记信息。参见《土地登记法》第2条第3款第7项。

土地登记簿，如所有权人、土地负担权利人、信贷人、与所有权人
正在进行合同或融资谈判的缔约方，以及以当事人名义执行不动产
交易的公证人。[1] 登记局的工作人员均经过三年以上专业法律培
训，在当地法院法官或公证人的监督下工作。[2]

交易登记会产生多重效果。无论在双方当事人之间，还是对抗
第三方，登记最重要的效果是导致所有权发生变动。[3] 同时，登
记会产生法律上的权利推定，即登记在土地登记簿的人为权利人，
被涂销的权利则不复存在。[4] 善意的买受人可以从登记的所有权
人处获得无瑕疵的所有权，即使其实际上并非该财产的所有权
人。[5] 因此，真实所有权人因故未能登记的，会基于善意买受而
丧失其财产。对于土地负担等权利亦是如此。

---

〔1〕 关于此种有限公式的形式，参看《土地登记法》第 12 条；鲍尔、施图尔纳
（Baur/Stürner）:《物权法》，2009 年版，第 15 节。

〔2〕 详见鲍尔、施图尔纳（Baur/Stürner）:《物权法》，2009 年版，第 15 节。

〔3〕 德国《民法典》第 873 条第 1 款：土地所有权之移转或于土地上设定权利，
及此等权利之移转或设定权利，应经权利人与相对人就发生权利变更之合意，并于土地
登记簿上为权利变更登记。法律另有规定的除外。

〔4〕 德国《民法典》第 891 条 [法律推定]：①权利为特定人之利益而登记于土
地登记簿的，推定其权利属于该受益人。②登记于土地登记簿上的权利经涂销的，推定
其权利不存在。详见鲍尔、施图尔纳（Baur/Stürner）:《物权法》，2009 年版，第 10 节。

〔5〕 参见德国《民法典》第 892 条第 1 款第 1 项。当然，真正的所有者有权基于
侵权或不当得利向无权处分方要求赔偿。参见德国《民法典》第 823 条（1）款和第 816
条（1）款（1）项。《民法典》第 892 条 [土地登记簿之公信力]：①因法律行为取得
土地上之权利，或就该权利取得其所负担之权利者土地登记簿之内容，为取得人之利
益，视为正确。但对其正确性已为异议登记，或其不正确为取得人所明知者，不在此
限。权利人就土地登记簿上所登记之权利，为特定人之利益，受有处分上之限制时，该
限制，仅于土地登记簿上已有明确之记载，或为取得人所明知者，对取得人始生效力。
②权利之取得以登记为必要者，取得人之是否知情，以提出登记申请时为准；依第 873
条规定，其所应具备之合意，于登记后视为成立的，其是否知情以合意时为准。第 823
条第 1 款：因故意或过失，不法侵害他人之生命、身体、健康、自由、所有权或其他权
利的，对于该他人承担赔偿所生损害的义务。第 816 条第 1 款：无权利人处分标的物，
而其处分对权利人有效的，对权利人负返还因处分取得利益的义务。无偿处分的，因该
处分而直接取得的法律上的利益的，负同等义务。详见鲍尔、施图尔纳（Baur/Stürner）:
《物权法》，2009 年版，第 23 节。

47

正因为登记具有重要的实体法效果，[1] 相关人员特别注意保持登记内容和事实状况一致，并且慎重处理登记变更。公证人的功能之一就是要确保交易登记的准确性，从而和登记的重要意义相匹配。

土地登记官对不动产转让合同和变更登记申请仅做形式上的审查。他们并不核对交易各方的身份和行为能力，也不考虑该申请是否符合交易合同中设定的条件和付款状态。这些都是提交登记申请的公证人的职责。[2]

土地登记记录正在加速实现数字化管理。目前公证人已经可以对绝大多数登记局的登记数据进行电子访问。[3]但一般来说，变更登记申请及其支撑材料仍需要提交书面文件。下一步的电子化发展是逐步允许公证人在网上提出土地变更登记申请或土地负担登记申请，这一变化有望在未来数年实现。德国公证人支持对土地登记的数字化发展。事实上，商事登记已经实现了完全的电子化，并且保持着很高的安全性和准确性。[4]

（三）起草合同

48

获得当事人相关信息并查明产权状态后，公证人开始起草正式的不动产买卖合同。买卖合同本身并不改变所有权。当事人达成让与合意并在登记簿上变更所有权登记后，所有权方发生变更。大多数情况下，买卖合同和所有权让与合意包含在同一文件中。

---

〔1〕 德国《民法典》第892条第1款第1句保护当事人对登记簿的明示信赖和默示信赖（trust in speech and silence），而大多数国家的登记制度只基于诚信原则而包括默示信赖。相关的比较法研究参看鲍尔、施图尔纳（Baur/Stürner）：《物权法》，2009年版，第64节，有关法国、意大利、西班牙、英格兰和美国的规定。参看瓦格曼（Wagemann）：《不动产登记的功能和意义》，2002年版。

〔2〕 如果呈交给土地登记官员的文件含有可能导致交易无效的证据，登记官有权拒绝登记，并将文件退还给提交文件的公证人或当事人，这种情形是罕见的。详见鲍尔、施图尔纳（Baur/Stürner）：《物权法》，2009年版，第16节。

〔3〕 《联邦土地登记法》第126条。

〔4〕 参看2007年修订后的德国《商法典》第12条；有关现代商事登记发展史，参看Willer/Krafka的论文，载《德国公证人杂志》2006年，第885页。

在德国，公证人会按照合同格式模板为具体交易起草买卖合同。合同中要确定各方当事人和待售不动产，规定交易价格，载明与交易相关的任何条件、资质或限制。合同中还应约定价款支付期限。

在起草不动产买卖合同时，公证人需调查清楚合同签订应具备的条件，比如所有权无瑕疵、符合土地用途规划等，还要确认合同签订后、付款并申请变更登记之前应当满足的条件。例如，公证人通常会在起草合同前调查相关土地规划用途，或确认市政等公共部门是否对该土地存在优先购买权。[1] 调查结果会列入合同，注明"已经满足的条件"和"支付或转让之前应满足的条件"。

公证人必须考虑合同生效所必需的官方和私人许可。例如，出售农业用地或林地需要官方许可证，[2] 出售不动产需要私人许可，[3] 市政部门对某类型土地或特定地块的优先购买权，[4] 税务机关出具的不动产转让税证明。[5]

49

购买经改造的旧房的，还需对覆土污染状况、石棉和铅漆等有害物质进行检测。一般会在合同签订前进行此种检测。合同签订后的检测属于合同的特殊生效要件。检测结果呈阳性的，出售方有义务进行补救，买方有权解除合同。

根据德国法，已开发不动产之出卖方负有瑕疵担保义务。[6]

---

〔1〕 特别注意《联邦公证书证法》第18~20条；《联邦公证人法》第24条。

〔2〕 在德国和其他一些欧洲国家，出售农业和林地需要获得许可证或者免除法定优先购买权。详见鲍尔、施图尔纳（Baur/Stürner）：《物权法》，2009年版，第27节。

〔3〕 例如，出售房产中的独立单元时需要获得房产业主委员会的许可，委员会仅可以基于购买人的原因拒绝许可。参看德国《建筑物区分所有权法》第12条。

〔4〕 作为当地规划和发展过程的一部分，德国市政机关可以对特定类型的不动产或特定地块设立法定优先购买权，以促进公共收购。参见《德国规划和建设法》第24条。

〔5〕 在土地登记簿上登记所有权转让时，需要税务机关出具证明，证明买方已经缴纳税款或者确信买方会支付税款，参见《联邦不动产转让税法》第22条和《联邦公证书证法》第19条。

〔6〕 参看联邦最高法院裁判，载《新法律周刊》1995年，第1549页。

虽然二手不动产的交易双方通常会全部或部分放弃此种担保义务，但如果卖方刻意隐瞒缺陷，缔约时声明放弃瑕疵担保的买方嗣后发现瑕疵的，仍可对卖方进行追索。

公证人将起草好的合同发送给买卖双方审查，之后约定时间进 ⁵⁰ 行诵读、讨论、咨询建议和签约等程序。商业组织和个人消费者签约的，应在正式签约前至少提前十四天将合同发送给消费者一方审读。[1]

（四）签订合同和办理公证

各方当事人做好缔约准备后，在公证人办公室见面。[2] 公证人在当事人面前宣读合同，强调并解释法律条款，并讨论特别重要的部分。宣读全文的目的是确保当事人不会疏漏合同中的每一个条款，也促使公证人行文简洁。宣读过程中出现不同意见的，由当事人讨论，大多数问题可以当场解决，同时修改合同。最后，双方确认系真实意思表示后，即在公证人面前签署合同。

应该强调的是，当事人签字只是制作公证文件所需的行为之一。公证是由负有公共职责的专业人士主持的过程，包括确定各方的身份和法律能力，对双方提供独立和中立的咨询服务，起草体现当事人意愿的文件，向当事人宣读和解释全部条款，监督双方签署文件，以确认其自由、知情和自愿地进行交易。在这个意义上，签名只是公证手续的"尾巴"。

（五）在土地登记部门的预登记

一般来说，在公证合同签署之前，支付义务和产权转移义务尚未发生约束力，支付条件尚不具备。但德国土地登记制度的重要特征之一就是签订不动产买卖合同的当事人可以在登记部门进行预登记（Vormerkung），以保护买方权益。[3] 若有任何涉及潜在第三方权利的风险，公证人必须提供签订合同时递交的预登记。只要登记

---

〔1〕　参看《联邦公证书证法》第17条第2a款和第2句。

〔2〕　有关公证人组织的笔录会议，详见《联邦公证书证法》第8条。

〔3〕　参见德国《民法典》第883条（预告登记的要件和效力）和第885条（预告登记的要件）。详见鲍尔、施图尔纳（Baur/Stürner）：《物权法》，2009年版，第20节。

部门接受预登记，即不得再向其他人进行产权或土地债权登记。[1]
与其他欧洲国家不同，德国的预登记没有时间限制，唯有当预登记
权利人完成交易、当事人一致同意或法院作出裁定时方才失效。[2]

51
预登记需支付费用，故双方确认没有风险时可以同意免除预登
记。在大多数情况下，谨慎的公证人会建议当事人进行预登记，尤
其是在卖方产权可能存在未知风险的情况下。怠于保护买方合法权
益的公证人可能会承担赔偿责任，[3] 因此公证人都会充分利用相
关机制保护买方利益。[4]

（六）合同的执行

买卖双方签订买卖合同并达成转让所有权的合意后，卖方通常
无需作出其他履行行为。公证人的任务则是确保支付了价款的买方
获得无瑕疵的所有权。

当事人的履行和付款情况满足合同约定条件（如官方同意条
件）后，[5] 公证人将确认此种条件已经满足，并联系市政部门或
其他部门批准相关交易。

公证人还会联系在案涉不动产上设定权利的债权人，在交易过
程中解除该权利负担。享有优先地位的权利人会根据要求向作为受
托人的公证人发送解除权利所需文件。公证人承诺，唯有当债务人
从所获价款中清偿了债务，或者符合其他解除优先权利的条件时，
方才使用这些文件。

完成这些步骤后，公证人会通知当事人支付价款。当事人支付
价款并拿到完税凭证后，公证人会提交买卖双方之前签署好的登记

---

〔1〕 提出预告登记申请后，会获得注明时间和日期的回执，确保针对之后的申请
具有有效顺位。

〔2〕 参看鲍尔、施图尔纳（Baur/Stürner）：《物权法》，2009年版，第20节。例
如，在英格兰，预先登记的期限一般为30天。参看 Mergarry/Wade, *The Law of Real Prop-
erty*, 7th ed. 2008, mn. 7-124 ss.

〔3〕 参看联邦最高法院裁判，载《新法律周刊》1989年，第102页。

〔4〕 有关其他的保护买方利益的方法，参见详见鲍尔、施图尔纳（Baur/Stürner）：
《物权法》，2009年版，第22节。

〔5〕 前文第（三）部分。

申请书，以履行买卖合同。普通的不动产买卖合同很少出现损害赔偿诉讼或特殊履行要求。正是因为公证文件中已经包括了所有权变更和重新登记所需的所有协议或声明，当事人无需其他文件或行为即可确保协议顺利履行。

（七）融资安排

不动产买卖合同中最重要的条款是买方的支付能力或融资能力（Arrangement for Financing）。在可能情况下，买方一般会在签署合同之前联系银行做好财务筹划。若签署买卖合同时尚未与银行达成协议，合同可以根据惯例附加财务条件（融资条款）。若买方未能完成合同约定的财务条件，合同即告终止，双方无需承担其他责任。

通常情况下，融资银行都会要求在标的物上设置抵押，以确保贷款安全。例如，买方在签订合同前已进行融资，银行会将抵押合同的商务条款告知公证人，公证人可以一并起草抵押条款，在公证时要求当事人一并签字。如果没有其他限制性条件，该合同可以立即执行并进行产权登记，抵押登记也一并完成。

合同中包括融资条款的，买方应将合同副本交给银行，银行同意发放贷款后会和公证人联系。公证人随后会根据融资条件起草抵押合同。在这里，公证人同样扮演着"中立律师"的角色，需要平等考虑各方利益（出卖方、卖方债权人、买方、买方贷款银行）。

某些情况下，若贷款发生在所有权转移和抵押权设立之前，为了防止可能出现的安全隐患，公证人会建议卖方在转移所有权之前设立一项以买方银行为受益人的留置权。与此同时，公证人还要确保针对银行贷款的抵押设定必须在价款支付的情况下才生效，以避免价款支付前就在标的物上设立抵押的风险。

和大多数民法法系国家一样，德国法律认为公证人制作的文书可以直接执行，而无需进一步司法程序。[1] 因此几乎所有的不动产抵押均属于可执行文书，在担保债权到期后可以直接对相关不动产采取强制措施。

一旦资金准备就绪，且支付和转移所有权的条件已经具备的（包括融资银行的抵押权登记），公证人会向双方当事人和融资银行发出到期通知书，要求支付价款。银行根据公证人的指示付款，即将解除产权负担的费用直接支付给卖方的债权人、将剩余价款直接支付给卖方。卖方即刻向公证人发送价款已经支付的确认书。[2]

（八）申请产权登记

在确认所有条件均已具备且价款已经支付后，公证人向产权登记部门发出所有权转让的协议，申请所有权变更登记，并注明新的抵押登记。[3] 在大多数情况下，协议中会约定所有权在付款时发生变更，但在法律上，变更登记完成时所有权才发生变更。

签订合同时，公证人需将合同副本送交不动产所在联邦州的税务机关。[4] 税务机关会按照交易价格的百分比计算不动产交易税（大多数联邦州的税率为 3.5%，柏林为 4.5%），税费通常由买方支付。公证人在收到税务机关的完税凭证或能确信其不存在漏税之

---

〔1〕 德国《民事诉讼法》第 794 条第 1 款第 5 项规定：由德国法院或公证人在其职务权限内依照规定的方式就某一请求做成的证书，但以该请求不属于发出意思表示，也不涉及住房租赁关系，并且债务人在证书中承认愿意就所指定的请求权实施即时强制执行的，可以进行强制执行。第 800 条规定（对当时的所有人的执行证书）：①土地所有人在依第 794 条第 1 款第 5 项所作成的关于抵押权、土地债务或定期土地债务的证书中，可以承认根据该证书，可以对执行当时的土地所有人实施即时的强制执行。在此情况下，此项承认应载入土地登记簿。②在对登记于土地登记簿的新所有权人实施强制执行时，不必送达证明取得所有权的公文书或公证书。③对执行当时的所有人实施即时强制执行时，第 795 条第 5 款规定的诉讼由土地所在地法院管辖。

〔2〕 在特殊情况下，公证人可以作为资金或有价证券的第三方监管人，收取资金后按照合同约定进行分配。但大多数公证人通常会避免参与此种活动，并在协议中加以预防。

〔3〕 如果卖方在出售之前已向买方金融机构设置留置权，则通常不需要重新设立留置权。

〔4〕 参看《联邦不动产转让税法》第 11 条、第 13 条和第 18 条。

虞后,[1] 方可向不动产登记部门提交变更登记申请。

根据登记部门工作量的多少,完成不动产变更登记的时间为几天到几周不等。所有权转让在登记部门的延误并不影响当事人的法律或经济地位,因为不动产的占有和经济收益一般在支付价款时便转移给买方,同时,所有权变更申请和担保物权登记必须按照时间顺序处理,故买方和抵押权人的权益也可以得到保障。

二、德国房产不动产的交易成本

了解和评估不动产所有权和转让制度功能的一个重要方面是买方、卖方和融资机构在所有权转让和抵押设定方面的费用成本。在德国,和不动产交易有关的费用由法律直接规定,测算相关成本相对容易。除经纪人佣金需要协商确认外,其他费用如公证费、税费和登记费等均由法律直接规定。

欧洲公证人理事会（CNUE）通过八个假想交易对六个欧盟国家在 2006 年的不动产转让成本进行了综合对比。[2] 这八个假想不动产交易的价格和融资安排各不相同,具体包括:

（1）10 万欧元购买小房产;

（2）10 万欧元购买小房产,其中 7.5 万欧元为抵押贷款;

（3）25 万欧元购买成套房产;

（4）25 万欧元购买成套房产,其中 15 万欧元为抵押贷款;

（5）50 万欧元购买较大房产;

（6）50 万欧元购买较大房产,其中 40 万欧元为抵押贷款;

（7）100 万欧元购买大房产;

（8）100 万欧元购买大房产,其中 75 万欧元为抵押贷款。

在欧洲公证人理事会的研究报告中,相关费用信息被整合成一系列表格。下表是八个假设交易在德国的转让成本。

---

〔1〕　参看《联邦不动产转让税法》第22条和前文相关内容。

〔2〕　为保证研究样本的标准化,本研究仅限于房产不动产交易,这也是最大的市场交易份额。

表 1 德国的不动产转让成本

各项成本	10万买房产	10万买房产, 7.5万贷款	25万买房产	25万买房产, 15万贷款	50万买房产	50万买房产, 40万贷款	100万买房产	100万买房产, 75万贷款
经纪人佣金	4000	4000	1000	1000	2000	2000	4000	4000
购房款	100 000	100 000	250 000	250 000	500 000	500 000	1 000 000	1 000 000
合同公证费	454	454	904	904	1654	1654	3154	3154
执行公证费	105	105	205	205	333	333	588	588
抵押公证费	—	187	—	292	—	667	—	1192
不动产转让税	3500	3500	8750	8750	17 500	17 500	35 000	35 000
登记费	311	311	648	648	1211	1211	2336	2336
抵押登记费	—	177	—	282	—	657	—	1182
转让总成本	8370	8734	20 507	21 081	40 698	42 022	81 078	83 452
过户总费用	559	746	1109	1401	1987	2654	3742	4934
过户费用占总成本的比例	6.68%	8.54%	5.41%	6.65%	4.88%	6.32%	4.62%	5.91%
过户费用占总款的比例	0.56%	0.75%	0.44%	0.56%	0.40%	0.53%	0.37%	0.49%
经纪人佣金占总成本比例	47.79%	45.80%	48.76%	47.44%	49.14%	47.59%	49.34%	47.93%

据此，在德国以 25 万欧元购买房屋并贷款 15 万欧元的话，经纪人佣金约为 1 万欧元。[1] 转让税是 3.5%或 8750 欧元。[2]

公证合同、产权登记、起草合同、公证和执行抵押合同等事项的公证人费用均由《联邦非讼事件费用法》规定。对于价款为 25 万欧元、抵押贷款为 15 万欧元的不动产交易，公证人公证合同的费用为 904 欧元，执行合同费用为 205 欧元，办理抵押的费用为 292 欧元。[3]

不动产登记部门的所有权登记费用和抵押登记费用也相当可观。这些费用由州法规定，一般是按照合同价款或抵押数额收取。例如，合同价款为 25 万、抵押贷款为 15 万的房产，预登记和所有权变更登记的费用为 648 欧元，抵押登记费用为 282 欧元。[4]

可见，德国不动产转让成本中最大的组成部分是经纪人佣金和税费。公证人收取的费用大约占到总成本的 4.8%~6.9%，占合同价款的 0.37%~0.75%。与欧盟其他成员国及美国相比，德国专业人员（公证人）在不动产交易中的收费较为适中。[5] 对于标的额较小的交易，德国公证人收取的过户费是 CNUE 研究所涉国家中除了爱沙尼亚之外最低的。这一点的重要意义在于，小户型房屋的交易数量远远高于大房型房屋的交易数量，这种收费结构能够让小户型房屋当事人享受和高价值房产交易方同样的高质量服务。

---

〔1〕 德国不动产经纪人的佣金由当事人约定。在 CNUE 研究时，通行水平为销售价格的 3%~4%。

〔2〕 德国的转让税为销售价格的 3.5%（柏林地区是 4.5%）；参见《联邦不动产转让法》第 11 条。

〔3〕 参见《联邦非讼事件费用法》第 18、20、32、36、38 条。

〔4〕 参见《联邦非讼事件费用法》第 60、62、66 条。

〔5〕 参见下文第五章，该章节对公证人体系和非公证体系下的土地转让费用进行了详细比较。

第五章　英格兰、法国、瑞典和爱沙尼亚的交易法专业人员

本书的研究重点是对比德国法律文化下的交易公证体系和美国法律中发展出的纯粹私人专业模式。但若干欧洲国家中又发展出介于两种模式之间的中间形态，对于这些中间形态的研究能够为本书的中心命题提供更多的背景和观点参考。

英格兰、法国、瑞典和爱沙尼亚代表不同的法律体系，这些法律体系反映了它们各自的政治、经济和法律文化背景。[1] 英格兰是普通法的发源地，这一法律文化随着殖民扩展而被带到北美洲，构成了美国法律制度的基础，下文会对美国的相关制度进行详细研究。英格兰是欧陆国家（欧盟各国）与北美国家的文化和政治桥梁，对它的比较法分析具有重要意义。

瑞典是北欧法律文化的代表，罗马法在这里的影响远比在欧洲大陆和英格兰小。其法律制度更多体现了种族同质性和特殊的文化社会价值。

法国被视为欧洲民法法系的传统堡垒，也是公证人制度的重要据点。虽然公证在法国和德国的法律功能几乎相同，但几个世纪以来，法国公证人发展出自己独有的特征，与德国的公证人制度略有不同。

爱沙尼亚只有 120 万居民，其在 20 世纪 90 年代独立后，重新建立了民法公证人制度。爱沙尼亚之所以选择重建民法公证人制度，不仅是对传统的承继，也是对各种替代模式综合比较的结果。

---

〔1〕　参见上文第二章有关欧洲公证发展史的部分。

十五年的重建历程为评价 21 世纪公证制度提供了独特的视角。

上述每一个国家或多或少都可以被视为欧盟某一类国家的代表。在欧盟境内，英格兰、爱尔兰、塞浦路斯和马耳他的法律制度和传统非常相似。欧盟之外的加拿大、美国、澳大利亚、新西兰、南非，以及许多前英格兰殖民地国家都接受了英格兰法律传统，包括其交易法制度。法国代表了一部分欧盟核心成员国，包括西班牙、意大利、希腊、奥地利、葡萄牙、比利时和荷兰。这些国家不像德国那样存在多种类型的公证人。

欧盟的北欧成员国与瑞典有相同的法律传统，这类国家包括丹麦、芬兰、挪威和（欧盟之外的）冰岛。

爱沙尼亚是典型的来自苏东地区的欧盟成员国。类似国家包括拉脱维亚、立陶宛、波兰、保加利亚、罗马尼亚、匈牙利、捷克、斯洛伐克、前南斯拉夫国家。这些国家在 1989 年苏联解体后宣布独立，快速进行了现代化和法律制度改革。随着私有财产的快速发展，大多数国家对有关私人财产，尤其是不动产制度进行了重大改革或重建。虽然这些国家期望回溯到苏联之前的民法法系传统，包括民法公证人制度，但事实上，传统制度在时间和意识上已经极其遥远。与其说这些改革是在恢复先前的传统，倒不如说是建立在当下的客观价值基础上。

与德国[1]和美国[2]一样，交易专业人员在英格兰、法国、瑞典和爱沙尼亚的角色和功能主要体现在房产不动产交易中，因为此种交易在现代经济中相对重要，在不同国家之间也具有可比性。下文在介绍每个国家的时候，都会介绍房产不动产交易中的交易专业人员、专业人员在房产不动产交易中的角色和功能、房产不动产交易的费用。这里仍然会以八个假想交易为例，说明不动产交易产生的税费、佣金和专业人员报酬。这些费用的重要性以及相关服务的质量将在第九章讨论。

---

　〔1〕 参见第三章和第四章。
　〔2〕 参见第六章和第七章。

一、英格兰的交易法专业人员和不动产交易

（一）英格兰的交易法专业人员

英格兰并不认可民法法系中的预防性司法理念。在英格兰，当事人理论上可以自由创造和实现自己的私法交易。如果交易存在欺诈或误导，受害方可以通过民事司法进行救济。

这并不意味着在私法交易中没有公共干预，或者这种交易完全不受管制。例如，《防欺诈法》（Statute of Frauds）要求在某些类型的交易中（包括不动产交易），当事人必须签订书面文件，这种要求起源于 17 世纪的英格兰。[1] 此外，还有许多强制性规定限制私法交易条款，规定如何创建和执行私法交易。[2]

从法律角度而言，英格兰的当事人可以自己起草私人协议，无需任何法律专业人员的辅助或干预。若当事人在起草或签署合同和交易法律文件方面需要专业协助，他们会直接联系事务律师（solicitor，诉状律师）；涉及不动产交易的，则会联系持牌地产过户师（licensed land conveyancer）。

实践中，由于不动产转让相对复杂且涉及金额较大，很少有当事人自行办理产权变更。大部分产权交易由事务律师处理，小部分则由持牌地产过户师办理。[3] 只有事务律师和持牌地产过户师才

---

〔1〕 See Megarry/Thompson, The Law of Real Property, 7th ed 1993, p. 116 ss. ; Peel, Law of Contract, 12th ed. 2007, para 5. 009 ss.

〔2〕 For a description of law regulations affecting the conveyance of real estate see Megarry/Wade, The Law of Real Property, 7th ed. 2008, mn. 15-001 ss. ; K. Gray/S. F. Gray, *Elements of Land Law*, 5th ed. 2009, mn. 8. 1. 1 ss.

〔3〕 For an historical view of conveyancers see Jacob Phillips, The Conveyancer (1813) available at books. google. com; Richard Shipman, The attorney's new pocket-book, notary's manual, and conveyancer's assistant (1840) available at books. google.

能为他人提供产权交易服务并收取报酬。[1] 英格兰的事务律师传统上对专业交易服务形成垄断，很多个世纪以来都是过户法律服务 ₆₀ 的主力。

事务律师的教育培训一般包括三年大学法律本科教育和一年执业律师课程（Legal Practice Course，LPC）。非法律专业学生必须先进行一年的法律强化学习、通过共同职业考试（Common Profession-al Examination，CPE），掌握基本的法律原则后，方可和法律专业学生一道参加由律师协会举办的执业律师课程。[2] 所有事务律师候选人亦须在执业律师或律师事务所完成为期两年的实习。英格兰事务律师必须持有执业证，按时办理年检手续，购买责任保险，并参加继续法律培训。律师的执业活动要遵守律师协会颁布的道德守则和相关法律。[3]

20世纪80年代以来，为了给消费者提供更多的过户交易服务，议会批准设立新的不动产交易专业服务类型，持牌地产过户师开始兴起。[4] 目前约有101 000名事务律师和1000名持牌地产过户师活跃在市场上。[5] 持牌地产过户师参与了大约3%的不动产交易，

---

〔1〕　See the Administration of Justice Act 1985, sec. 11-39, the Land Registry Act 2002, p. 92, Sch. 5 and the Land Registration (Network Access) Rules 2008 (SI 2008/1748); for the role of licensed professionals in the e-conveyancing system see Gray/ Gray, *Elements of Land Law*, mn. 8. 1. 22.

〔2〕　For a general overview of the legal profession in the U. K. see, Lawbritannia. co uk, Becoming a Lawyer in England & Wales (2010), at http: //www. lawbritannia. co. uk/ How. htm; for an overview of admission to practice law in the U. K. see The Law Society, Overview: Qualifying as a solicitor in England and Wales (2010), at http: //juniorlawyers. lawsociety. org. uk/node/832.

〔3〕　For more details of the professional regulation of English solicitors, see the Administration of Justice Act 1985 and the various provisions which were enacted by the Solicitors´ Regulation Authority after its establishment in 2007, especially the Solicitors´ Code of Conduct (2007), the Solicitors´ Training Regulations (2009) and the Solicitors Admission Regulations (2009). The Solicitors´ Regulation Authority works under the auspices of the Law Commission of England and Wales.

〔4〕　See the Administration of Justice Act 1985 sec. 12 ss.

〔5〕　See Peter L. Murray, Real Estate Conveyancing, p. 333.

主要是低端房产市场。部分持牌地产过户师在律师事务所工作。其他人则开办自己的公司，这些公司甚至还会雇佣执业律师。

持牌地产过户师会接受专门培训，熟悉有关交易的法律规定和商业惯例。经过学院举办的短期课程班后，候选人必须通过由持牌过户师委员会（Council of Licensed Conveyancers）举行的考试，之后要在从事地产交易中介服务的公司完成为期两年的实习。持牌地产过户师有两个等级的许可证。获得大许可证（full license）的过户师可以自己开设和经营公司。持有小许可证的，则只能受雇于其他持牌地产过户师或事务律师。[1]

无论事务律师还是持牌地产过户师，通常都只代表各自当事人的利益。对当事人的忠诚义务不允许他们在交易中代表多方利益，特别是在各方当事人利益不一致甚至相互对立的情况下。在某些情况下，若各方当事人在充分考虑利弊关系后同意双方代理，过户师可以同时代理双方。但某些法律关系本质上具有对抗性质，不宜考虑双方代理。例如，事务律师或持牌地产过户师不得同时代表买卖双方，也不得同时代表房地产商和客户就购买或建造房屋事宜提供意见。[2] 法律上明确允许购房人和融资银行（按揭银行）委托同一人代理双方，这在房产买卖中也是通例。但事务律师在代表银行时，其角色仅限于准备贷款文件，而不能代表银行和他的其他客户进行融资谈判。

近年来，有关反洗钱的法律明确规定，事务律师和持牌地产过

---

[1] The Administration of Justice Act 1985 sec. 12 provides the establishment of a Council for Licensed Conveyancers which makes regulation rules for the education, admission, standards of competence and professional conduct and training of licensed conveyancers (see sec. 13 ss. Administration of Justice Act 1985). The Council for Licensed Conveyancers enacted especially the Licensed conveyancers´ Licensing Rules (2009), with guidelines for approval of applications for licenses to practice as Licensed Conveyancers, and Licensed Conveyancers Training Rules (2004).

[2] For more details on regulations of conflict of interests see Solicitors´ Code of Conduct (2007), Rules 3.01–3.03, 3.07–3.015, 3.16–3.22, 18 03 and Licensed Conveyancers´ Conduct Rules, Rules 5.1.3 and 5.2 and Guidance Note 5 Conflicts of Interest Issue 2.

户师有责任确认客户身份。虽然这样并不能阻止所有可能的伪造行为，但专业人员参与交易确实能降低损失风险。

事务律师和持牌地产过户师都必须购买高额的专业责任保险，防止执业过程中的错误导致客户受损。法律协会和持牌过户师委员会也设立了客户风险基金，由事务律师和持牌地产过户师分别承担，用以弥补交易中介人员违反诚信行为或欺诈行为对客户造成的且没有获得责任保险赔偿的部分。

（二）英格兰的房产不动产交易

20 世纪以来，随着不动产登记制度的推行，英格兰和威尔士的不动产转让过程逐渐简化。[1] 登记制度创设于 19 世纪后期，取代了以前的普通法契据制度（common-law title deed system）。20 世纪以来，越来越多的郡县不仅要求强制登记，还不断增加登记事项。在 21 世纪初，英格兰和威尔士大约有 55% 的土地已经登记。尚未登记的土地大部分是皇室财产和大家族长期持有的土地。苏格兰和北爱尔兰也正在从契据制度转变为土地登记制度。土地登记制度的简化大大便利了不动产所有权的确认、转让和抵押设定，但不动产交易过户的实践以及不动产交易中介人员的作用并没有很大变化。

通常而言，不动产经纪人的角色限于广告和推介、撮合买卖双方、协助双方进行交易谈判。作为卖方的不动产所有权人一般会聘请经纪人推介房屋。但买方一般很少雇佣经纪人，而是直接和卖方的经纪人联系。单方经纪人的报酬较低，一般是购房款的 1.5%~2%。

英格兰和威尔士正在进行改革，以缩短买方获得有关物业信息（如所有权状况、产权负担、使用限制、外观状态等）所需的时间。在之前的实践中，买方在获知相关物业信息之前，通常要先和卖方签订非正式、不具约束力的协议。之后买方会投入相当的时间和金钱来调查相关信息。某些卖方会在最后时刻抬高价格，买方为了避

62

---

〔1〕 See for the origins of the English title registration K. Gray/S. F. Gray, *Elements of Land Law*, 5th ed. 2009, mn. 2. 2. 16 ss. , p. 187 ss. ; Megarry/Wade, *The Law of Property*, 7th ed. 2008, mn. 7. 001, p. 146 ss. ; in German language Baur/Stürner, *Sachenrecht*, § 64 mn. 37, p. 924.

免前期调查费用空耗只能接受高价。也有买方会故意拖延时间，逼迫急于出手的卖方降价。

根据 2004 年的《房产法案》（Housing Act 2004），[1] 卖方必须提交有关房屋状况的信息一览表（Home Information Pack，HIP），包括所有权状态、当地和社区的房屋使用规定以及其他涉及买方利益的信息。在房产买卖谈判开始时，卖方必须将信息一览表交给买方，由后者转交自己的事务律师。这是否会有效缩减交易决定和缔约之间的时间差，尚待观察。因为立法中没有要求卖方提交关于房屋改造条件的工程报告，买方仍可雇佣检测人员调查，这样一来，交易时间并没有显著缩短。

一般来说，卖方律师需准备合同初稿。买方律师负责调查产权状况、法律限制等，同时对合同初稿进行评论并提出修改建议。最终双方会在同一版本的合同上签字并交换，正式设定约束买卖双方的义务。根据英格兰法律，买卖不动产的书面合同可以通过要求履行具体行为或索赔得到强制执行。有效合同下的买方拥有"衡平法上的所有权"，此种合同以前专属衡平法院管辖。

房产不动产交易中通常会调查房屋面积、坐落位置，以及是否存在有害物质等。由于英格兰法律保留了所谓的"买方小心原则"，[2] 这些检查尤为必要；该原则意味着买方要自行承担标的物上的瑕疵，除非缔约前卖方知晓的或通过尽职调查无法发现的瑕疵。检查费用由买方承担。一般很少对房产物业进行全面的工程检查。买方经常通过银行的融资评估来了解房屋情况。

买卖双方在交换合同之前都会努力解决潜在的问题。这导致达成具有约束力的合同需要相当长的时间。引入信息一览表后是否会减少缔约时间，仍然有待观察。

---

〔1〕 See for details K. Gray/S. F. Gray, *Elements of Land Law*, mn. 8. 1. 15 ss., p. 1040 with further references.

〔2〕 See for the caveat emptor principle and its more recent gradual erosion K. Gray/S. F. Gray, *Elements of Land Law*, mn. 8. 1. 10 ss., p. 1037 ss. caveat emptor，意为买主当心、货物出门概不退换。—译者注

几乎所有的房产买卖交易都会附条件。最常见的条件是买方的融资能力。次常见的条件是卖方在缔约完成前有权处分房产。必须满足这些条件，双方才会互换有约束力的合同。

英格兰的房产不动产市场曾被称为"链条"（chain）交易。[1]在这种交易中，各方当事人会签订一系列同时生效的买卖合同，以达到出售现有房屋、购买新房的目的。其中一个买家违约，整个链条就会中断。在此种连环交易中，单笔交易或互换合同的延误都会给其他交易方带来很大不便。

连环买卖合同的情况下，每个买方都需要调查不动产，多个交易也需要协同配合，这样会导致整个交易冗长，大大增加了交易失败的比例。一项已经有约束力的合同会因为链条上的其他环节出现问题而无法执行。据估计，约30%的不动产买卖最终没有完成转让。

双方互换合同后，买方通常要向卖方律师支付10%的保证金，双方约定合同执行和所有权转让事项，包括联系融资机构和协调连环交易中的其他各方当事人。例如，若买方的购买能力取决于能否同时卖出自己的房产，参与交易的事务律师就必须与另一合同的当事人协调，才能顺利完成交割。在复杂的连环交易中，协调工作会耗费事务律师及其客户大量的时间和精力。

通常情况下，买方律师负责准备所有权契据（titel deed）。卖方律师审核通过后，卖方在该契据上签字并由卖方律师通过监管协议（ESCROW）代持。买方随即安排融资、签署必要的贷款协议和抵押文件，以确保贷款银行的权益。为谨慎起见，买方律师在此过程中应不断刷新产权登记检索，确保不涉及第三方权益。

律师在对交易所涉房产进行产权检索时，可以一并申请优先权登记（registration of a priority）。[2]优先权登记可以保护当事人从检索之日起30天内不受第三方权利干预。虽然当事人还可以将买卖

---

〔1〕　See K. Gray/S. F. Gray, *Elements of Land Law*, 5th ed. 2009, mn. 8. 1. 21 ss., p. 1043

〔2〕　See Megarry/Wade, *The Law of Property*, mn. 7 – 124, p 223; K. Gray/S. F. Gray, *Elements of Land Law*, mn. 8. 1. 85, p. 1073 ss.; see also Chapter 4（1）（e）above.

合同进行登记以获得更全面的保护，但这种预登记是罕见的。因为这种预登记不能对抗一些强制性的利益，比如预设的地役权、当地的地产费用等。

在进行房产交割时，买方律师负责将资金转给卖方律师，卖方律师将代表所有权的契据（deed）交给买方律师，买方律师据此以买方名义申请所有权变更登记。抵押权也同时登记，以确保银行和买方的权益。占有转移通常发生在付款时。

买方在凭借契据登记所有权之前，必须按照房价百分比支付税费。买方律师通常负责缴纳税款、取得完税凭证，并将完税凭证和契据、登记申请等文件一并交给地产登记部门。大约有30%的交易是在优先权登记的30天保护期之后才完成。在这种情况下，买方在所有权登记完成前不能对抗第三方权利。

如果提交到地产登记部门的文件出现错误，也会延误所有权登记。尽管大多数房产交易是由实务律师或持牌地产过户师参与完成的，但文件中出现错误的比例仍然达到惊人的50%。并非所有的错误都会导致申请被拒绝，但这样的错误确实会造成产权登记延迟。[1]

英格兰在土地登记制度方面的发展大大简化了过户手续。[2] 在之前的普通法契据交付体系下，不动产所有权并无官方登记记录。在英格兰的某些地方，直到20世纪90年代，地产所有权人仍需出示一整捆契据才能证明其产权。在英格兰另外一些地区，契据虽然有记录，但律师或过户师也必须检索整个所有权流转链条，才能判定交易发生时的产权状况。

英国从19世纪末开始设立土地登记制度。依照现有法律，涉及土地的各种处分都必须登记；在未登记地产上设置负担的，也必须登记。传统的契据交付制度正在被简单且安全的产权登记制度所代替。

在旧的契据体系下，所有权在契据交给买受人或其代理人时即

---

〔1〕 For the „registration gap " see K. Gray/S. F. Gray, *Elements of Land Law*, mn. 8. 1. 96 ss. , p. 1077 and mn. 8. 2. 11, p. 108.

〔2〕 See Megarry/Wade, *The Law of Property*, mn. 7. 001, p. 146 ss.

发生转移。而在新的制度下，不动产所有权在变更登记完成时方发生变动。[1] 同时，只要满足了书面合同中的全部交易条件，买方可以在更早阶段获得所谓的"衡平所有权"（equitable ownership）。相对法律上的所有权而言，衡平所有权针对善意第三人的保护少一些。[2]

目前已经可以通过电子方式访问土地登记系统[3]，查询特定物业的所有权状态或是否存在负担。下一步的工作是将全部的登记资料进行数字化处理。[4] 该系统甚至可以用来处理连环交易，通过线上操作完成一系列关联交易。但目前还不能允许持牌地产过户师直接进入数据库进行变更操作。

在大多数交易中，买卖双方和融资银行都会由不同的事务律师代表。买卖双方都不聘请律师的情况并不多见。买方的事务律师通常会同时代表融资银行。此种双方代理行为是律师协会职业道德准则中特别许可的，同时受制于一些限制性规定和披露义务。[5] 银行设有律师库，只有该名单上的律师才能同时代表银行及其客户。律师费用由各方当事人分别承担，按照交易价款的百分比或按小时收取。

（三）英格兰房产不动产交易的过户成本

通过推行土地登记制度，英格兰在简化不动产交易和降低合同履行成本方面已经取得了很大进步。美国仍普遍存在的产权调查费用在英国已经取消。登记系统的简化有助于英国的过户师们处理存在关联关系的多个交易。下一步的发展中，有望通过电子方式提出变更登记和抵押登记申请。 67

下表来自欧洲公证人理事会（CNUE）的研究报告，展示了八个假设交易在英国的交易成本。

---

〔1〕　See, e. g., Megarry/Wade, *The Law of Real Property*, mn. 7. 014, p. 154 with detailed references to the provisions of the Land Reform Act 2002.

〔2〕　K. Gray/S. F. Gray, *Elements of Land Law*, mn. 8. 1. 57, p. 1058.

〔3〕　See, U. K., *LandWeb* Direct, http://www.lrni.gov.uk/static/staticFrame.jsp.

〔4〕　See, for the implications of electronic conveyancing K. Gray/S. F. Gray, *Elements of Land Law*, mn. 8. 1. 22, p. 1043.

〔5〕　See Solicitors´ Code of Conduct 2007, Rules 3. 16–3. 22.

表2 英格兰和威尔士的不动产转让成本（以英镑计）

各项成本	假设交易的货币为欧元	10万买房产	10万买房产，7.5万贷款	25万买房产	25万买房产，15万贷款	50万买房产	50万买房产，40万贷款	100万买房产	100万买房产，75万贷款
	经纪人佣金	1361	1361	3404	404	6807	6807	13 615	13 615
	购房款	68 074	68 074	170 184	170 184	340 368	340 368	680 735	680 735
	检索费	207	207	207	207	207	207	207	207
	买方律师费	414	414	460	460	555	555	805	805
	卖方律师费	389	389	432	432	523	523	760	760
	银行律师费	–	68	–	170	–	340	–	680
	检测费	300	300	350	350	480	480	750	750
	不动产交易税	–	–	1701	1701	10 211	10 211	27 229	27 229
	登记费	60	60	150	150	220	220	420	420
	转让总成本	2731	2799	6704	6874	19 003	19 343	43 786	44 466
	过户总费用	1010	1078	1099	1269	1285	1625	1772	2452
	过户费用占总成本的比例	36.98%	38.51%	16.39%	18.46%	6.76%	8.40%	4.05%	5.51%
	过户费用占价款的比例	1.48%	1.58%	0.65%	0.75%	0.38%	0.48%	0.26%	0.36%
	经纪人佣金占总成本比例	49.84%	48.63%	50.77%	49.52%	35.82%	35.19%	31.09%	30.62%

在英国，不动产交易当事人通常会各自聘请事务律师，以获得高质量的独立法律咨询。但这也会导致小额或平价交易的成本相对较高。例如，在购买 10 万欧元的物业时，英国的过户费用是研究所涉六个国家中最高的。虽然过户费用的平均水平较高，但低于 25 万欧元的交易不收取转让税。随着交易所涉价款的提高，过户费用的增长趋于缓和。对于最大金额的交易，英国的过户费反而是六个国家中最低的。

（四）英格兰的公证人（Public Notaries）

尽管英格兰是普通法传统的发源地，而普通法向来不像民法法系那样重视预防性司法制度，但英格兰也存在类似于民法法系的公证人。[1] 英格兰的公证人在英国司法体系中并不具有强制性预防司法功能，这一点上不同于德国、法国等民法法系国家。

英国法律中对公证人的职能并无明确规定，权威教科书中（Brooke's Notary）[2] 对英国公证人的角色和功能描述如下：

公证人是法院依法任命的法律公职人员（legal officer），其职责为凭借自己的公务印章起草、证明或确认契据和其他文件，包括遗嘱等继承文件、各种财产转让文件、授权委托书等；公证人凭借其公务印章和签名对此种文件进行公证，公证文件可作为证据提交给司法或其他公共机关；公证方式包括出具公证文书或以公证文书的形式起草文件；保留公证所依据的各项文件并出具文件副本；在英格兰诉讼程序中主持宣誓和声明；通知或证明有关流通证券的交易，起草有关航行中船只海难或货物海损的证明。

除了参加诉讼，公证人可以像执业律师一样从事各种形式的法律工作。[3] 英国法律没有规定必须办理公证的法律行为或文件。

广义上，英国存在两种类型的公证行为：公共形式和私人形

---

〔1〕 Ramsey, *The History of the Notary in England*, in: Schmoeckel/Schubert（ed.），Handbuch zur Geschichte des Notariats, 2009, 375.

〔2〕 N. P. Ready, 12th ed. 2002, Chapter 2, p. 19.

〔3〕 For an exposition of the functions of notaries see also Halsbury's Laws of England. Notaries. Volume 33. Reissue, *Functions and Notarial Acts*.

式。前者如同民法法系国家的公证人一样，负责起草整个文件，以确保法律行为有效，例如，创设合同关系或对律师授权。私人形式的公证行为指的是，公证人对当事人签订的文件附上证书或证明文件。公证人无需确认该文件的内容，只需确认当事人的身份、具有必要的行为能力、在充分理解相关条款的基础上自愿执行，且不涉及欺诈或非法行为。[1]

在英格兰和威尔士，大陆法系国家公证人的大部分职能，如过户或起草遗嘱，均由事务律师和其他专业人员承担。英国目前有大约 800～1000 名公证人，[2] 他们主要处理用于境外其他国家的文件。因为在这些民法法系国家，公证人享有崇高地位，被视为声誉卓著的独立法律专业人士。无论是司法机关、政府部门还是私人企业，都更愿意接受经由公证人起草或执行的法律文件。

以授权书的公证为例。一家英国公司欲在境外签署一份关于贷款或其他大额交易的合同。它必须向交易方证明自己的代表人员已经获得充分授权。通过公证可以确认被授权人的签名和身份一致、具备相应的行为能力；确认交易公司主体真实存在；阅读公司章程确保授权有效；向各方当事人说明所签署文件的意义和性质。

虽然公证人受聘于客户，但并不形成类似于律师和客户之间的关系。公证人必须保持中立和独立地位，并向法院负责。在这一点上，英国公证人的职业导向和民法公证人并无二致。

伦敦作为国际金融中心和商业中心，吸引了大量外国企业和员工，对公证的需求也不断增加。英国公民在海外置业的快速增长也提高了对公证服务的需求，因为大多数国家都要求公证人参与大额资产交易。[3] 例如，在西班牙、葡萄牙和法国购置房产的，通常会聘请物业所在国的律师代理其完成交易。而对外国律师的授权就

---

〔1〕 See N. P. Ready, 12th ed. 2002, Chapter 5.

〔2〕 See Ramsay, *The History of the Notary in England*, in: Schmoeckel/Schubert (eds.), Handbuch zur Geschichte des Notariats, 2009, p. 375, 388 （122 notaries listed in London, about 700 more in the rest of England).

〔3〕 50 多万英国人在西班牙拥有房产，这一数字超过德国人。

必须通过英国公证人完成。若英国公证人同时具有该国国籍和该国公证人资质，购置方会直接委托其处理整个交易，这样还可以节约部分费用。

对公证的个人需求也在增加，例如，为移民、工作申请或在境外结婚等目的，公证个人文件和信息。

1. 普通公证人和地区公证人

英格兰和威尔士的公证人包括普通公证人（Public Notaries General）和地区公证人（Scrivener Notaries）。绝大多数普通公证人同时是律师，其大部分收入来自律师业务；从事律师业务时要受律师监管局的监督（Solicitors Regulation Authority，简称 SRA）。[1] 只有极少数普通公证人全职从事公证业务。[2] 最近有报道称，越来越多的公证人选择全职从事公证业务，其原因之一是想摆脱无休止的按时计费工作压力。[3]

公证人协会（Notaries Society）是普通公证人的代表机构和会员组织。目前有大约 800 名会员。协会主要负责教育培训、制订行业标准，并在国际上代表英国公证人。英国公证人协会在 1998 年获得拉丁公证人国际联盟（UILN）的观察员地位。

与普通公证人不同，地区公证人专职于公证事务，不能从事律师业务。目前的地区公证人只有不到 30 人，主要集中在伦敦城几家设立于中世纪的大型事务所。成为地区公证人的前提是加入设立于 1373 年的伦敦同业公会（Livery Company），并符合公会的资质

71

---

〔1〕 Throughout England and Wales, all save 107 notaries are qualified as solicitors. Figure kindly supplied by Madie Colwill, a public notary in Harrow, London.

〔2〕 Of the about 760 members of the Notaries Society in 2004, 60 were working exclusively as notaries; see The Notary, Issue 38, Summer 2004, p. 3.

〔3〕 G. Shaw. *Notaries in England and Wales*: *What future in a climate of globalisation*? 1/2 Notarius International 43 （2006）.

要求。[1] 该公会也是地区公证人的监督机构。

为取得地区公证人资格，除了针对普通公证人的考试，申请人还必须通过公会主持的附加考试。附加考试内容涉及两门外国语和外国法知识。地区公证人被形容为沟通普通法系和民法法系的桥梁，他们负责制作拟在境外使用的重要文件，例如合同、抵押、授权书、公司章程、遗嘱等。地区公证人经常获聘以当事人的名义在境外设立有限责任公司。有的公证人擅长处理境外产权变更，另外一些则具有丰富的海事实务经验。

地区公证人均为拉丁公证人国际联盟的正式成员，被视为普通法系中唯一具有和民法公证人同等地位的公证人。地区公证人主要处理涉外公证，部分公证人也办理国内业务。

作为英格兰公证行业的一个独立分支，地区公证人得以独立代表身份参加英国公证论坛会议（UK Notarial Forum）。该论坛会议设立于 1992 年，定期召开，来自英格兰、苏格兰、威尔士和北爱尔兰的公证组织代表在此交流观点。

2. 英国公证人的规制、培训和准入

英国公证人由坎特伯雷大主教（Archbishop of Canterbury）任命，遵守主教领导下的特许办公室（Faculty Office）颁发的各项规章制度。[2] 这些规定和律师管理制度基本一致。他们也必须购买责任保险、忠于客户利益和公共利益、对客户资金区分管理，并严格遵守职业纪律，如留存所有记录和文件副本。

主教负责制定公证人的准入资格。[3] 申请公证人资格者，必须年满 21 岁。申请人必须学习宪法/公法、财产法、合同法、欧共

---

[1] For the history of the Scriveners see Ramsey, *The History of the Notary in England*, in: Schmoeckel/Schubert, *Handbuch zur Geschichte des Notariats*, 2009, p. 375, 380, 386 ss. The Access to Justice Act 1999 ended the Scriveners' Company's monopoly over notarial work in Central London.

[2] This Jurisdiction was confirmed and enhanced by the Courts and Legal Services Act 1990, sec. 57, as amended by the Access to Justice Act 1999, sec. 53. That Act gave the Master statutory powers to make rules for the regulation of the profession.

[3] Notaries Qualification Rules 1998.

体法、罗马法、衡平法和信托法、冲突法、产权转让法、商法及其实务、遗嘱、遗产检验和管理，以及公证实务（包括票据法）。

拥有事务律师或出庭律师资格，或在英国高校取得法学学位，或取得法律硕士文凭或参加过执业律师课程（LPC）的，可以免修上述除罗马法、冲突法和公证实务外的课程。之所以罗马法等上述三门学科不能免修，是因为英国大学的法学学位或法学培训课程通常不包含这三门。已经在欧盟或欧洲自由经济区其他国家取得公证人资格的，也可以申请上述免修。

英国剑桥大学继续教育学院提供以上三门课程的研究生课程。[1] 课程班采取远程教育方式，第一年教授罗马法和冲突法，第二年教授公证实务。经书面考试和论文答辩后，合格者会获得公证实务研究生文凭（Diploma in Notarial Practice）。[2]

取得研究生文凭后，申请人还要从特许办公室获得"适合从业"和"品行良好"证明，方可申请加入公证人协会。新任命的公证人在执业前两年必须接受一名拥有 5 年以上从业经验的资深公证员的监督。监督期间还要参加有关公证实务的课程和研讨会。

如前所述，想要成为地区公证人的，还必须进一步通过有关语言和外国法的考试。

73

———————————

〔1〕 *See* University of Cambridge, Postgraduate Diploma in Notarial Practice, at http：// www. cont-ed. cam. ac. uk/component/courses/？ view = course&cid = 2494.

〔2〕 The University of Cambridge Diploma Course in Notarial Practice was introduced in 1999. In addition to the three compulsory core subjects, Roman Law, Conflicts of Law and Notarial Law, it also included the other eight prescribed subjects for applicants who were graduates in subjects other than law. As a result of a review in 2004, aimed to increase academic rigor, the program was raised to post graduate level, confined to the three core subjects – in the expectation that those studying it normally ought to have a law degree or equivalent, and the maximum period for completing the course reduced from five to two years (*See Diploma Course Review*, The Notary 37, Spring 2004). The training of public notaries in England and Wales has been seen as now broadly resembling that for other lawyers within that jurisdiction and for the legal professions (including notaries) in the European Union general with a university degree in law, or equivalent, followed by a post graduate notary specific qualification (See Gisela Shaw, *Notaries in England and Wales：What future in a climate of globalisation?* 1/2 Notarius International 43 〔2006〕).

3. 民法公证人和英国传统公证人的差异

如前所述，在基本设计理念上，民法公证人是承担预防性司法功能的公共机构。[1] 各民法法系国家的公证人被视为公职人员，在重要交易中承担法定职责。经过公证的文件很少出现纠纷，也具有更高的证明力。公证人在许多重大事项上具有垄断地位，如设立遗嘱、产权过户、设立公司（德国特有）。

在多数大陆法系国家，公证人是由政府任命的公职人员，其数量根据需求而定。在很多国家，公证费原则上以交易标的价值为基础计算，从而在很大程度上避免了价格竞争。公证广告受到宽严不一的限制。公证人一般应为本国公民，外国人不得开设事务所。[2] 部分欧盟国家如西班牙、葡萄牙和意大利已经废除了公证人的国籍要求。据说原因之一是因为欧盟委员会在该问题上施加压力。部分英国公证人希望能在公证服务方面实现自由流动，从而可以去其他欧洲国家执业，他们多年来一直在努力通过欧盟废除公证人资格的国民限制。

相比之下，虽然英格兰的公证人也是法律上的公职人员，但其公职性质从来未经法律确认。在大多数民法法系国家，公证行为享有较高的证据地位，但在英格兰和威尔士却不具有任何校验效力（probative status）。近年来此种情况有所改观，但公证行为在英格兰和威尔士的校验效力仍无法与民法法系国家同日而语。[3] 和大多数拉丁公证人不同，英国公证人的公证行为不具有直接执行力。

〔1〕 参见第三章、第五章和第九章。

〔2〕 5 See Chapter 9 (1) below. Some EU member states－Spain, Portugal and Italy－have dispensed with the nationality requirement. It has been said that a threat of litigation by the European Commission was an important factor in them doing so. A number of British notaries, eager to promote the free movement of notarial services and notaries in Europe, have been prominent for some years in a campaign to remove the nationality restriction throughout the EU (See Mark Kober-Smith, *Legal Lobbying. How to Make Your Voice Heard. A Practical Guide to Changing the Law*, 2000).

〔3〕 See Civil Procedure Rule 32 (20), which came into force on 1st October, 2005, and does give notarial acts a particular probative status.

在英国，公证人不是由政府任命，而是由坎特伯雷大主教任命，人数不受限制。英格兰公证人不按照法定标准收取费用，存在激烈竞争。公证人可以发布业务广告进行宣传。在英格兰和威尔士，公证人可以不是英国国民。

二、法国的交易法专业人员和不动产交易

（一）法国的交易法专业人员

法国的公证人制度具有悠久传统，在12、13世纪伴随罗马法共同进入法国，[1] 并在法国大革命中通过改革得以幸存。近年来，法国公证制度在技术现代化方面的发展尤其令人瞩目，同时在有关自由职业的讨论和改革方面也居于主导地位。

与欧洲大陆的其他民法法系国家一样，法国公证体现了国家提供预防性司法理念（preventative justice）[2] 和恢复性正义（restorative justice）职责。公证人属于官方任命的公职人员，其职责是确保法律行为和交易之设立和履行免于发生纠纷。法国公证人在参与交易时应中立地对待双方当事人。公证人的工作包括：检验当事人的身份，判定其是否具有交易必需的行为能力；起草反映当事人真实意愿的文件，代为登记产权，以及为保障交易顺利完成的其他工作。公证人的公共职责还包括确保交易当事人依法缴纳税费。 75

相应地，由公证人出具的文件在证明所载交易或行为方面具有更高的可信度。[3] 公证人参与的抵押或设立债权文件可以直接执

---

〔1〕　See for the history of the French notariat Chapter 2 （V）（1） and （2）；Moreau, Les métamorphoses du Scribe. Histoire du Notariat Francais, 1989；Roumy, Histoire du notariat et du droit notarial en France, in：Schmoeckel/Schubert. Handbuch zur Geschichte des Notariats, 2009, p. 125.

〔2〕　Very critical over the conception of preventative justice by public officials E. N. Suleiman, *Private Power and Centralization in France：The Notaries and the State*, 1987. This book reflects the enthusiasm of American academics for deregulation in the eighties of the last century.

〔3〕　See art. 1319 （1） French Civil Code.

行或排除抵押赎回权（foreclosed），无需启动司法程序。[1] 最后，某些登记机关（包括土地登记机关）只接受公证人出具的文件或者在公证人面前做成的文件。[2]

由于公证文件具有更高的校验效力（probative value），公证人通常也是特定法律领域的专家，法国公证人几乎垄断了房产不动产转让业务，在遗嘱、授权委托和其他重要合同方面也扮演重要角色。在某些情况下，法律要求特定类型的交易必须有公证人的参与。例如，婚姻协议必须在公证人面前做成才有效。[3]

公证人不仅处理涉及一方或双方当事人的交易。由于他们是特定领域经验丰富的专家，也经常接受当事人就特定问题的咨询。

法国公证人传统上扮演"境况律师"的角色，即接受一方当事人的委托、为双方准备交易文件，有时候也会有两个公证人同时在一个交易中准备文件并完成交割。[4] 在普通不动产交易中，买卖双方可以各自邀请公证人参加。虽然两个公证人均负有中立对待双方当事人之职责，但每一当事人都希望自己一方的公证人办理过户手续。若涉及复杂融资事项，融资银行自己也会带着公证人参加交易。多个公证人收取的费用和单个公证人完成整个交易的费用并无二致，[5] 费用在参与交易的公证员内部分配。

76　　　公证人及其业务在法国受到高度尊重。在最近的一项民意调查

---

　　〔1〕　See art. 3（4）French Law No. 91–650, 9. 7. 1991, regarding the reform of execution procedures in civil matters, in: Cadiet, *Code de Procédure Civile*. 2008. Annex 24.

　　〔2〕　See art. 4（1）French Regulation No. 55–22, 4. 1. 1955, regarding the reform of the land register, in: Dalloz, *Code Civil*, 108th ed. 2008, p. 2472, Annex to art. 2488 French Civil Code.

　　〔3〕　See art. 1394 French Civil Code.

　　〔4〕　For a mandatory involvement of a second notary replacing obligatory witnesses, see art. 9 French Law of 25 Ventôse XI, as modified subsequently（Dalloz, *Code Civil*, 108th ed. 2008, p. 1467, Annex to Art. 1317）. The French National Regulation of the Conseil Supérieur du Notariat of 24. 12. 1979, J. O., 3. 12. 1980, which is the notarial code of conduct, contains in its Art. 60 special provisions for the authentication procedure when two notaries are involved. See also Chapter 2（V）（2）.

　　〔5〕　See art. 10 French Regulation No. 78–262, 08. 03. 1978, as subsequently modified.

中，近90%的受访者对公证人的评价是"好"或"非常好"。但法国也没有因此而回避席卷整个欧洲的公证制度简化和统一化浪潮。2008年，萨科齐总统成立了一个委员会，研究统一法国三种法律职业的可能性，即公证人、律师（代理人）和内部法律顾问（企业法人）。[1] 虽然委员会后来放弃了合并计划，但也针对性地提出几项建议：放松公证人的业务垄断、允许律师从事公证业务、延长普通教育时间，从而减少公证人等法律职业的特别职业培训时间。

1. 公证人的教育和培训

法国公证人必须接受全日制大学法学教育。[2] 通过四年学习获得学士学位后，有志从事公证事业的人可以通过两种方式继续接受研究生教育。

较快获得公证候选人所需培训的方式，是在提供公证专业方向的法国大学攻读硕士学位。此种研究生项目的入学考试竞争激烈，主要考查本科时期的成绩。顺利完成一年课程并通过期末考试的，可以获得硕士学位和公证候选人资格。

第二条途径是就读大学之外针对公证人的专业学校。此种学校由公证专业人士举办、受法国司法部监督。候选人必须通过难度很高的入学考试才能被录取。和大学相比，公证人学校的课程强调实务导向，注重解决实际问题的能力，经常会安排学员作为助理和公证员一起工作。公证人学校的课程大约为一年，课程结束后通过考试的，才能获得公证候选人资格。

大学和公证人学校毕业的公证候选人都必须在公证处完成为期两年的实习。实习结束时，候选人必须填写书面实习报告并参加考试。顺利完成全部培训活动后，候选人获得证书，才有资格被司法部任命为公证人。

大学和公证人学校提供的公证人培训名额有限，同时又有很多

77

---

〔1〕　5 See for the results of the commission's study Darrois, Rapport sur les Professions du Droit, 2009, p. 33, 70 ss. （in French language available at: http: //www. commission - darrois. justice. gouv. fr/）; see also Chapter 9 （before 1） below for European implications.

〔2〕　See the French Regulation No. 73-609, 05. 07. 1973, as modified subsequently.

学生期望成为公证候选人。这就导致大学公证专业硕士和公证人学校的入学考试竞争非常激烈。这也意味着，能进入大学或公证人学校学习公证课程的学生都是能力突出的青年才俊。正因为竞争非常激烈，很多学生很早就开始提前筹划，以获得较好的绩点和公证培训的机会。

从理论上说，普通律师也可以通过完成课程、参加实习和通过考试而成为公证候选人，但这种情况并不多见。

公证人的资格认定和继续教育均由法国的公证人教育中心（National Center for Notarial Education）监督，教育中心直接受法国司法部管理。

2. 公证人的任命和分配（Appointment and Assignment）[1]

完成教育培训和实习的公证候选人可以担任助理公证人（assistant notary）。助理公证人受雇于正式公证人，以雇主的名义处理日常事务。不少人在整个职业生涯都只能担任助理公证人，没有机会被任命为正式公证人。能够获得正式任命的，也需要等候长短不一的时间。

法国部长会议（French Council of Ministers）在与全国公证人理事会（National Council of Notaries）协商后，从适格助理公证人中选任正式公证人。在任命非市区公证人时，还需要听取当地公证人协会（Chamber of Notaries）的意见。

各地公证人的数量由司法部的行政法规确定。司法部设立新的公证人岗位时，必须和当地公证人协会协商确认该地区需要增加公证服务，且有足够的公证业务支持新增公证人。

公证人职位（notarial office）出现空缺或新设公证人时，公证候选人需向司法部申请获得任命。大多数情况，申请人的数量远超所需岗位。一般人并不清楚司法部依据何种标准在众多候选人中进

---

[1] See again the French Regulation No. 73-609. 05. 07. 1973. as modified subsequently and special guidelines („ circulaire") of the French Minister of Justice; for an overview in German language see van Randenborgh, *Zum Französischen Notariatswesen*, 1990, p. 48 ss.

行选拔，也不清楚全国公证人理事会或当地公证人协会在公证人任命上能够施加何种影响。

原则上来说，公证人职位不得继承或者子承父业。[1] 但公证人退休时，对于继任者的任命有一定的发言权。根据惯例，公证人去世后，其继承人或受遗赠人继承此种特权，并可将其转让给其他有资质的公证人，后者根据其价值作出补偿。例如，继承人之一已经获得公证人资质，则有被任命为后续公证人的优先权。退休者或去世者系公证处成员的，继任者还必须获得该公证处其他成员的认可。

虽然公证人职位不得转卖，但根据惯例，如果公证人退休或死亡，接管其业务的继任者须向退休公证人或已故公证人的继承人支付一定数额的款项，该款项可能高达数十万欧元，具体数额取决于相关业务的收费情况和已经完成的工作。事实上，该款项不一定能反映具体业务收费或个人工作的客观价值，更多体现的是公证人职务的潜在经济价值和未来预期业务。

此种惯例有时候会成为候选人申请获得公证人岗位的障碍。有的公证人子女可以从其退休父母那里获得经济资助以支付该款项。大约25%的法国公证人来自公证人家庭，其很大一部分业务和其父母有关，或直接从父母那里继承而来。

在小城镇和农村地区，公证人一般会独立执业或组成两三人的小团体执业。城市中的公证人可以组成较大专业协会，但不得和律师、会计或其他专业人员共同设立合伙或其他商事组织。

法国公证人也可以担任财产管理人，甚至是不动产经纪人。此种兼职情况的普遍程度因区域而异。通常来看，从事兼职工作的法国公证人不超过10%。虽然公证人在其所参与的交易中并非主导者，但若其在同一交易中同时担任公证人和经纪人，仍会引起利益冲突的顾虑。这一点在法国存在争议。支持此种做法的公证人指

---

〔1〕 For the history of the saleability and the inheritability of the French notariat see ready Chapter 2（V）（2）above.

出，公证人兼任经纪人的法定收费低于单独聘请公证人和经纪人的费用之和。

3. 公证人的报酬

根据其在交易中的功能和交易金额，公证人依法定标准对公证服务收费。收费标准由法国司法部和总理批准，全国通用。[1] 对于简单的不动产交易，公证人按件收取包干费用，包括起草合同和完成交易的全套手续。虽说双方当事人均有义务向起草合同的公证人付费，但实践中一般都是买方支付。所涉交易需要起草贷款合同或设立抵押的，抵押人还需额外支付费用。交易需要获得各种批准或者多个公证人共同参与交易的，均不增加公证费用。

另一方面，公证人担任一方当事人的顾问时，可以单独与客户约定按小时收费或按件收费。[2]

4. 公证人的责任与惩戒

根据法国法律，若公证人在起草文件和履行交易方面存在疏忽，应对各交易方承担责任。就不动产交易而言，公证原则上要确保买受人和抵押权人获得无瑕疵的产权和优先受偿权。若当事人因为某些法律原因而无法获得产权，公证人可能因此承担责任。实践中，公证人因为处理不当（工作失误）而被起诉的情形极为罕见。

公证人必须参加上诉法院区（Caisses regionales de garantie）设立的执业责任赔偿基金和国家赔偿基金（Caisse central de garantie）并缴费，这些基金旨在为公证人之过错行为或背信行为造成的损失提供赔偿。[3] 向该两项基金提出索赔请求的情况极为少见，即使发生，地区基金通常即可满足请求。国家基金用于处理较大的、危

----

〔1〕 The current relevant text is French Regulation No. 78-262. 08. 03. 1978. modified by the Regulation No. 2006-558, 16. 05. 2006, and the Regulation No. 2007-387, 21. 03. 2007.

〔2〕 So called „article IV situations ", from the art. 4. Regulation No. 78 - 262 08. 03. 1978.

〔3〕 French Regulations of 20. 05. 1955 and of 29. 02. 1956 (modified by the regulation of 30. 12. 1971 and subsequently); see for the preceding history of these institutions A. Moreau, *Le Notariat Francais à Partir de sa Codification*, 1984, p. 122/123 (in French language).

及地区基金根本的赔偿请求。法律要求公证人在特定银行开立监管账户（ESCROW），并定期接受审计。

在国家层面，全国公证人理事会（Conseil Superieur du Notariat）代表公证行业，负责就涉及公证人及其执业的事项与司法部交涉。[1] 理事会作为专业组织，旨在促进和协助整个行业的发展。在各上诉法院辖区内，另有33个地区公证人理事会（Conseils regionaux des notaires）代表公证行业，负责处理涉及公证人的惩戒事项。公证人部门委员会（Departmental Chambers of Notaries）为基层的公证人行业组织，负责本区域公证办公室的年检和公证人监管账户的年度审计。所有三级行业组织均有责任规范行业行为，[2] 并参与设立新的公证处、任命公证人和安排公证业务。[3]

（二）法国的不动产交易[4]

法国的不动产转让几乎全部由公证人完成。理论上，当事人或

---

〔1〕 For the structure and organization of the French notariat, see the French Regulation of 28. 06. 1946 and the Regulation No. 45-2590 of 02. 11. 1945 regarding the professional discipline of notaries; for a short description of the history of these provisions see Moreau, *Le Notariat Francais*, p. 124 ss. ; see also J. -F. Pillebout/J. Yaigre, *Droit professionel notari*, 7th ed. 2006.

〔2〕 See especially the Regulation of the Conseil Superieur du Notariat of 24. 12. 1979. J. O. , 3. 12. 1980, which contains the French Notarial Code of Conduct.

〔3〕 A very critical description of the reality of the professional discipline of French notaries in the seventies of the last century is given by Suleiman, *Private Power and Centralization in France. The Notaries and the State*, 1987, p. 60 ss. One wonders whether the financial crises of 2007/2008 and their origin in a deregulated legalculture would have changed the severe and self confident point of view of an American academic.

〔4〕 5 For a survey in French language see Terré/Simler, *Droit Civil. Les Biens*, 7th ed. 2006, p. 316 SS. ; Malaurie/Aynès, *Les Sûretés. La Publicité Foncière*, 4th ed. 2009, p. 281 ss. , for a historical overview see Marty/Raynaud/Jourdain, *Les Biens*, 1995, p. 64 ss. , No. 51, 52 ss. , in German language Baur/Stürner, *Sachenrecht*, 18th ed. 2009, § 64 mn. 7, p. 913 ss. ; in English language Peter L Murray, *Real Estate Conveyancing*, Appendix B-National Reports, 2007, P. 164 ss.

81 普通律师均可起草买卖合同或契据。[1] 但为了让交易获得对抗第三人的效力（the third party effect），就必须进行登记，而登记就需要在公证人面前做出转让文件。[2] 这一法律规定，加之公证人的专业经验和传统习惯，让公证人几乎垄断了所有的不动产转让业务。

大约五成的不动产交易中有不动产经纪人参与，其佣金约为交易价格的 6%。佣金名义上由卖方支付，但卖方在确定最终出让价格时已经将佣金计算在内。公证人在不到 10% 的交易中扮演经纪人的角色。此种情况下，公证人按照法律规定收取交易价格的 2.5% 作为经纪人佣金。

如果卖方将物业委托给经纪人并由后者寻找买方，通常就由经纪人起草初步合同。有些经纪人会建议当事人聘请公证人起草合同。[3] 若业主直接参与交易谈判，一般会聘请公证人起草合同。无论哪一方当事人聘请其参与交易，法国公证人必须在交易中秉承公正立场。合同草案中必须包括价款、主要交易条款和交易条件。买方通常会支付一笔保证金，占购房款的 5%~10%，由经纪人或公证人监管。交易条件一般包括房屋检测和证书，以及其他法定交

---

[1] A simple written final sales agreement may, in principle, transfer real estate pro-written form the vendor to the purchaser (art. 1138, 1583, French Civil Code; for the written form art. 1341ss. French Civil Code). But this transfer works only „inter partes" not vis-à-vis third partie („principle of consent" governing the transfer of land; see Malaurie/Aynès, *Les Sûretés. La Publicité Foncière*, 4th ed. 2009, p. 281 ss.). For special rules of authentication in case of „Vente d'immeuble à construire" see art. 1601-1 ss. French Civil Code.

[2] See art. 28. 30 French Regulation No 55-22, 04. 01. 1955, regarding the reform of the land register, in: Dalloz, *Code Civil*, 2008, p. 2472 ss., 2484; for mortgages see art. 2416, 2426 ss. French Civil Code; for a more intensive description see Malaurie/Aynès, *Les Sûretés. La Publicité Foncière*, 4th ed. 2009, P. 281, 285 ss. In some parts of France, which were a part of Germany from 1870-1918 (e. g. Alsace-lorraine, Moselle, etc.) the German land register system is, in principle, still in force.

[3] A final sales contract would immediately transfer the real estate property „inter partes". This is not intended in this phase of negotiation. The preliminary sales contracts contain the obligation to transfer only; for further details see below.

易条件。若交易标的为房产或共有产权房屋（condominium），卖方必须提供房屋面积证明。其他条件包括放弃优先购买权和出售限制权、获得按揭贷款等。买方在进行不动产变更登记之前必须支付房产交易税，这是登记的先决条件。

在法国，标的额较小的交易一般由一个公证人处理，而金额较大的交易常常由两名公证人协同完成。[1] 如果买卖双方都要求自己指定的公证人参与交易，公证人会在内部分配工作和费用。通常而言，买方指定的公证人负责起草买卖合同，卖方公证人负责获得必要的许可和放弃优先购买权证明。在商事交易中，融资银行也可能会要求自己熟悉的公证人起草贷款协议和抵押合同。多个公证人参与同一交易的，按照各自承担的工作内容分配费用，其中起草正式合同（final sales contract）并主持合同签订的公证人获得最大份额。虽然这些公证人系不同当事人指定，但所有人都必须秉承"中立律师"的立场，不得对任何一方有特殊偏向。

不动产交易中初步达成的协议（preliminary contract）系具有约束力的法律文件。买方无正当理由拒绝完成不动产买卖的，卖方可没收保证金作为违约赔偿金。卖方无正当理由拒绝签订正式协议的，买方有权要求返还保证金。买方还可以起诉要求损害赔偿或要求法院命令卖方签订正式协议，但后者很少得到司法支持。涉及不动产交易的初步合同必须是书面的，并由双方签署，但双方可以口头变更书面协议中的内容。[2]

初步协议签署之后，各方会设法满足交付条件。买方会去寻求银行贷款，最高额可达到购房款的90%。大部分提供不动产融资的法国银行都将贷款并入自己的证券投资组合（portfolios）中。银行同意提供贷款的，会派出办事员或委托公证人联系主持交易的公证人，向其转递相关信息或提供相关文件，并在正式合同签订时发放

　[1]　See already Chapter 5（2）（a）above and Chapter 2（V）（2）above.
　[2]　French law does not know an equivalent to the parol evidence rule, though there may be a presumption for the completeness of a written document.

· 85 ·

贷款。

83 　　法国法律规定，若不动产所在地的政府对于私人产业有公共利益考量，则对于该不动产享有优先购买权。负责交易的公证人应联系当地公共机关，取得优先购买权放弃证明。

　　这些工作通常由公证人助理完成，部分乡村公证人也会亲自办理。法国法律还要求每一次所有权变更时都必须对房屋进行石棉和含铅涂料的检查。安排检测并获得相关证明也是公证人的工作，同时需要卖方配合。当然，公证人一开始就要查询不动产登记册，确定产权、抵押或其他优先权的状况，以及是否可以上市交易。若该物业设有抵押，公证人应联系抵押权人，以确认债权数额和解除抵押的条件。

　　法国针对出售房产和共有产权房有特别要求。首先，当事人必须熟悉共有协议（condominium agreements）条款和条件，以及影响财产的其他共同所有权安排。其次，必须遵守有关优先购买权和共有人同意的规定。最后，法国法律规定，出售房产或共有产权房的，必须附上房产面积证明，该面积依照法律规定的公式计算。若买方嗣后发现卖方提供的证书面积和实测面积误差达到5%以上，卖方应承担实质性损害（substantial damages）赔偿责任。[1] 因此，在处理此类交易时，获得准确的丈量数据证书相当重要。

　　初步协议中设定的各项条件均满足后，主持交易的公证人（presiding notary）会起草正式合同（final contract），并安排当事人会面，签署协议，地点通常是在公证人的办公室。大多数情况下，起草好的合同会首先发送给各方当事人和其他参与交易的公证人，由其审查、提问或评论。每一份合同均针对特定交易的条件和条款而设计，电子化处理和格式条款的应用大大便利了这项工作。

　　合同签署地点是主持交易的公证人的办公室，多个公证人参与
84 交易的，一般是买方委托的公证人的办公室。买卖双方均应到场。

---

　　〔1〕　See French Law No. 65-557, 10.07.1965, regarding condominium rules, art. 45-1, 46（Dalloz, Code Civil, 2008, p. 817, 834）.

交易中聘请了经纪人的，经纪人通常也会参加，以确保交易完成并可以收取佣金。融资银行代表或银行聘请的公证人则很少参加。融资银行通常信赖主持交易的公证人会做出适当安排，以保障银行的利益。

签订合同时，公证人向双方解释合同各项条款，核验各项证书和同意函，以确保初步合同中约定的各项条件均已具备。部分法国公证人会利用高科技帮助审查和解释合同条款。例如，在房间配备大屏幕显示器，以便每个人都可以随着公证人的解读找到相应条款。合同在最后关头需要稍许变动的，也可以当场在屏幕上修改。所有人均对合同条款表示满意后，公证人和当事人核对财务条款和交割细节。交割声明（closing statement）通常已经提前发送给各方当事人，以简化程序。

对所有细节审查完毕且所有相关方均表示满意后，公证人安排双方在正式买卖合同和不动产转让协议上签字。涉及贷款协议的，应由买方同时签署。正式买卖合同和不动产转让协议中均规定，抵押权必须和新的所有权同时设立。故无需单独签订抵押权设定协议。当事人在其他不动产上设立抵押担保的，则需要另行签订抵押协议。

当事人签署文件时，公证人即联系专门为公证人提供代管服务的银行，通过特定的公证人代管账户安排资金转移。[1] 通常情况下，公证人此时已经收到融资银行的汇款。买方交易完成后，公证人会将收到的汇款连同买方或经纪人代管账户转来的其他款项一起转给卖方和抵押权人。

公证人的工作还包括核算和缴纳转让所涉的所有税款。缴纳税款是买方登记所有权的前提条件，所以迅速和准确地履行这项任务对各方都很重要。公证人可以通过其代管账户以电子方式支付税

---

〔1〕 For the long history of this remarkable institution R. Priouret, *La Caisse de Dépôts: cent cinquante ans d'histoire financière*, 1966; very critical over the bankers of the French notarial profession Suleiman, *Private Power and Centralization in France: The Notaries and the State*, 1987, p. 256, 275 ss.

款。完税后，税务机关会发送确认码，凭此号码在不动产登记机关完成登记手续。

不动产转让的最后一步是在不动产登记机关办理转让登记。在法国大多数地区，不动产登记机关都属于行政部门管辖，隶属于法国财政部。在阿尔萨斯-洛林地区，不动产登记由当地法院监督下的登记官（magistrates）负责。在法国，不动产所有权在签订正式合同时即告转移。故对当事人而言，登记与否不影响所有权变动。[1] 但登记可以对第三人或抵押权人发生对抗效力。[2] 登记时需要向主管登记部门提交经新老业主签字的登记申请、正式买卖合同副本、登记费用和完税凭证。

公证人可以通过电子方式向登记部门递送文件，这样就将原本需要数个星期的登记办理时间缩短到几天。在办理产权的"空白期"（gap period），卖方仍可以处分其财产或设立抵押，故买方会承担一定的风险。但实践中这种情况很少发生。因为登记机关会根据收到申请的先后顺序办理登记，所以只要公证人在合同签订后立即向登记机关送交文件，就很难在空白期出现新的登记申请，从而降低当事人的风险。正是因为人们信赖公证人会及时办结不动产交易手续，主持交易的公证人对于登记迟延给买方造成的损失承担绝对责任。法国公证人通过发展电子登记系统和限制抵押权益，努力将抵押登记的空白期缩短到零。因此，在单纯的抵押交易中，公证人甚至可以在当事人离开公证处之前就办理公共登记，从而确保抵

---

〔1〕 For the French system of land conveyancing and registration see especially Malaurie/Aynès, *Les Sûretés. La Publicité Foncière*, 4th ed. 2009, p. 281 ss. ; in English language Peter L. Murray, *Real Estate Conveyancing*, 2007, Appendix B, p. 164 ss. , in German language Baur/Stürner, *Sachenrecht*, § 64 mn. 7 ss.

〔2〕 The most important provisions of statutory law governing sale, transfer, mortgaging and registration are art. 1138, 1583, 2416, 2426 French Civil Code and the French Regulation No. 55-22, 04. 01. 1955, regarding the reform of the land register (Dalloz, Code Civil, 2008, p. 2472, 2484). See also above at the beginning of the description of Real Estate Transactions in France.

押是处于第一位的担保物权。[1] 最近法国开始尝试在全国范围内设立类似的不动产转让登记系统。这个系统比单纯的抵押登记系统复杂得多，但法国公证人理事会相信此种全国性的电子登记系统很快可以成为现实。

在法国，不动产转让成本主要包括经纪人佣金、税金和公证费，具体数额依交易规模而定。此外，大多数交易中还要支付危险物质检查费和房产面积核查费。不动产登记机关对所有权转让登记和抵押登记收取规费。

法国公证人的预防性司法功能，加之高效的土地转让和抵押的电子登记系统，确保在土地转让和抵押方面很少发生纠纷。法国公证人认为，极低的不动产诉讼比例，有力证明了以公证模式为基础的预防性法律服务的价值。[2]

（三）法国的不动产过户成本

下表来自欧洲公证人理事会的研究报告，显示八项假设的不动产交易在法国的过户成本。

法国的公证服务费用在小额交易中和瑞典及英格兰相当，在大额交易中略高于后者。在调研涉及的国家中，法国的不动产转让费用高于爱沙尼亚和德国的水平。在不动产交易中，公证费用约占全部转让成本的 7%~13%。

法国公证人认为，法律中规定较高的公证收费标准自有其合理依据，法国公证人提供的一些服务在其他国家通常不包括在公证费中。例如，与德国公证人不同的是，法国公证人通常会提供全面的资金代管服务，并通过代管账户支付前担保权人的债权、税费和其

88

---

〔1〕　5 See Malaurie/Aynès, *Les Sûretés. La Publicité Foncière*, 4th ed. 2009, p. 289.

〔2〕　It is a characteristic feature of Anglo-American legal thought of the eighties of the last century until today that the conception of preventative justice plays nearly no role when continental models of land conveyancing are evaluated; see, e. g. , the somewhat biased analysis of the French notaries´ social function by Suleiman, *Private Power and Centralization in France*: *The Notaries and the State*, 1987.

表 3　法国的不动产转让成本（单位：欧元）

		10 万买房产	10 万买房产，7.5 万贷款	25 万买房产	25 万买房产，15 万贷款	50 万买房产	50 万买房产，40 万贷款	100 万买房产	100 万买房产，75 万贷款
各项成本	经纪人佣金	6000	6000	15 000	15 000	30 000	30 000	60 000	60 000
	购房款	10 万	10 万	25 万	25 万	50 万	50 万	100 万	1000 万
	合同公证费	1154	1154	2391	2391	4454	4454	8579	8579
	抵押间接费用	–	316	–	522	–	1210	–	2172
	公证间接费用	200	200	300	300	300	300	300	300
	不动产转让税	5090	5090	12 725	12 725	25 450	25 450	50 900	50 900
	登记费	100	100	250	250	500	500	1000	1000
	抵押登记费	–	45	–	90	–	240	–	450
	转让总成本	12 544	12 905	30 666	31 278	60 704	62 154	120 779	123 401
	过户总费用	1354	1670	2691	3213	4754	5964	8879	11 051
	过户费用占总成本的比例	10.79%	12.94%	8.87%	10.27%	7.83%	9.60%	7.35%	8.96%
	过户费用占价款的比例	1.35%	1.67%	1.08%	1.29%	0.95%	1.19%	0.89%	1.11%
	经纪人佣金占总成本比例	47.83%	46.49%	48.91%	47.96%	49.42%	48.27%	49.68%	48.62%

他交易费用。法国公证人还要和各种主管机关打交道，以获取交易必须的各项证书和证明。这些附加服务在一定程度上可以印证法国公证人收费较高的合理性。

三、瑞典的交易法专业人员和不动产交易

瑞典与其他北欧国家一样，有"自己动手"的传统，很多在其他国家需要专业人士辅助的活动，在瑞典都可以自行完成。瑞典的律师队伍规模相对较小，许多商人和个人都习惯自行起草合同、遗嘱等文件。

但在复杂的法律交易中，当事人仍需要律师提供咨询和代理服务，如涉及商业地产、房产建筑、购物中心的交易或者商业地产开发项目等。瑞典律师在交易中的功能与英格兰及其他普通法系国家的律师差不多。[1]

（一）房地产经纪人担任不动产交易的专业服务人士

1. 在不动产交易中的功能

在瑞典，原则上当事人可以自行起草房产交易文件并办理变更登记。但在实践中，大多数的不动产转让均由持牌的房地产经纪人处理，他们将办理过户列为经纪服务内容之一。据估计，房产经纪人参与了95%的房产交易，且这一比例还有上升的趋势。反之，大部分房产交易中并没有律师参与。

在瑞典出售不动产时，一般首先要找到房产经纪人。虽然在大型交易中，如工业房产交易，律师的参与必不可少，但在大多数情况下，有律师参与的交易中仍需要房产经纪人配合。实践中，即使

---

〔1〕 For a survey on Swedish land law and land transactions in English language with references to the most important Swedish laws and regulations see Peter L. Murray, *Real Estate Conveyancing*, 2007, p. 229 ss. ; in Swedish language R. Hager, *Allmänna Fastighetsrätten. En introduction*, 2005；德语文献参看 Herrmann/Westermann 撰写的瑞典国别报告，载 von Bar 主编：《欧洲物权法》2000 年第 1 卷，第 493 页以下和第 516 页以下；Schaeferdiek 撰写的瑞典国别报告，载 Frank/Wachter 主编：《欧洲不动产法手册》，2004 年，第 1197 页。

卖方已经锁定交易对象，仍需经纪人具体处理交易。

为房产交易提供融资的瑞典银行也间接促进了房产经纪人在不动产交易中的参与度。银行在提供融资时会建议当事人聘用房产经纪人。他们会告诉有融资需求的当事人，最好找个经纪人起草文件并执行交易。

面向消费者的房产经纪人必须被列入公开名单才能开展业务。佣金一般是交易金额的 3%。经纪人对于大标的交易会酌情降低比例，对小额交易或偏远地区的交易则会提高比例。理论上，当事人完全可以自己达成协议，并用一个打包价聘请经纪人处理书面文件。这种情况极为少见，且缺乏有关收费标准的统计数据。

2. 资格和执照

瑞典的房产经纪人由中央政府发放执业许可（licensed）。获得经纪人执照的前提条件包括：完成两年的高等教育培训、作为实习生完成为期十周的实务训练，实习必须在房产经纪人协会（Association of Real Estate Brokers）成员的指导下进行。所有的经纪人都必须购买执业责任保险，最低保险额度为 166 000 欧元。根据规定，经纪人的首要义务是为卖方获取最优价格。这和经纪人应向交易双方全面完整提供信息和建议的义务相冲突。

近几十年来，由于一些经纪人的不端行为，瑞典加大了对房产经纪行业的监管力度。目前的监督机构是国家经纪管理局。该机构负责向符合法律规定的申请人颁发执照、处理针对经纪人不端行为的投诉，以及对经纪人采取惩戒措施。最重的惩戒措施是吊销执照。在 2006 年，该机构调查了 326 项投诉，38 位经纪人受到警告处分，3 人被吊销执照，4 人被移送刑事程序。此外，经纪人在执业过程中存在疏忽或故意的，还要承担民事赔偿责任。

虽然瑞典的房产交易并不强制要求经纪人参与，但不动产经纪行业长期把自己打造成房产交易中不可或缺的角色，目的是捕捉市场潜在客户，以致本来不需要经纪人的交易中，当事人也觉得需要找经纪人协助。研究表明，其他国家经纪人参与交易的比例大概在 50%~70%。而在瑞典，高达 95% 的房产交易都有经纪人参与，他们根据交易金额的百分比收取佣金。这里可能存在一种文化氛围，认为房产交易就应该由房产经纪人处理，因为他们以此为业，比律师更有经验，而支付给经纪人的佣金则是转让不动产所必须付出的代价。

（二）瑞典的房产交易

1. 买卖合同

经纪人经常在印刷品和互联网上做房产广告，并附上经纪人信息。经纪人会根据全国不动产经纪人协会（National Association of Real Estate Brokers）公布的模板制作房产买卖合同和转让合同。经纪人可以调整模板内容，以符合具体交易需求。

此类合同通常只有3~4页。合同条款包括标的物描述、交易价款、交易限制和条件，其中，对物业的描述通常会援引土地清册（cadaster）上的信息。合同一般都会约定，产权（title）和占有必须在满足特定条件后才能转移，例如，支付了全部购房款。合同签订后，买方即应向经纪人的代管账户支付10%的保证金（deposit），余款在约定期限内支付。买卖合同由双方当事人直接签订。在买方支付房款且其他交易条件具备后，双方签订交易确认书和不动产转让合同。瑞典法律对于不动产转让合同并无特别形式要求，允许对合同进行口头变更。

2. 起草交易确认书

瑞典有全国统一的土地登记系统，所有持牌房产经纪人和其他获得授权的人都可以通过电子方式访问该系统。在该系统中可以很便利地查询任何不动产的产权状况和业主信息。电子登记记录中也会注明不动产上设置的抵押或任何其他负担。房产经纪人应通过该系统核查产权状况，并将交易限制和抵押状况告知当事人。

不动产合同签订后，买方必须完成融资安排。买方银行通常会和对该物业享有抵押权益的银行取得联系，确认相关条款并安排财务对接。

在瑞典，不动产上设立抵押等负担时，应按照担保额度的2%支付印花税。因此，人们一般不会直接出售设立抵押的房产，而是由卖方银行先解押、再转移给买方银行。如果目前的抵押额度不足以覆盖买方的贷款数额，应当相应提高抵押额度，并就抵押额度的差额支付印花税。

瑞典法律还规定，地方政府对于有公共使用价值的土地有优先购买权，虽然地方政府很少动用该权利。3000平方米以下的房产用地和排屋用地，以及单户房产、双户房产，均不受该优先购买权的限制，所以大多数房产过户交易不涉及此类优先购买权。一般来说，只有获得放弃优先购买权声明后，当事人才会付款并完成产权转让。农地和林地的转让必须获得官方批准，其目的是限制对此类资源的投机行为。

瑞典法律对房产交易尚没有强制要求检查房屋状况和有害物质。对于买方通过仔细检查即可发现的房屋瑕疵，即使卖方明知该瑕疵，也不承担责任。根据通行做法，房产买卖合同中会授权买方安排专业人士检查房屋状况、测量有害物质。如果检查出严重瑕疵，卖方有义务整改或者降低采购价格，否则买方有权终止合同并收回保证金。

92　　3. 销售确认协议

根据瑞典法律，房产买卖合同对双方有约束力。如买方无正当理由不支付价款，卖方可以没收其保证金。卖方无法履行义务的，则必须退还保证金。买方可以要求赔偿损失或继续履行，但这种情况较为少见。卖方起诉要求损害赔偿的情况更为罕见。

尽管双方在签订买卖合同时可以约定所有权转移，但几乎所有的合同都规定，唯有当合同条件全部具备后且买方支付价款后，双方才通过交易确认书（sales confirmation）转移所有权。当事人可以将约定了迟延转移所有权的买卖合同进行登记，以保护买方权益。但实践中很少进行此种预登记（preliminary registration），因为需支付费用。买方甚至银行一般都宁可相信对方善意履行合同，也不愿意支付该费用。

买卖房产时要注意研究房产公约中的条款，特别是其中关于限制购买权的规定。这些细节一般由房产经纪人和当事人交涉。

如果买方银行特别关注整个交易过程中的连续性安全，它可以与卖方银行协商获得优先地位，这样就可以在放款前通过登记获得保障。但通常情况下，大部分当事人和银行都不会做这种耗时耗力的事情，而是直接约定双方在签订交易确认书时，所有权转移和抵押设立同时发生。

通常情况下，当事人在交易初始阶段签订的买卖合同中会约定：买方完成融资且所有交易条件具备后，双方应签订交易确认书，所有权随即发生变动。一般当事人会在买方银行签订确认书。银行之间会自行安排资金支付额度。买方的其他资金来源也在这一时刻支付。交易价款在扣除买方应付各项债务后划拨给卖方。随后，双方签字的交易确认书和抵押批注会被呈送到有管辖权的土地登记部门，将该交易载入土地登记册。

4. 房产登记

在瑞典，虽然对土地登记的查询已经实现了自动化和电子化，但不动产交易登记本身还没有实现自动化。全国登记系统由政府土地调查部门通过七个地区办事处管理，各地区办事处负责管辖地区的登记事务。在具体办理中，当事人必须将买卖合同或交易确认书、买方同意承受卖方原有抵押负担的协议或者买方同意新设抵押的协议交给有管辖权的土地登记办事处。办公室人员包括经验丰富的非法律人士和法律实习生负责核验相关文件，并将信息输入电子系统。登记办公室还负责评估和收取不动产交易税。买方为个人的，转让税为交易金额的 1.5%；买方为公司的，税率则为 3%。买方通常在登记后支付该税费。登记所需时间从一两天到数星期不等，这取决于该办公室的工作量。相关文件出现错误的（这个比例是 10%～15%），会被返回给提交文件的房产经纪人修正，这也会延长登记周期。

通常情况下，当事人对买卖合同不会进行预登记，若登记延误，就会形成空白期，买方和新的抵押权人在该期间不能对抗第三人。但瑞典并不认为此种空白期会造成严重后果。

（三）瑞典不动产交易中的欺诈处分

近年来出现较多的问题是，未经授权的人将财产出售给善意买方。在旅游淡季，这种情况经常发生在季节性度假房产上。不法之徒常常伪装为所有权人出售房产。双方按照正常流程签订合同并完成交易后，假业主便逃之夭夭。真正的业主要过好一段时间才会发现自己的房产被卖给了第三人。虽然瑞典法律保护真正的所有权人，冒名交易者办理的过户无效，但仍然会给各方当事人造成巨大损失。

和其他国家的转让体系相比，瑞典法律有两个特征让这种欺诈行为更容易发生。其一是瑞典对于不动产买卖没有任何形式的官方确认。虽然法律推定负责起草买卖合同的不动产经纪人应确认交易方身份。但之前的法律在这方面对经纪人没有任何特别要求。后来瑞典法律中新增了"反洗钱条款"，要求经纪人必须确认交易方身份。合同或购买确认书会被提交给土地登记部门办理登记，但登记部门并没有办法确定签字的真实性，只能假设每个签名都是真实的。

瑞典法律中第二个有利于此种欺诈发生的特点是，土地登记部门仅通知买方变更登记。也就是说，登记部门在进行变更登记时通常不通知卖方。理由是卖方在签订合同或确认书时已经同意变更登记。所以有建议提出，登记部门在办理变更登记时，至少要发送副本给买卖双方，以便卖方及时发现异常，从而迅速采取措施维护其权益。

（四）瑞典专业人员提供过户服务的成本

在瑞典，几乎没有法律人参与土地过户流程，过户费用明显较低。不动产过户文件的起草和执行全部由经纪人处理，经纪人佣金包括上述全部服务。瑞典建立了全国的产权登记体系，获得授权的经纪人可以直接电子访问该体系，所以过户效率也比较高。

表4总结了八个假设交易在瑞典的交易费用（换算为欧元）。

表4 瑞典的不动产转让成本

各项成本	10万买房产	10万买房产，7.5万贷款	25万买房产	25万买房产，15万贷款	50万买房产	50万买房产，40万贷款	100万买房产	100万买房产，75万贷款
经纪人佣金	3000	3000	7500	7500	15 000	15 000	30 000	30 000
购房款	10万	10万	25万	25万	50万	50万	100万	100万
抵押数额	-	75 000	-	150 000	-	400 000	-	750 000
检测费	500	500	500	500	500	500	500	500
不动产转让税	1500	1500	3750	3750	7500	7500	15 000	15 000
抵押税	-	1500	-	3000	-	8000	-	15 000
登记费	89	89	89	89	89	89	89	89
抵押登记费	-	41	-	41	-	41	-	41
经纪人起草和执行合同费	900	900	2250	2250	4500	4500	9000	9000
转让总成本	5989	7530	14 089	17 130	27589	35 630	54 589	69 630
过户总费用	900	900	2250	2250	4500	4500	9000	9000
过户费用占总成本的比例	15.03%	11.95%	15.97%	13.13%	16.31%	12.63%	16.49%	12.93%
过户费用占总款的比例	0.90%	0.90%	0.90%	0.90%	0.90%	0.90%	0.90%	0.90%
经纪人佣金占总成本比例	50.09%	39.84%	53.23%	43.78%	54.37%	42.10%	54.96%	43.09%

瑞典经纪人在收取佣金后，对于过户服务不再另行收费。这是否意味着过户服务在瑞典是免费的？天下当然没有免费的午餐。在瑞典，过户手续也必须由专业人士处理。经纪人之所以愿意提供免费过户服务，就是要对那些没有聘请经纪人的交易显示出一定的优越性。

虽然很难从经纪人佣金中分割出办理过户手续的份额，但在瑞典，几乎所有的不动产交易当事人都会聘请经纪人。事实上，并不是所有的交易都需要经纪人的撮合。对欧盟成员国和美国各州的研究表明，在正常经济条件下，只有 50% ~ 70% 的交易会委托经纪人。通过叠加计算瑞典较高的聘请经纪人比例和收费标准，可以看出在经纪人费用方面，瑞典的交易当事人总体上要比其他国家当事人多支付 30% 的费用。通常佣金比例是交易价款的 3%，将这一比例和 30% 相乘，可以估算出瑞典的过户费用大约是交易价款的 0.9%。欧洲公证人理事会的研究报告也使用该数字作为过户费用估值。

如果我们比较一下瑞典经纪人佣金中的过户费用部分和其他国家的过户成本，会发现在低端不动产交易中，瑞典的成本比德国和爱沙尼亚稍高，同时低于法国、英格兰和美国。在高端交易中，瑞典的过户成本低于法国，但高于英格兰、美国和爱沙尼亚。

在瑞典，买卖双方获得的专业咨询质量差强人意。近年来，人们做出不少努力，以提高不动产经纪行业的专业性和公共责任，但瑞典经纪服务的质量缺陷并没有实质性改善。造成此种缺陷的原因有两个方面，一是瑞典经纪人虽然在取得执照时接受了一定的专业培训，但其法律专业知识和受过完整法学教育的法律人仍然不能相提并论。二是不动产经纪人本身的地位就注定其很难为交易双方提供中立的法律建议。经纪人的目的是出售房产，只有交易成功才能获得报酬。他们由卖家选任，有义务帮助卖方将房产卖出最好的价格。如果买方希望在不动产交易中获得独立的法律专家意见，就必须另行支付律师费，这在瑞典比较少见。

尽管对不动产经纪人的监管力度不断提高，但人们对经纪人提供的过户服务和向土地登记处提交的文件的质量仍表示不满。瑞典体系似乎只能在瑞典的特定经济和社会条件下发挥作用。该种模式能否为其他现代国家所借鉴，很值得怀疑。

四、爱沙尼亚的交易法专业人员及不动产交易

(一) 爱沙尼亚的交易法专业人员

爱沙尼亚的语言和地理位置接近芬兰，在国际贸易方面相当发达。得益于在地缘上接近斯堪的纳维亚国家，爱沙尼亚是波罗的海沿岸最发达的国家。90 年代重新独立后，为了在法律文化和经济方面实现现代化，爱沙尼亚议会进行了一系列改革，包括恢复民法公证人制度，并赋予公证人起草和执行所有不动产交易文件的责任。爱沙尼亚在 1918~1939 年的第一次独立期间就建立了民法公证人制度。在苏联时期，爱沙尼亚设立国家公证人 (state notary)，此类公证人不参与私人之间的不动产交易。1990 年第二次独立后，爱沙尼亚立法者研究了不动产交易的各种模式，最终决定重新建立现代化的民法公证人体系。

爱沙尼亚的公证人由司法部从受过专业训练的法律人中选拔，并在指定公证区域提供服务。司法部根据各地对公证服务的需要设立公证区，目前全国有 15 个公证服务区和 94 名公证员。交易各方可以自由选择公证员来起草交易文件，无论其办公室位于哪一个公证区。公证人根据官方公布的费率表和交易标的额收费。交易土地涉及融资银行抵押的，公证费用会因为额外工作和责任而相应提高。全体公证人必须加入爱沙尼亚公证人协会，该协会负责监督公证人的执业活动。

(二) 爱沙尼亚的不动产交易[1]

1. 经纪人

不动产经纪人协助出售不动产、撮合买卖双方，并帮助双方进

---

[1] For a survey on the Estonian land law and land register see Murray, *Real Estate Conveyancing*, 2007, Annex B, p.138；德语资料参看 Tiivel：“爱沙尼亚国别报告”，载施托克主编：《欧洲土地担保法的变通性》2006 年第 1 卷，第 117 页。

98 行谈判，但起草不动产交易文件则是公证人的专属工作。大约50%的不动产交易有经纪人的参与。爱沙尼亚经纪人的佣金大约是交易价格的3%~5%。

有的不动产经纪人会为双方准备合同草案，并由双方签字。这种合同在法律上没有约束力，只是为了防止当事人在公证人出具正式合同文本之前改变主意。

2. 公证买卖合同

有意转让不动产的当事人，在缔约之前应咨询公证人。[1] 公证人在核验产权登记状况后起草交易合同。公证人也会回答当事人有关交易的问题并对双方提供咨询建议。但公证人不承担评估师的功能，即不会对价款或其他商业条款发表意见。当事人也可自行聘请律师提供法律意见。实践中，律师一般不会参加普通的不动产交易。

若交易附加了条件，如必须获得融资或房屋通过环评检测，此种条件会写入交易合同中。产权转让也可能取决于共有人（condominium association）或相关政府机构放弃优先权。例如，中央政府对塔林（Tallinn）旧城部分地区的不动产拥有优先购买权。

卖方可以要求买方先支付10%的购房款，该款项在交易完成前由公证人代管。如买方不支付剩余房款或无正当理由不办理交割，预付款将作为违约金转给卖方。另一方面，如卖方不能完整交付产权或不能满足交易条件，就要将该款项退还给买方。签订合同后，当事人和公证人会努力实现转让条件。需要融资的，融资银行会联系公证人，确保产权变更登记时标注其抵押权益。[2]

---

〔1〕 The Estonian land law , land register and law on real estate transactions are mostly influenced by the modern German example. One could say that the Estonian legal system is in this respect a modernized German model；see 鲍尔、施图尔纳：《物权法》，第932页，参看上文第四章。

〔2〕 With a view to transparency and the rule of law as well as to reduce transaction costs virtually all Estonian legislation is available on line, both in Estonian and English. See, e. g. , Notaries Act（2008）available at：<http：//www. legaltext. ee/en/andmebaas/ava. asp？m = 022 >.

3. 产权转让和土地登记

满足相关转让条件后，公证人会通知当事人和融资银行支付剩余价款，并指定交割日期。在指定的交割日，双方签订转让所有权的最终合同，买方填写提交给土地登记部门的所有权变更申请。该申请录入登记部门三天后，剩余价款支付给卖方或其他利益方，如卖方的抵押权人。

爱沙尼亚的土地登记系统基本实现了电子化。[1] 全国 60% 的土地面积已经录入系统。在城市以及经济增长活跃地区，这个比例接近 100%。人们可以通过电子方式查询所有权登记情况。公证人可以通过电子方式提交产权变更登记申请。

在爱沙尼亚，所有权在变更登记时发生转移。但占有、收益和风险则通常在支付剩余价款的时候发生转移。所有权变更登记一般需要 30 天左右，土地登记部门需要核查申请及其附件材料，确定其是否满足形式要求，之后再将新的所有权信息录入系统。[2] 登记还需要交付一定费用。公证人可以收取该费用后转交登记部门，也可以由买方在提交变更登记申请时缴付。

爱沙尼亚的公证人大量使用电子处理程序来提高其服务质量。从 2007 年 2 月 1 日开始，所有的爱沙尼亚公证人都可以使用"电子公证人"（E-Notary）程序，该程序可以协助公证人起草不动产买卖合同和产权转让文件，进入土地登记系统并提交转让信息。[3]

（三）爱沙尼亚的过户成本

表 5 列出了八宗假设交易在爱沙尼亚的转让成本，这同样也来自欧洲公证人理事会（CNUE）研究项目。

---

〔1〕　See Estonian Land Board（Maa Amet）at：< http：// www . maaamet. ee / index. php？ lang_ id = 2&page _ id = 164&menu_ id >.

〔2〕　See Estonian Land Board（Maa Amet）at：http：// geoportaal. maaamet. ee /eng.

〔3〕　See E-Notary at：http：/ /www. Rik. ee/e-notary.

表 5　爱沙尼亚的不动产转让成本（该国货币）

（假设交易货币为欧元）	10万买房产	10万买房产，7.5万买贷款	25万买房产	25万买房产，15万买贷款	50万买房产	50万买房产，40万买贷款	100万买房产	100万买房产，75万买贷款
经纪人佣金	62 500	62 500	156 250	156 250	312 500	312 500	625 000	625 000
购房款	1 562 500	1 562 500	3 906 250	3 906250	7 812 500	7 812 500	15 625 000	15 625 000
抵押数额	-	1 171 815	-	2 929 867	-	6 250 000	-	11 718 750
合同公证费	5915	-	14 399	-	28 540	-	56 562	-
合同和抵押的公证费		6976	-	15 109		33 489	-	65 156
登记费	1717	2125	4593	4750	11 783	14 203	25 000	30 890
转让总成本	70 132	71 601	175 242	176 109	352 823	360 192	706 562	721 046
过户总费用	5915	6976	14 399	15 109	28 540	33 489	56 562	65 156
过户费用占总成本的比例	8.43%	9.74%	8.22%	8.58%	8.09%	9.30%	8.01%	9.04%
过户费用占房价款的比例	0.38%	0.45%	0.37%	0.39%	0.37%	0.43%	0.36%	0.42%
经纪人佣金占总成本比例	89.12%	87.29%	89.16%	88.72%	88.57%	86.76%	88.46%	86.68%

各项成本

可见，尽管爱沙尼亚的经济水平几乎可以和西方国家相媲美，但其公证系统的费用却相当低廉。对于标的额较小的交易，爱沙尼亚的交易成本是该研究所涉所有国家中最低的。考虑到小标的交易数量庞大，这一点意味着收入较低的人群也可以在不动产交易中获得高质量的法律服务，这对于他们个人和整个国民经济都具有重要意义。对于标的额较大的交易，爱沙尼亚的交易成本低于瑞典、法国和德国，稍微高于美国和英国。

第六章　美国的交易法制度和专业服务人员

　　在美国，交易当事人均各自聘请律师起草并执行法律文件，而并无任何传统要求特定法律交易必须由中立法律官员执行或起草文件、才能有效或得到强制执行。美国对律师、银行、房地产经纪人和证券经纪人等参与交易的专业人员有公共监管制度。虽然美国法律对特定类型的交易规定了最低形式要求，如契据、遗嘱等，但原则上，美国法律在塑造交易结构和起草交易文件方面为当事人保留了大量自由空间，并通过事后诉讼来补救交易中产生的权利滥用和不公正情形。中立的法律公职人员在文件起草和交易执行方面并不具有任何重要地位。虽然美国各州也存在公证处（office of notary public），但此类公证人的功能非常有限。可以说，美国公证人在交易的有效性、合规性或公平性方面的功能微不足道。在某些法律场景下，美国的对抗制法律文化还会引起公证人的角色冲突和额外费用。

一、法律交易在美国的执行

　　在美国法律传统中，民事交易基本上是当事人的私事。几乎所有类型的法律交易均由当事人自行完成，而无需法律专业人员或政府官员的介入。美国人强调个人能动性、力图减少公权力干预，这体现了美国人对私法制度和诉讼纠错能力的信心，以及对预防性法律干预的相对不信任。预防性司法对交易的控制方式主要包括：对某些交易类型进行外部监管、规定最低限度的形式要求、规定交易参与方要符合一定要求。

（一）个人之间的私法交易

在美国，传统上被视为私法的领域基本属于各州立法范畴，所以很难总结出"美国的"私法原则和传统。各州的共性在于，当事人均有权利缔结、起草和执行各种法律交易和私法协议，而无需专业人员或公职人员的介入。

例如，拟转移不动产的人可以自行起草契据（deed），待买方支付全额价款后将契据交给对方，并在当地的契据登记部门办理登记即可，无需任何律师或公职人员的帮助或参与。在大多数州，对契据的唯一公证要求就是，登记契据前应当"告知"（acknkow-ledged）官方授权受领通知者（an official empowered to take acknowl-edgments）。这些人一般是普通公证人（notary public）或者治安法官（justice of peace）。[1] 在大多数地区，契据甚至不需要告知也可以直接约束当事人并对抗知晓契据的人。

同样，人们也可以自行设立公司。发起人可以利用在报纸或互联网上公布的表格，根据公司法规定的最低标准设立任何形式的公司或合伙组织。同样，公司有效设立的唯一条件就是填写一份表格提交给公职人员（public office）。[2] 填写表格前无需告知，也不审核签字人的身份。这种"自己动手"（DIY）设立的公司和合伙组织享有完整的法律地位。

在遗嘱或死因处分方面，被继承人可以通过手书遗嘱（Holo-graphic Will）或依法设立正式遗嘱的方式处分自己的财产，这些遗嘱和法律专业人员协助起草的遗嘱具有同等法律效力。立遗嘱人可以起草任何复杂的遗嘱（借助出版物或互联网上的表格）。遗嘱只要符合相关文件的最低形式要求，均可在检验程序中（probate process）获得充分信赖和认可。遗嘱或信托均无需通过任何特定法

---

〔1〕　通常的通知形式要求契据上显示的让与人在官员面前确认其身份，并声明契据系其真实自由意愿。让与人可以在任何银行、不动办事处或契据登记机构为此种行为。

〔2〕　在某些联邦州，公职人员会对表格进行形式审查，以确保当事人填写的表格符合法律基本要求。之前大部分联邦州均有此要求。

105 律专业人员或官员起草或公证。[1] 当事人可以自行起草各种简单和复杂合同，包括婚姻协议、离婚协议、关于死因处分的协议、授权委托书等，包括可能具有公共意义或影响他人权利的合同。

可见，当事人在美国原则上可以自行转卖不动产或设立抵押、成立公司、设立遗嘱、订立各种形式的合同，而无需法律支持或官方协助。但这并不意味着实践中也是如此。正是由于对私人法律行为的程序和内容缺乏强制性法律审查，许多法律行为直到相关事实发生之后还不能确定其效力和法律后果。例如，房产交易已经完成，资金已经投入公司或立遗嘱人已经去世等。正因为意识到这一点，虽然没有法律的明确要求，大多数美国人在法律交易中仍会寻求专业法律支持，以确保交易有效并产生预期效果。专业法律支持的形式多样、来源广泛，如从书本获取专业信息、请教特定领域专家如房产经纪人，或者求助法律专业人士。下面会逐一讨论这些法律专业人员的功能和相关规定。但首先需要强调的是，美国当事人的选择项中并不包括由中立法律官员或官方人士担任的、代表所有各方当事人执行交易的"境况律师"（Lawyer for the Situation）。

（二）形式要求和公共政策

虽然当事人在设立和执行私法交易方面拥有高度自由，但这并不意味着交易完全不受法律规制。在普通法和制定法中，美国法律规定某些法律行为必须符合一定的形式要求，才能在当事人之间以及针对第三人发生效力。

例如，虽然普通法中可以通过口头方式来交易法定占有土地106 （livery of seisin），[2] 但在大多数联邦州，土地交易必须根据书面契据或遗嘱发生。各州成文法中均明确规定了所有权契据的形式，必须将交易书面文件登记在契据登记簿中，才能有效对抗第三人针

---

〔1〕 有关遗嘱效力最低要求参看《统一遗嘱法典》（Unif. Probate Code）82-501-2-505（2006）f. 如是在公证人处办理遗嘱，无需遵守自书遗嘱中关于见证人的要求。

〔2〕 转让法定占有土地时，出让人站在拟转让的土地上，由证人证明，将一捧土象征性地交给受让人，表明其转让该土地的意愿。See Sheldon F Kurtz & Cornelius J. Moynihan, Introduction to the Law of Real Property 212-13（4th ed. 2005）.

对同一标的权利。[1]

如上所述，在大多数联邦州，必须事先告知普通公证人或治安法官，方可进行土地所有权契据登记或其他文书登记。告知中应说明让与人身份，并声明交易的自愿性，[2] 但无需说明契据内容或所有权转移的效力。

法律对某些民事交易规定了特别形式要件，即至少有一方当事人签字。1677 年的英格兰《防欺诈法》要求某些类型的合同（包括不动产转让合同）必须由收款方签字。[3] 目前各个联邦州都有自己的反欺诈法版本，各自规定了需要特殊形式要件的合同类型。[4] 从其原本的名称中可看出，《防欺诈法》的公共政策目标为"预防欺诈和伪证的法律"（An Act for Prevention of Frauds and Perjuries）。其目的在于，通过书面形式要求形成特定法律行为的证据，以弥补缺乏确定性带来的潜在风险和权利滥用行为。

公司法也规定了设立公司时必须遵守的形式要求。例如，公司发起人必须举行会议，或所有人都必须签署正式投票文件，以此作为公司成立的先决条件；之后再去公共机构登记签署的公司章程或公共机构组织证书。同样，这些形式要件的目的是提高公司结构的清晰性，防止当事人欺诈性滥用其公司设立中的身份。

其他一些重要协议，如遗嘱、婚前协议和夫妻财产协议等，通

───────────

〔1〕 See, e. g. , 33 M. R. S. A § 201（West 2009）. 有关产权契据的功能详见下文第七章。

〔2〕 The guarantee is crude because of the lack of any particular control over the officials taking the acknowledgment or any required procedures for them to perform their prophylactic functions. In recent years, however, states have required that officials taking acknowledgements actually see some form of identification of persons with whom they are not personally acquainted. See Massachusetts Notary website, <http: //manotary. net/>.

〔3〕 Charles II, 1677:" An Act for Prevention of Frauds and Perjuries", Statutes of the Realm: Volume 5: 1628-80（1819）, pp. 839-42; see Chapter 5（1（a）.

〔4〕 See, e. g. , 33 M. R. S. A. § 51（West 2009）（contracts for the sale of land are not valid, unless the promise, contract or agreement on which such action is brought, or some memorandum or note thereof, is in writing and signed by the party to be charged there with, or by some person thereunto lawfully authorized. . .).

常也会有法定形式要求。美国大多数州关于遗嘱文件形式要件的规定都来自于英国 1540 年《遗嘱法》。该法规定，若土地所有权人要将其在不动产上的权利转让给法定继承人之外的其他人，必须在书面遗嘱上签字，且有两个证人见证。[1] 显然，这里的公共政策利益在于确保遗嘱处分的意思真实，且没有受到欺诈和胁迫。虽然各州都对遗嘱文件规定了程度不一的形式要求，但并没有规定必须在特定法律人士或公务人员面前起草或公证遗嘱。[2]

通过这些形式要件规定，各联邦州试图约束和引导各方在私法交易方面的自由，以保障公共利益。例如，让当事人充分知情以避免欺诈和胁迫，明确交易内容，方便证明交易条款等。这样可以完善对交易和当事人的外部监管，培育公平、规律且方便举证的法律交易。

（三）法律规定和公共政策

美国交易法也受到外部规定的直接或间接影响，这些规定的目的是保障公共政策，包括公平、无歧义和效率方面的利益，以及对实质性交易条款的规制。

普通法在司法裁判基础上，形成了一些对交易行为的外部管制。例如，基于公共政策考量，赌博交易无效且不可强制执行。英美法系中未成年人无能力缔约的规则也是首先通过普通法判例确立下来。虽然有些普通法规则卓有成效，但毕竟是一种事后救济规则（ex post facto），法院作出判决时相关法律行为已经结束。同时普通

---

[1] The Statute of Wills of 1540, 32 Hen. VIII, c. 1.

[2] The Uniform Probate Code, adopted by the National Conference of Commissioners on Uniform State Laws in 1969 and now in effect in a number of American states, recognizes the self proving will, which is not only witnessed by the requisite number of witnesses, but also acknowledged before an official authorized to administer oaths such as a notary public or justice of the peace. See Unif. Probate Code § 2504 (2006). Such wills can be admitted to probate without the need for the subscribing witnesses to testify to the testator's act of signing the will and declaring it to be his last will and testament (at the time). This feature appears to have been derived from the civil law of Louisiana, which has long known self proving wills acknowledged before its version of civil law notaries. See the discussion of Louisiana notaries below in this Chapter sub 3. b.

法在一定程度上也滞后于社会发展。最后，判例中宣布的内容很难归纳为抽象规则从而应用于其他案件。基于这些原因，普通法并非英美法系交易法规则的唯一或主要来源。

大多数关于法律交易的规制来自于根据法律授权颁布的各种规定。许多民事交易在形式和实质上都受到严格管制。例如，近年来对私人房产交易的规定越来越严格，要求卖方和债权人必须分别向买方和抵押人披露有关房屋和贷款的具体情况，规定买卖双方在一定条件和期间内可以解除某些贷款协议。[1] 尤其是在政府提供抵押贷款的交易中，此种规定极为细化，甚至可以说琐碎。大多数交易规制法是各州立法，但某些交易在联邦和各州层面都有完备的规定。联邦层面的法律主要是联邦政府根据美国宪法第 1 条第 8 款的授权，制订涉及跨州商业活动的规定。

值得注意的是，上述各项规定中的监管制度均由私法交易当事人本人执行，而没有规定公务人员或公共机构参与。有些情况下，遵循相关规定是获得政府资金或贷款的前提条件。[2] 还有一些规定可以由相关监管机构执行。[3] 在律师参与实施交易的情况下，律师应遵守相关法律规定。但不可否认的是，在很多交易的关键节点仍缺乏公共执行部门来实施相关规定。例如，对于通常的房产买卖和抵押交易，并无任何形式的公共监督或参与；人们设立遗嘱或起草公司文件时也可以无视任何规定。这意味着，法律规定通常在相关事实发生之后才发挥作用，即法律设计中试图避免的损害实际上已经发生。

最后，部分美国私法交易也受到市场交易规则的制约。例如，在次级市场出售房产抵押债券时，交易市场会要求抵押和抵押文件满足最低合规要求。但美国次贷危机表明，次贷市场本身无法保障

---

〔1〕　See 15 U. S. C § 1601 et. seq. Additionally, RESPA requires delivery of good faith estimates of settlement charges within three days after submission of a written loan application. 12U. S. C. § 2601 et seq.

〔2〕　See Federal Housing Administration Operations, 12U. S. C A § 1708 (2009).

〔3〕　See Federal Housing Administration Operations, 12U. S. C A § 1708 (2009).

相关文件符合最低要求，不能指望通过次贷市场审查落实监管机制。

二、专业人员在法律交易中的角色

对于复杂的私法交易，如购买、出售和抵押房地产，设立遗嘱和企业等，当事人仍需要专业法律支持才能实现其目的。在美国法律文化下，传统上主要由私人律师提供专业法律支持，他们代表个人或相关交易方，维护各自当事人的法律和经济利益。律师在提供法律服务方面事实上形成垄断，非律师提供法律支持的情况很少。英美法系也没有通过私人或公共的中立第三方提供法律支持的传统。

（一）对抗模式下的法律专业服务人员

美国的法律职业传统是由律师为特定客户提供服务，维护单方利益。律师通过教育、训练和执照考核取得执行各种法律工作的能力。在英国和一些英联邦国家，传统上的公共律师（office lawyers）和出庭律师在职能上没有区别。法官通常通过包括直接选举在内的政治程序从律师队伍中选出。在民法领域，并无和大陆法系中的公证人相对应的专门律师或准公职人员。

律师在私法事务中的角色和功能深受对抗制传统的影响。律师和客户之间关系的特点包括忠诚、忠实以及保密（loyalty, fidelity and confidentiality）。布鲁汗姆爵士（Lord Brougham）在"王后案"（The Queen's Case）中这样描述美国律师的传统形象："对于肩负职责的律师而言，世界上除了他的当事人别无他物。其最高和唯一职责就是用尽各种方式和手段保护其当事人，同时将所有的不利和成本推给其他人；在履行职责时，无需考虑带给他人的惊扰、折磨和破坏。"[1]

尽管对法律专业人员的许可和监管属于美国各州的管辖事项，

---

[1] 2 Trial of Queen Caroline 3 (1821).

但对于法律专业人员在交易法中的作用和职能，仍然发展出一些通用规则。法律专业人士对客户利益应保持绝对忠诚，对法院则只在诉讼事务中承担有限说明义务[1]。虽然律师不得代表客户在交易中行使欺诈行为，但他们也没有任何积极义务来防止其他交易方的误解或作出不知情决策。

美国律师的绝对党派属性（exclusively partisan role）意味着，在重大法律交易中，如买卖房产、签署重要合同或设立企业时，各方当事人均需单独聘请律师帮助其实施交易。各个代表特定客户和特定利益的律师通过博弈最终达成一致，并协同完成交易。在许多合同事项中，当事人的律师一开始作为帮手和顾问参与谈判。当事人达成交易意向后，双方律师在合作起草相关文件时，会进一步在具体技术层面进行谈判。

例如，典型的房产买卖交易通常涉及三个相互独立的利益：卖方、买方和为买方提供融资的银行或抵押公司。虽然买方和银行可能相对于卖方有共同利益，但他们之间的利益仍然不同。因此，在需要律师参与的典型美国房产交易中，当事人需要聘请三个律师，分别提供法律咨询、维护各自利益。

在这一点上，代表单方利益的美国律师和其他国家的诉讼律师并无不同。德、法各国律师和他们当事人之间的关系和美国的情形极为类似。不同的是，具有强烈党派属性的美国律师不仅在诉讼、咨询和谈判方面维护当事人利益，还会被委托起草并执行法律文件，而这种工作在大陆法系国家本应交给具有中立法律地位的法律专业人员。

（二）美国律师在法律交易中的垄断地位

影响民法交易的另一个美国法律文化特征是，各州法律均规定，只有持证律师才能向他人提供有偿法律服务。这样一来，虽然美国当事人可以自行起草契据、书写遗嘱并设立公司，但如果他们

---

〔1〕 For a discussion of the lawyer's duty of loyalty to his client's interests, see generally Monroe H. Freedman, Lawyers Ethics in an Adversary System (bobbs-merrill1975).

需要专业技术支持，则只能从持证律师那里获得此种支持。非律师人员即使拥有专业法律知识，也不得提供有偿法律服务，否则就构成法律规定的"非法执业"（unauthorized practice of law）。[1] 例如，在房产交易中，当事人无法从房地产经纪人、会计师、房产顾问或其他非律师人员那里获得法律咨询。只有律师才能为公众提供诸如起草交易文件、检索产权等有偿服务。

遗嘱方面也是如此。非律师的地产规划顾问只能就地产规划向客户提供意见，但起草遗嘱、信托和其他继承文件的工作必须由律师处理。

112　　律师在设立公司和企业方面的垄断地位近年来有所减弱。律师会组建公司，提供企业设立服务，由这些公司向客户提供模板化或者制式的企业设立服务，有的公司还可以通过网上问答形式帮助客户设立公司。[2] 根据美国宪法第一修正案，任何人均有权公开信息，包括公布法律模板，以便使用者下载后自行完成法律文件。[3] 互联网拥有丰富的法律资源，大部分都是免费的。

可见，对法律交易的服务并未完全垄断。但必须承认的是，倘若客户需要就民事交易寻求高质量的定制法律服务，则必须向律师付费购买。

（三）美国律师是否可以保持中立？

从客户角度来看，若他们之间并无明显利益冲突，则分别聘请两位律师起草同一法律文件就会造成资源浪费。只有在对抗模式下，分别聘请律师才有意义。对于简单明晰的民事交易而言，各自聘请具有党派属性的律师反而会使交易变得复杂并增加费用。此种情形下，当事人显然会想办法降低成本，在不聘请两位律师的情况下，让双方都获得法律和技术支持。

---

〔1〕 See, e. g., 4 M. R. S. A § 807 (West 2009).

〔2〕 See, e. g. "Incorp" <http://www.incorp.com/; "the Company Corporation" <http://www.incorporate.com/>, "LegalZoom.com" <http://www.legalzoom.com/>.

〔3〕 See, e. g., State Bar of Mich. v. Cramer, 399 Mich. 116 (1976)；Oregon State Bar v. Gilchrist, 272 Or. 552 (1975).

在两种情况下，即房产交易和设立小型企业时，各方当事人会让原本代表一方利益的律师同时代表双方，即代表"境况"（Situation）。例如，在房产或普通房产的交易中，买方、卖方和银行很少各自单独聘请律师。至少一方（通常是两方）当事人"无需代表"，而仅由一方当事人（通常是银行）的律师起草全部文件。这种安排比传统的"一方当事人一个律师"模式节省成本，但同时会涉及其他问题，下文会详细介绍。

某些情况下，不动产买卖和抵押设立均由银行控制的产权公司（titlecompany）处理。虽然大多数州禁止律师无证执业，但却允许产权公司为房产交易提供有偿法律服务。这些产权公司大多由律师组建或持有。[1]

两个或多个发起人打算设立公司时，他们也不再各自聘任律师，而是由一位律师代表拟设立的公司起草文件并办理相关手续，同时收取费用。但在这种情况下，如何确保律师的忠实和中立需要进一步讨论。

（四）对美国律师和中立专业人员的管制

美国律师的职业规范并未正式承认律师可以以中立身份代表一个以上的利益方。利益冲突条款（conflict of interest regulations）禁止律师同时代表具有不同利益的客户，除非律师能够证明此种代表不损害任何一方客户的利益，且客户在知情后仍以书面形式同意此种代理。[2] 即使在常见的交易中，如买卖房产，也很难证明上述

---

〔1〕 Compare The Florida Bar v. McPhee, 195 So. 2d 552, 555 （Fla. 1967）（Title insurance companies may conduct real estate closings incident to fulfillment of conditions described in title insurance commitments issued by them, so long as no charge is made other than regular title insurance premium.) with Coffee County Abstract Title Co. v. State ex rel. Norwood, 445 So. 2d 852 （Ala. 1983）（prohibiting title company from conducting only those real estate closings at which officers or employees of company gave legal advice or expressed opinions as to effect of legal documents), and Countrywide Home Loans, Inc. v Kentucky Bar Ass'n, 113 S W3d 105 （Ky. 2003）（［L］aypersons may conduct real estate closings on behalf of other parties, but they may not answer legal questions that arise at the closing or offer any legal advice to the parties).

〔2〕 See Model Rules of Prof 1 Conduct R. 1. 7.

标准。因此，基于特殊的法律文化背景，即使在民事交易中，美国律师也很难想象如何同时为两个利益不同的客户履行职责。

对于此种职业伦理困境的另外一个"解决方案"是，交易中仅一方聘请律师，其他交易方无律师代表，其目的是避免不必要的律师服务和开支。从管理的角度来看，这似乎是一个令人满意的答案，但实际情况并非如此。如果律师发现交易对方出现了明显错误，而这个错误又有利于本方当事人，他应当提醒对方，还是放任此种错误？如果律师提醒对方，本方当事人可能会认为其缺乏忠诚度；如果律师没有提醒，潜意识里信赖其专业知识的对方当事人会觉得律师背叛了自己。法律专业人员代表一方当事人起草文件时，难免会和其他当事人打交道，其他当事人在一定程度上会对律师的公正性、完整性和准确性产生依赖。在这种情况下，律师即使发出提醒和警告，也很少会提出可行的解决方案，只能徒增紧张和不安情绪。可见，在传统美国模式下，律师无法站在中立角度为多方当事人提供有效的法律服务。

三、美国的公证人及其功能

在美国，在其业务领域内从事公证业务的律师被称为美国式普通公证人（American notaries public），旨在为交易事务提供中立性法律服务。除了具有民法传统的路易斯安那州，美国公证人在交易法中并没有作为中立法律人员对交易产生重要影响。即使在路易斯安那州，公证人的角色也大大缩减。另一方面，随着对外交往的发展，和民法法系国家之间的交易日益频繁，而这些交易通常需要进行公证。部分州开始考虑提高公证人的地位。

（一）普通法系的公证人

在具有普通法传统的美国各州，公证人的作用和功能和美国大革命时期的英格兰差不多。"拉丁公证人"制度在中世纪就从大陆地区传入英格兰。拉丁公证人在教会法事务中享有特权，但在普通法交易中并无大用，特别是房产交易、遗嘱起草方面。英国普通法从未形成预防性法律（preventative law）的概念。预防性法律意味着，法律交易应受到半官方人员的监管，以防止嗣后出现争议。长 ¹¹⁵期以来，英国公证人集中在伦敦地区，主要处理与来自民法法系国家的交易，例如商业合同和授权委托。[1]

在英国殖民期间，进入美洲殖民地的公证人作用极其有限，其职责限于组织宣誓、记录和公证文件副本。诉讼和非讼法律业务则牢牢把控在普通法律师手中，直到今天亦是如此。和他们在民法法系国家的同行不同，美国公证人无需经过严格的法律训练，通常也不会被委派起草交易文件或提供法律服务。[2]

最近几年，以佛罗里达州为代表的若干联邦州试图提高公证人的地位，扩大其服务范围。[3] 这主要是因为佛罗里达州有大量来自中南美洲的居民，这些国家大多具有民法法系背景。佛罗里达州公证人可以帮助外来移民处理各种法律文件，以满足其本国对于公证的要求，即在对外法律交易中发挥重要作用。但在纯国内事务中，佛罗里达州公证员仍是无足轻重的角色。[4]

（二）路易斯安那州公证人

路易斯安那州是美国国内具有民法传统的州，原是西班牙和法

---

〔1〕 See Chapter 2（V）（4）and Chapter 5（1）（d）supra for more on the role and function of English notaries.

〔2〕 For a survey on the history of notaries in the US see M. Reimann, *The notary in American Legal History: The Fall and Rise of the Civil Law Tradition?*, in: Schmoeckel/Schubert（eds.）Handbuch zur Geschichte des Notariats der europaischen Traditionen, 2009, p. 559 - 593; for details of the present status see the 2010 Model Notary Act, available at: http://www. nationalnotary. org/userimages/2010 Model_ Notary_ Act. pdf, M. Closenet al. , *Notary Law and Practice. Cases and Materials*, 1997; for a comparison between civil law notaries and American notaries see P Malavet, *Counsel for the Situation-the Latin Notary: A Historical and Comparative Model*, 19 Hastings International and Comparative Law Review 389（1996）.

〔3〕 See National Association of Civil Law Notaries web site, <http://nacin. org/>; see also Florida Notaries web site, http://notaries. dos. state. fl. us/; for the history and rebirth of the Florida notaries see M. Reimann, The Notary, p 565 SS, 579 ss.

〔4〕 Florida law requires that a deed must be acknowledged in order to be recorded at the local Registry of Deeds. F. S. A § 695. 03（West 2009）.

116 国的殖民地，1803 年被卖给美国，因此该州继承了原宗主国的民法法系传统。在法国民法典颁布后不久，路易斯安那州也通过了自己的民法典，该民法典至今仍是该州民事法律的基础。同样地，该州公证人的职能和权力也沿袭了法国殖民时代以来的传统，至少在形式上如此。

在路易斯安那州，"公证行为"（authentic act）具有重要意义。例如，和其他民法法系国家类似，路易斯安那州法律对经公证的文书赋予较高的证明效力。公证文书被作为证据提交到法院的，其内容会得到充分认可。[1] 经公证的抵押具有"自执行力"（self-exe-cuting），可以无需司法程序而获得执行。[2] 经过公证人公证的遗嘱可以直接被遗嘱法院接受，无需另行通过程序证明其可执行性和真实性。[3]

如前所述，路易安那州法律明确要求进行公证的法律文件并不多，故公证人的作用和其在大陆法系国家的同行不可同日而语。和其他 49 个联邦州相比，路易斯安那州的公证人受教育程度更高、管理更严格，也更受重视，但仍不能和欧陆各国甚至英国的同行相比。

路易斯安那州不要求公证人必须是接受过完整法学教育的法律人。非律师也可以在接受简单培训并通过相关考试后成为公证人，考试的主要内容是和履行公证职能相关的程序事项。持证律师可以申请成为公证人，而无须参加任何考试。公证候选人通过考试后

---

〔1〕 See Frank L. Maraist, *Louisiana Civil Law Treatise* 19, 330–31（2nd ed. 2007）（"A private document is self-authenticating if it is an authentic act"）；La. Code Evid. art. 902（8）（An "authentic act 'is' a writing executed before a notary public."）generally on the special case of Louisiana notaries see Reimann, *The Notary*, p. 577ss.

〔2〕 See La Civil Code Ann. at 3337；3366–3368

〔3〕 See id. at 1576–1580. As indicated above（sub 1b）, this feature of Louisiana notarial law seems to have been imported by the Uniform Probate Code into the law of many other American states.

（持证律师无需考试），即可向拟执业地区的法官递交申请。[1] 申请书中需包含与申请人道德品格相关的信息，如无犯罪记录和无破产记录。当地法官根据申请颁发资格证书，授权申请人在该地区以及与该地区有互惠关系的地区作为公证人执业。执业之前，公证人必须缴纳 1000 美元的保证金，以赔偿执业中因疏忽或错误而导致的客户损失。[2]

　　律师可以同时作为律师和公证人执业，即在作为公证人准备公证文件的同时，也作为律师为一方当事人准备相关文件。该地区的大律所一般都会聘用至少一位公证人，以方便律所客户办理业务。虽然如此，律师在承担公证人职能时仍定位于独立的准公共服务人员，负有保障民事法律交易完整的公共责任。

　　路易斯安那州的公证人一般不以公证人身份起草文件。他们的职能在于通过与一方或多方当事人的会面确定他们的真实意图，确定他们理解法律行为的意义和后果，是否自愿为此行为等，并在此基础上公证文件。公证人无需在公证程序中朗读文件。这样看来，路易斯安那州公证人的法律角色和功能比其他州更为重要，但仍然不如民法法系国家中的公证人。

　　当事人可以自行准备房产契据和抵押文件，也可以由律师或产权公司代劳，公证人并不参与此项工作。[3] 但在履行阶段，契据需经公证才能被载入当地的契据登记簿。此外，经过公证的抵押可以自动执行，从而增加了公证文书的经济价值。活跃在房产交易领域的律师通常也是公证人，他们可以在自己代理的交易中（通常是代理银行）担任公证人。

　　法律没有规定公证人的收费标准，通常是根据惯例收费。和参与交易的律师相比，公证人的收费相当低廉。例如，在路易斯安那

₁₁₇

----

　　〔1〕　See La Notary Public Law, Title 35, Ch 4, available at：<http：//wwwnacin. org/FILES-HTML/LOUISIANA%20NOTARY%20PUBLIC%20LAW. htm>.

　　〔2〕　See id at Ch. 2.

　　〔3〕　Sometimes employees of lawyers who have active real estate practices or title companies are notaries.

州，在房产交易中办理契据或抵押公证的，通常收费为100~200美元，具体依交易标的额而定。

不动产的产权契据（title deeds）本身无需公证。但由于公证文书具有较高证明力，几乎所有的契据均由公证人起草并公证。设立公司的文件同样如此。有的法律文件本身无需公证介入，但通过公证可以获得自执行效力、简化遗嘱程序，并提高文件的证明力。公证人一般并不参与起草遗嘱或契据，但会起草授权委托书，尤其是用于民法法系国家的授权委托书。

（三）美国公证人和民法法系国家

如上文第三章和第五章所述，在德国以及其他大陆法系国家，某些法律交易根据法律规定或交易习惯必须进行公证。在民法法系国家之间，经公证的文件在一定程度上可以得到其他国家的承认。[1]如下文第九章所指出的，欧盟内部也在酝酿统一的公证标准，以便简化和便利公证书的跨境承认，[2]进而推动相关法律文件在欧盟内部（至少在民法法系国家之间）的自由流动。[3]

若美国当事人缔结的法律交易或法律文件需在民法法系国家生效，而该国法律或习惯要求对该种法律交易或文件进行公证，就会出现问题。此类交易包括土地转让、授权委托以及遗产处分。来自

---

〔1〕 For a survey see Sparkes, *European Land Law*, 2007, mn. 7. 06, p. 291; Baur/Sturmer, Sachenrecht, 18 ed. 2009, §64 mn. 62, 65, 66, 73; Geimer, *The Circulation of Notarial Acts*, XIII. International Congress of Latin Notaries, 2001; Stumer, 1995 Dnotz 343 ss. (1995); in French language Revue Internationale de Droit Compare 1996, 515 ss and La Revue du Notariat 1998, 251 ss. For instance, in corporate matters some German business people have their corporate authentications performed in Switzerland, where notarial fees in corporate matters are somewhat lower than in Germany. German notaries refer derisively to this economically motivated choice asdie Flucht nach Basel (flight to Basel).

〔2〕 See Chapter 9 (1): Darrois, Rapport sur les professions du droit, 2009: French proposal for harmonization of European authentication procedure.

〔3〕 Within the EU, each Member State is already now required to recognize and enforce executable notarial documents of another Member State (Art. 57 European Regulation on Jurisdiction and Enforcement); see 1999 ECR I, 3715, ECJ (Unibank/Christensen); for details Murray/Sturmer, German Civil Justice, 2004, Ch12 (C) (1) (e).

美国的当事人可能会被要求回到欧洲或南美洲，按照公证方式重新完成商事交易。

部分美国州采取类似于英格兰对欧盟国家的思路，努力强化本地公证人的法律地位，从而让他们出具的法律文件具有和民法法系国家公证人同等的效力。例如，路易斯安那州公证人公证的文件可以在部分中美洲和南美洲国家得到认可。佛罗里达州通过立法提高公证人的地位，以便让他们出具的公证文件能够满足拉丁美洲国家法律的要求。[1] 虽然这些美国公证人出具的文件在表面上符合公证要求，但他们在专业训练、职业技能和预防性法律功能方面和文书拟生效地区的公证人无法相提并论。故这些国家只是出于实际需要才承认美国公证人出具的文书，而非认可美国公证人具有和当地公证人同等的法律地位。同在英格兰一样，在拥有大量来自民法法系国家移民的地区，公证人也试图建立起和民法法系相对应的公证机构和专业阶层。[2]

四、法律交易中处于对抗状态的法律专业人员

美国商业人士和消费者注意到，在普通法律事务中聘请两方律师会造成不必要的费用开支并导致效率低下。传统模式下，每个当事人均由律师代表参加商业谈判，但日常交易中人们已经偏离此种传统模式。特别是在房产交易和公司设立方面，通常由单个法律专业人员扮演"境况律师"（Lawyer for the Situation）的角色。但法律并没有明确赋予此类境况律师类似民法公证人的角色和责任。

（一）不动产交易和产权登记公司

房产房产交易通常涉及具有重大利益关系的三方当事人：买方、卖方以及贷款银行，后者为买方提供购房资金，并在房产上设

---

〔1〕　See J. Brock Mcclane Michael A. Tessitore. *The Florida civil-law Notary*: *A Practical New Tool for Doing Business with Latin America*, 32 Stetson L. Rev. 727, 728-29（2003）.

〔2〕　See National Association of Civil Law Notaries web site, <http://nacln.org/>.

置抵押担保。如果各方均单独聘请法律顾问，会造成浪费，故实践中一般会采取一方当事人（通常是银行）聘请律师处理整个交易的模式。在这种模式下，其他两方当事人并无律师代表或提供咨询意见。

在美国所有联邦州中，均可通过简单的书面合同买卖不动产，且该合同可以执行。通常当事人会在经纪人的帮助下借助格式表格来完成此类合同。在实际交付不动产或办理抵押贷款时，法律专业人士才会介入，协助办理产权变更和契据。

传统上，银行在办理抵押贷款前会坚持要求自己聘请律师进行产权检索，并由买方承担和贷款相关的律师费。该律师代表银行利益，对交易中的其他当事人并无法律义务。尽管如此，在大多数常规交易中，买卖双方会期待"银行律师"妥善处理交易，使他们附带受益。

近年来，住房抵押次级市场的发展导致了债务和担保票据的标准化，它们被重新打包并出售给投资者，这些投资者和房产交易及贷款本身并无关系。[1] 这也导致实践中普遍采用产权保险来确保买方权利，避免因为产权瑕疵导致损失。在越来越多的州，产权公司提供此种保险，即作为保险公司的代理人签发保单。产权公司现在也经常扮演银行律师的角色，包括起草合同并完成交付。实践中，原本应由律师完成的工作，如起草文件和组织交付工作，实际

---

[1] For an overview of secondary mortgage markets in the United States, see generally Curtis J. Berger, et al., *Land Transfer and Finance* 97-102 (Aspen 2007). For an explanation of how the rise of the secondary mortgage market has affected real estate transactions, see generally Robin P. Malloy, *The Secondary Mortgage market-A Catalyst* for Change in Real Estate Transactions, 39 Sw. L. J. 991 (1986). See Barlow Burke, *Law of Title Insurance* § 2.01 [B], 17 (3ed., Aspen L. Bus. 2000).

上都是由律师助理完成的。[1]

产权公司向金融机构和聘用他们办理贷款的抵押经纪人负责。但由于公司属于法人而不是法律专业人员，存在争议的是，他们在何种程度上会因为提供错误意见而被起诉要求承担责任。考虑到产权公司本身作为中介机构参加交易，协助双方办理保险和交割手续，所以当事人也不应指望从他们那里获得专业法律意见。

在不少联邦州，产权公司已经成功从律师手中承接了办理过户工作，这在一定程度上导致不动产交易的非专业化，让交易双方趋向于自行完成交易而无需专业法律咨询。这是否是酿成2007年次贷危机的因素之一，是人们长期以来争议的话题。支持房产交易公证模式的人认为，公证人的独立意见会促使买家三思而行，慎重考虑财产的价值泡沫和不切实际的抵押责任。[2]另一方面，人们的消费驱动在银行和经纪人的引诱下格外强烈，即使独立第三方专业人士给出咨询意见，恐怕也无济于事。

（二）设立并对外代表企业

长期以来，作为美国法律文化传统的对抗代表模式（一客户对应一律师）在公司或其他组织的设立中并未得到贯彻。办理此类业务的律师一般会以设立企业的名义同时代表多方当事人。习惯于对

---

〔1〕 Some states have enacted legislation to require that the bank or other mortgage lender permit the borrower to choose the title company to prepare the papers and close the loan. See, e. g, 9 M. R. S. A. § 3-311. In practice, however, consumers do not go out and seek out their own title companies, but rely on whichever title company the financing bank or mortgage broker will suggest.

〔2〕 For example, Knieper, *Economic Analysis or Notarial Law and Practice*（Beck 2009）, 116, mn. 30（The required extent of state intervention documents just how high the consequential and frustration costs of misguided preference decisions are both at the level of the individual and of society, which could have been prevented or at least reduced- via the cost of ex ante advice, authentication and registration instate-provided institutions.）Robert J. Shiller, *The Subprime Solution*, 2008, Chapter 6, p. 130（Another possible default option would be a requirement that every mortgage borrower have the assistance of a professional akin to a civil law notary）see also above Chapter 4（1）（a）.

抗制的律师在这种情形下会表现得更像是"境况律师"。[1]

典型情况如一群企业家打算共同开展业务，遂要求一位律师帮助他们设立合伙或其他企业形式。通常而言，合伙企业中各个合伙人分别担任雇员、主管、经理或投资人，他们的内部利益肯定存在差异，对企业的期待和通过企业获益的方式也不同。

某些情况下，公司各参与方都会单独聘请律师代表自身利益参与谈判，但此时仍会保留一个旨在设立企业的律师，他负责参与和设立企业有关的各种法律事务。可以说，这个律师更多的是代表拟设立的企业而不是单个的合伙人。

这种业务类型意味着，在传统的美国代理模式框架下，可以存在某种具有集体代表意义的代理服务。事实上，大多数小企业的结构都或多或少体现了内部合伙人的不同利益。对企业形式和结构的选择会直接影响各合伙人的利益。

公司律师最终以类似民法公证人的方式参与设立和构建企业，并在内部和结构事务中代表企业。事实上，他们在其他事项上也在影响着参与者的利益。在此过程中，律师应向各方当事人提供适当的法律意见，帮助其做出合理决策，同时不得损害其他参与方的利益。若相关当事人的利益差异过大，谨慎的公司律师会建议各方单独聘请律师提供法律意见。实践中，大多数中小型企业的设立者都不会单独聘请律师，而是根据"公司律师"的建议作出决策。

最近几年来，随着替代性争端解决制度的发展，出现了专门解

---

[1] Indeed, it was in the representation of various members of corporate and business groups that Brandeis most frequently identified himself as lawyer for the situation. Brandeis coined the term, lawyer for the situation at his confirmation hearings for the Supreme Court. When accused of unethical law practice for simultaneously representing several parties to the same transactions, Brandeis replied that he viewed himself as counsel for the situation rather than for any single party. See e. g. , John P. Frank, *The Legal Ethics of Louis D. Brandeis*, 17 Stan. L. Rev. 683 (1965); Gordon, *The Independence of Lawyers*, 68 B. O. L. Rev. 1, 67 (It was in representing [smaller] businesses that Louis Brandeis was able to give content to his vision of socially responsible counsel "for the situation".) P Strum, *Louis D. Brandeis: Justice for the People* 96 – 102 (1984).

决公司合并与联营争议的新型专业人士。可以预见，各方当事人在并购或联营文件中就可以约定"联合调解人"（alliance mediator）解决他们之间的争议，其功能类似于中立协调人帮助当事人避免或调解争议。联合调解人通常是律师，他们应对交易各方保持中立和独立，其唯一职责是公平处理相关争议。[1]

美国律师协会最近版的《执业操守示范规则》（ABA Model Rules of Professional Conduct）[2] 中，试图在一定程度上规定此种特殊的公司律师。示范规则第1.13条规定了公司律师可以同时代表多个当事人的情形，作为一般利益冲突规则（第1.7条）的例外。显然，公司律师并无义务对交易参与方提供法律意见，除非律师和客户之间存在单独的聘任关系。[3] 从这个意义来看，示范规则并没有解决律师提供设立公司服务时的职业责任和可归责性。这种日益多见的执业行为在管理标准方面仍缺乏真正的解决方案。

（三）调解

随着替代性争端解决机制（特别是调解）的发展，原本习惯于维护单方利益的美国律师开始越来越多地扮演解决争端的中立角色并对争议各方负责。长期以来，美国法律文化认为，只有法官和仲裁员才有居中裁断各方当事人提交之争议的责任，律师担任调解员仍属于新鲜事物。调解员是积极的中立者（active neutrals），其职

124

---

〔1〕　See, e. g. , Julian Gresser, *Turning Conflict into Opportunity through Alliance Mediation*, 1063 Pli/Corp. 577 （1998）; John R. Harbison et al. , *The Allianced Enterprise*: *Breakout Strategy for the New Millennium* （Booz, Allen &Hamilton Viewpoint, 2000）.

〔2〕　The Model Rules of Professional Conduct were originally formulated by a Task Force of the American Bar Association as norms of professional responsibility for lawyers to be recommended for adoption by state regulatory bodies. So far they have been adopted （with various local variations） in forty-nine of the American States （all except California）. They are currently recognized as the most authoritative national statement of norms of professional responsibility in the United States.

〔3〕　See Model Rules of Prof'1Conduct R. 1. 13 （f）.

责是协助争议各方通过协议解决分歧。[1] 协助方式包括帮助双方沟通交流、建立信任、提供解决方案,对当事人的意见给出评价和反馈等。调解员可通过筛选各方沟通意见和反馈评价来影响各方处理争议的结果。他们对各方立场的反应已经隐含了法律咨询的功能。

美国调解员在争端解决中的作用类似于民法公证人在争端预防中的作用。[2] 调解员同时对多方当事人负责,其目的是促成当事人达成协议,使各方利益都能得到最大限度的维护。他们有义务对各方当事人提供可信和专业的保障。当事人信赖调解员的公正性、独立性和专业性。[3]

《执业操守示范规则》明确规定律师可以担任调解员,并为调解活动规定了详细的道德准则。规则第 2.4 条(作为中立第三方律师)规定:作为仲裁员、调解员或其他类似工作的律师能够协助当事人解决纠纷。同时,考虑到调解中的律师和当事人并不具有"代理关系"(unrepresented),故无需对当事人承担传统律师的忠诚和保密义务等。基于同样考虑,该规则也没有对从事此类活动的律师

125

---

〔1〕 See generally, e. g., Leonard L Riskin, Mediation and Lawyers, 43 Ohio St. L. J. 29, 34 (1982) ("Mediation offers some clear advantages over adversary processing: it is cheaper, faster, and potentially more hospitable to unique solutions that take more fully into account nonmaterial interests of the disputants.") Lukasz Rozdeiczer &Frank E. A. Sander, *Matching Cases and Dispute Resolution Procedures: Detailed Analysis Leading to a mediation-centered Approach*, 11 Harv. Negot. L Rev. 1, 3334 (2006) (advocating mediation as a starting point in resolving disputes because of its flexibility and likelihood to lead to settlement).

〔2〕 For the civil law and German notary's role as an informal or formal mediator in special cases see above Chapter 4 (1) a.

〔3〕 The Model Standards of Conduct for Mediators emphasizes self-determination of the parties, impartiality, competence, confidentiality, and quality. Model Standards of Conduct for Mediators, < http://www. acrnet. org/about/initiatives/QualityAssurance/standards – conduct. htm>; see also Maine Association of Mediators <http://www. mainemediators. org/adr/what-is-adr>.

规定明确的"中立"或"独立"标准。[1] 律师从事此类活动时，应遵守相关争端解决方式本身的行为准则，而不是律师行为准则。[2]

随着调解模式的发展和广泛接受，民商事争端解决有了更好的替代解决方案，这对于美国法律文化也有促进和帮助。调解的成功发展意味着，在具有对抗制和被动审判传统的国家，可能更容易接受积极的中立法律制度。

（四）美国能否接受预防性法律理念下的中立机构？

不可否认的是，直到今天，美国律师的主流工作方式仍然是代表一方当事人参与诉讼和非讼事务。法律中没有明确美国律师能否作为中立人员参与交易，也没有规定其对各方当事人的责任。从房产房产交易领域的实际情况来看，代表交易一方的律师通常会为各方利益而起草文件并完成交易。产权公司也经常提供交易服务，包括法律咨询意见，但他们对交易参与方的责任并没有明确规定。

美国律师在帮助各方当事人设立中小企业或者提供替代性争端解决服务时，也会以准中立的角色出现。但这是否意味着美国有可能接受预防性法律理念下的中立制度，仍存在争论。[3]

---

〔1〕 The Comment to Model Rule 2. 4 seems to assume the existence of such an obligation. There is repeated reference to the term, neutral as contrasted with "representation". Comment 4 provides that a lawyer who has served as a neutral is not barred from subsequently representing one of the mediation parties, implying by omission that a mediator would not be permitted to represent a disputing party during the mediation.

〔2〕 The Comment to Model Rule 2. 4 provides that lawyer-neutrals may also be subject to various codes of ethics, such as the Code of Ethics for Arbitration in Commercial Disputes prepared by a joint committee of the American Bar Association and the American Arbitration Association or the Model Standards of Conduct for Mediators jointly prepared by the American Bar Association. the American Arbitration Association and the Society of Professionals in Dispute Resolution.

〔3〕 See Chapter 10 below on the potential for a neutral legal professional based on the notarial model in the American legal culture.

第七章　美国的房产不动产交易

在现代发达国家，最常见的重大法律交易就是房产买卖。在美国，自有房产比例很高，且人们迁徙频繁，这意味着房产交易非常普遍，占据法律交易的很大比例。此种交易总量大、分布广且具有重要文化背景，成为观察美国交易法和法律制度的典型代表。

一、美国不动产过户的背景

美国各州的不动产过户实践有相似之处，又有一定程度的差异。因为不动产法系各州的基本法律不属于国家或联邦层面立法，故各州均自行制定有关不动产所有权和转让程序的规定。虽然相关规定大致相同，但由于各州不同的法律传统和政治经济状况，具体制度上仍有显著差异。因此，在上文总体讨论美国不动产交易特征的基础上，有必要以两个联邦州——缅因州和纽约州为背景，详细论述和分析不动产交易的结构和执行，以及法律专业人员在此交易中的角色。缅因州可以说是典型的农业小州，而纽约州则是同时拥有城市和农村特色的大州代表。

美国各州关于不动产所有权和转让的基础制度均源于美国大革命时期的英格兰。大革命之后，各州均在英国普通法的基础上建立了自己的土地所有权及其流转制度。让与人（grantor）签署书面文件并实际交付给受让人，以确立和转让土地权益。虽然各州均承袭了英国模式，主要通过保存之前的过户契据（deeds of conveyances）来证明所有权无瑕疵，但从 19 世纪中叶开始，各州逐步设立了公共的契据登记部门。目前各州都要求将不动产转让和抵押文件在公共登记处备案登记，以保护受让人和抵押权人不受嗣后转让的妨害。[1]

所有权自当事人交付契据时转移。登记的功能仅在于将所有权转让公示于外，赋予其对抗第三人的效力。

19 世纪中叶以来，世界各国均演化出全面的土地登记制度，但美国大部分土地仍未进行登记。19 世纪末，美国有 23 个州引入了来自澳大利亚的托伦斯（Torrens）登记制度，目前仍有 10 个州保留这一制度：加利福尼亚州、科罗拉多州、佐治亚州、夏威夷州、马萨诸塞州、明尼苏达州、纽约州、北卡罗来纳州、俄亥俄州、弗吉尼亚州和西弗吉尼亚州。在马萨诸塞州，大约 25%～30%的土地进行了登记。而在其他所有州中，已登记土地的百分比均未达到两位数。[2]

土地登记未能普及的原因可能在于，在每个引入登记制度的州，登记均是自愿参与。[3] 同时，各州土地登记需经法院司法程序完成，成本较大。土地所有人耗费巨资对土地进行登记后，固然可以便利嗣后的所有权人，对自己却没有直接利益。这就可以理解为什么很多土地所有权人不愿去登记：登记虽使未来的买家获益，

---

〔1〕　For the history and development of real property law and institutions in the United States, see generally Joseph Singer, *Introduction to Real Property* (Aspen 2005); Stoebuck/Whitman, *The Law of Property*, 3rd ed. (West Group 2000); Nelson/Whitman, *Real Estate, Transfer, Finance and Development. Cases and Materials*, 8th ed. (Thomson 2009); Jennings, *Real Estate Law*, 8th ed. (Thomson 2008); Dukeminier/Kier/Alexander/Schill, *Property*, 6th ed. 2006; in German language: Hay, *US-amerikanisches Recht*, 4th ed. 2008; Reimann, *Einfuehrung in das US-amerikanische Privatrecht*, 2nd ed. 2004; Baur/Stürner, *Sachenrecht*, 18th ed. 2009, § 64 mn. 46-57.

〔2〕　For a discussion of efforts to introduce land registration into the various United States, and the current status of land registration reforms, see 3 Joyce Palomar, *Patton & Palomar on Land Titles*, Ch. 14, § 690 (3d ed., West 2003); Blair C. Schick & Irving H. Plotkin, *Torrens in the United States* (Lexington Books 1978); Todd Barnet, *The Uniform Registered State Land and Adverse Possession Reform Act: A Proposal for Reform of the United States Real Property Law*, 12 Buff. Envtl. L. J. 1 (2004); Charles Szypszak, *Public Registries and Private Solutions*, 24 Whittier L. Rev. 663 (2003).

〔3〕　See, e.g., Palomar, supra note 324, at 392; Singer, supra note 323, at 562-563.

当下业主并无直接收益。[1]

由于没有全面的土地产权登记体系，在美国进行地产过户时，必须对买方产权进行检索和验证，确保所有权无瑕疵。[2] "产权检索"（title search）需查验土地所在地区契据登记部门的目录和记录。如果该地块在至少 40 年、最长 60 年的流转过程中形成完整的"产权链"（chain of title），就说明该土地的所有权人拥有无瑕疵的产权。尽管某些州已经采用电子数据，便利检索记录，但验证所有权的基本程序仍与两百多年前差不多。[3]

传统上，买卖双方就不动产交易达成一致后，买方律师会进行产权调查，并向买方出具关于所有权的书面意见，买方会据此继续完成交易。如果嗣后发现产权缺陷，进行产权调查的律师会因未按公认标准进行审慎调查而对客户承担责任。[4] 但有些第三人权利无法通过产权调查发现，如维修留置（mechanic's liens），这种风险由买方承担。

近年来，产权保险（title insurance）在美国各州盛行，其目的是保护不动产的债权人和所有权人不受所有权瑕疵的影响，保护其所有权或抵押担保权益。这一发展可能与住房抵押贷款次级市场（secondary markets for home mortgages）的发展相关。[5]

----

〔1〕 The registration process may take as long as six to eight months and may cost as much as ＄500 to ＄800 in attorney's fees and court costs. Singer, supra note 1, at 562.

〔2〕 The inefficiency and waste inherent in a system that requires this repetitive activity has been discussed by many writers. See, e. g. , Paul G. Creteau, *Principles of Real Estate Law* (Castle 1980), pp. 266-267.

〔3〕 See John L. Mccormack, *Torrens and Recording*: *Land Title Assurance in the Computer Age*, 18 Wm. Mitchell L. Rev. 61 (1992) ("The most significant cause of the failure of Torrens in the United States was the inertia of entrenched recording systems.").

〔4〕 For a comparison of traditional methods of land title assurance, including the method of securing an attorney's opinion, see I Joyce Palomar, *Patton& Palomar on Land Titles*, Ch. 2 § 41 (3rd ed. , West 2003).

〔5〕 For an overview of secondary mortgage markets in the United States, see generally Curtis J. Berger, et al. , *Land Transfer and Finance*, 97-102 (Aspen 2007). For an explanation of how the rise of the secondary mortgage market has affected real estate transactions, see generally Robin P. Malloy, *The Secondary Mortgage Market-A Catalyst for Change in Real Estate Transactions*, 39 Sw. L. J. 991 (1986). See also Barlow Burke, *Law of Title Insurance* § 2 . 01 [B], 17 (3^d ed. , Aspen L. & Bus 2000).

在过去，发放房屋抵押贷款的主要是当地储蓄银行和储蓄贷款协会，这些机构将自有资金出借，在住房上设立抵押并持有这些债权。债权人会让当地律师进行产权调查并出具证明，以确保抵押财产安全。

但在最近三十年，随着国家对银行活动放宽管制，住房抵押贷款次级市场快速发展。抵押贷款经常被金融中介"重新打包"，并以债权利率为基础卖给长期投资者。抵押经纪人发明了许多新的金融工具组合，将原始抵押权在次级市场重新出售变现。抵押贷款的承包商们竞相用优惠利率和其他条件吸引房主，同时在起草文件时尽量有利于抵押贷款出售。几乎所有的住房按揭贷款在办理后不久都被卖到次级市场。

债务和担保安排必须进行标准化处理，才能将抵押贷款重新打包并卖到次级市场。这意味着不仅贷款文件本身，其他诸如转让文件、验房和产权调查流程等都必须进行标准化设计，才能方便出售抵押证券。特别是，次级市场的买家并不依赖律师就投资安全出具的证书来作出判断。在缺乏公共登记系统的情况下，产权保险就变得格外重要。房产抵押次级市场的繁荣直接导致人们用产权保险代替了产权调查证书。[1]

产权保险公司需要通过调查产权来决定是否承保。这意味着，几乎所有的抵押贷款贷款人都要支付产权检索费用，以便说服产权保险公司承保该财产，同时还要为保险单另行付费。此外，抵押保险的保险单只保护抵押权人（mortgagee）。如果业主希望自己的利益也能获得保险，就必须另行购买"业主保单"（owners policy）。

近几年，随着竞争和监管压力增大，产权保险公司做出了一些优惠和让步。例如，若产权保险公司曾承保过某财产，再次承保时可以免除所有权调查；和抵押保单一起购买业主保单的，可以获得一定

---

〔1〕　On the development of title insurance in the United States，see Joyce Palomar，*Title Insurance Law* § § 1：1-1：4（06／2002 West Group Publisher）. For title insurance's function in the modern mortgage economy，see Palomar，supra note 324；Szypszak，supra note 324，at 682.

折扣。然而，从总体来看，此种发展明显提高了不动产的过户成本。[1]

应当指出，虽然大多数州已经开始监管利率和产权保险公司的行为，产权保险仍然是一门利益丰厚的生意。产权保单的赔付率约占保险费的 3%~5%。业主缴纳的保费中，约 50%~80% 要分给产权公司或律师作为"销售佣金"。

尽管美国的产权保险可以保护贷款人和买方免遭财产损失（financial loss），但并不能防范产权瑕疵或留置权导致的非财产性不利后果。从这个意义上来说，产权保险制度是土地登记系统的不完整替代品，后者才能更好反映所有权及其负担状况。

近年来，越来越多的人使用政府和商业抵押保险（mortgage insurance），特别是那些无法支付 20% 首付的贷款人。这进一步推进了房产交易的标准化发展。联邦住房管理局（Federal Housing Administration）和商业抵押保险公司制订的各种信息披露表格也增加了不动产过户和融资过程的复杂性。[2]

基于购房人、出借人、抵押保险人和次级市场的要求，对房屋状况、瑕疵和有害物质进行的检查也日益增多。调查费用通常由买方负担，购房合同的效力取决于检查结果是否令人满意。

132

二、缅因州的地产过户和法律专业人员角色

缅因州是美国小型农业州的代表，拥有 120 万人口（2000

---

〔1〕 See Les Christie, "Title Insurance: Getting Ripped Off? Critics Say Industry Practices Lead to Inflated Costs." CNNMoney. com, available at <http: //money. cnn. com/2006/01/11/real_ estate/title_ insurance_ exposed/> (describing the effect of title insurance requirements on conveyancing costs). See also Iowa State Bar Association, "Title Insuranc: A Fleecing of America", available at <http: //www. iowabar . org>.

〔2〕 For example, the federal Truth in Lending Act requires a Disclosure Statement be provided to a borrower before closing a real estate transaction. See 15 U.S.C. § 1601 et. seq. Additionally, RESPA requires delivery of good faith estimates of settlement charges within three days after submission of a written loan application. 12U. S. C. § 2601 et seq.

年），是全美人口数量最少的州，也是美国东北部人口密度最小的州，森林覆盖率达到90%。

虽然近年来也出现了产权保险、产权公司和抵押次级市场，缅因州的不动产过户流程基本上仍遵循传统模式。[1]

在缅因州，有意出售不动产的卖家可以寻找房屋经纪人帮忙，也可以直接在市场上张贴告示。近年来，由于广告业及关联产业缺乏劳动力，越来越多的业主选择自己出售房产。若房产通过经纪人售出，他们会抽取售价的5%~7%作为佣金。[2] 通常会有两个经纪人合作，分别为买方和卖方提供服务，并平分佣金。经纪人佣金由卖方承担，但通常会被纳入售价中。

通常而言，房产不动产交易的第一步是由买方或其经纪人向卖方或其经纪人发出书面要约。要约通常写在制式不动产买卖合同中，由经纪人提供，也可以在商店购买或网上下载。买方在合同上填写要约条款、签名画押，并附上一笔押金，数额为拟支付购房款的1%~5%。卖方或者接受要约、签署合同，或者修改合同、注明可接受的价格和条款，并在变更后的合同上签字，表明自己愿意按照该交易条件出售。买方可选择接受卖方的还盘（counter-offer），或再次修改合同、提出新的报价，或直接提出新的报价合同。这个程序可以反复进行，直到双方就价格和条款达成一致为止。

在没有经纪人参与的情况下，双方当事人可以直接就交易主要条款达成口头约定，然后由卖方或买方安排律师起草合同。在极少数情况下，买卖双方均会聘请律师审查经纪人或另一方律师起草的合同。

经纪人起草的书面合同对买卖双方具有约束力。在一方违约的

〔1〕　The material on conveyancing practices and costs in Maine is based on the National Report complied for the 2007 CNUE Study by John Sheldon, an experienced Maine legal practitioner. This National Report is posted on the CNUE web site and may be accessed at <http://www. cnue-nouvelles . be/en/000/actualites/murray-report -final. pdf>, pp. 73-80.

〔2〕　Brokerage commissions on undeveloped land and commercial property can be as high as 10% of the sales price.

情况下，合同会产生损害赔偿或继续履行的后果。大多数合同还规定，若买方违约，如没有正当理由而拒绝购买，卖方有权终止合同并扣留押金作为违约金。双方可以将合同登记于契据登记部门，以获得对抗第三人的保护效力，但实践中很少有人做这种登记。[1]

几乎所有合同都附加了条件，若出现相应条件，买方可以放弃购买并索回押金。合同一般会约定在一定时间内交割房屋，通常是在合同签订后 60~90 天。经双方同意，可基于特殊原因延期。

最常见的附加条件就是约定买方要取得一定比例的贷款支付购房款。其他常见条件包括：通过技术检查或产权调查，无危险物质如含铅油漆、石棉和氡气，房产其他业主的同意，某些情况下还可以是买方能在一定时间内出售自己现有的房屋。

按照通常程序，买方会将签订的合同拿给银行或抵押经纪公司申请贷款。在缅因州，很多地方银行、储蓄银行和储蓄贷款协会都可以提供购房贷款。抵押经纪人和某些金融中介机构也可以提供贷款，后者会将抵押贷款打包后在次级市场再出售。近年来，抵押经纪人和提供抵押经纪服务的银行已经取代了本地银行，成为房产抵押贷款的主要提供者。买家可以选择对比各机构的利息、首付和还款期限。

134 　　贷款申请获得批准后，抵押贷款方一般会负责完成交易。通常情况下，抵押贷款方会安排律师或所有权公司审查不动产的所有权，办理产权保险，并安排交割细节。所有权公司在缅因州属于新兴事物，通常由律师开办，由律师指导准专业人员办理业务。早期的产权公司还附带履行银行律师的职能。在该州大部分农业区，仍由银行律师调查产权、办理产权保险并安排交割。

虽然买方理论上可以自行聘请律师办理购房事宜，但实践中这种情况很少见。银行选择的产权公司会为各方当事人提供所有必要的服务。除了听从经纪人或产权公司经办人员的指示，当事人不会

---

　　〔1〕 Paul G. Creteau, *Principles of Real Estate Law*, 1980, p. 334. Paul G. Creteau：《房地产法原理》，1980 年版，第 342 页。

获得其他任何专业建议。

在贷款获批后、合同履行前，产权公司人员会在契据登记处进行调查，以确定产权状态。这些工作由律师指导准专业人员完成。买方承担产权调查费用，卖方负责修正调查中发现的所有权瑕疵。

像大多数美国联邦州一样，缅因州没有正式的不动产登记系统。郡县的契据登记部门保留了不动产过户契据，按照买卖双方姓名归档，供公众查阅。部分契据登记部门推行自动化服务，可以电子查询最近登记的契据。但早期的契据仍必须前往现场按照标号检索。当事人必须以书面方式提交有关契据、抵押、解除抵押等其他需要登记的文件。[1]

如果产权调查结果为该房产"可出售"（marketable），产权公司会安排产权保险公司出具抵押权人保单，还可以根据需要出具"业主保单"。缅因州的融资银行、抵押经纪人均会要求提供产权保险，这样才能在次级市场销售抵押债券。

在缅因州，135 产权保险的费率受法律管制。[2] 抵押保单的费率为每千元抵押款项收费 1.75 美元；业主保单的收费标准为每千元收费 3 美元。业主保单和抵押保单同时购买的，只需在抵押保单的基础上多付 75~100 美元。银行律师或产权公司作为保险代理出具保单的，可以加收保费的 70% 作为佣金。

银行或产权公司也可以安排财产估价，作为批准抵押的先决条件。估价费用由买方或贷款人承担。一般买方还会在经纪人的协助下办理房屋结构或危险物质检测。

产权公司通常会让卖方选择，是自己提供还是安排律师准备契据。在大多数情况下，卖方愿意支付 100~200 美元让产权公司准备

135

---

〔1〕　For a more detailed description of the kind of deed recordation system that exists in Maine and many other American states, see Paul G. Creteau, Principles of Real Estate Law, (Castle 1980), pp . 281.

〔2〕　Title Insurance Companies are required to file their rates with the Maine Department of Business Regulation, Bureau of Insurance, which has the power to disallow any rate that it deems unreasonable. See 24-A. M. R. S. A. § 2303 (2009).

契据。若卖方想就交易获得法律咨询意见，必须自行聘请律师，这在实践中很少发生。[1]

如果贷款获批、其他检查手续和条件符合要求，且产权调查和产权保险也已办理，产权公司就会安排在其办公室办理交割手续。即便是最简单的房屋买卖，也必须根据联邦法律和州法律的要求填写和签署大量表格文件。[2] 这些表格由产权公司事先准备。

通常情况下，买卖双方和他们的经纪人都应到场参加交割。产权公司事先已经通过第三方监管协议（escrow）收到买方抵押贷款，只待正式签署贷款文件并交割房产。买方需携带银行支票支付其他零星费用。经纪人负责处理监管账户中的资金。买卖双方应在律师或产权公司人员的监督下签署文件。少数情况下，为了让当事人放心，买方或者卖方的律师也会出席交割活动。根据双方的交割声明，产权公司会立即安排契据登记、资金支付、解除原先抵押、办理新抵押等手续。

从合同订立到新契据登记之间，会出现一段财产保护空白期，第三方可能会主张权利或优先权。若当事人将签署的合同登记备案，即可避免在空白期发生意外。但当事人很少去登记合同，实践中也很少因此出现严重问题。

缅因州的产权公司基本上是银行律师的业务延伸，以前由律师完成的工作现在主要由产权公司处理。在广大农村地区，银行律师有时会以产权公司的身份办理业务。律师将办理交割手续的账单交

---

〔1〕 When the lawyer for the bank or the buyer prepares a deed for the seller, there is an issue of conflict of interest and joint representation. Under the Maine Bar Rules such joint representation is permitted only when the attorney obtains the informed consent of the clients. See Maine Bar Rule3. 4 （c）（2009）.

〔2〕 These forms are required by the provisions of various state and federal statutes and regulations usually aimed at providing consumer protection. For example, the Federal Truth in Lending Act requires a Disclosure Statement be provided to a borrower before closing a real estate transaction. See 15 U. S. C. . § 1601 et . seq. Additionally, RESPA requires delivery of good faith estimates of settlement charges within three days after submission of a written loan application. 12U. S. C. § 2601 et seq.

给银行，最后由买方承担。实践中，为了和银行及抵押公司保持长期合作，产权公司尤其重视维护银行的利益。法律对于产权公司没有特别规定。虽然它们必须向州保险管理部门报告产权保险费率，但实际上并无监管关系。

在不涉及银行贷款或当事人均有独立律师代表的情况下，产权交易可以由律师代表当事人办理。双方各自支付聘任律师的费用，律师则自行分工合作、办理交割。买方律师负责办理产权保险。但此类情况在房产交易市场很少见。

三、纽约州的地产过户和法律专业人员角色

纽约州是美国最大的州之一，有近 2000 万居民。该州首府纽约市集中了众多银行、证券发行交易以及国际金融业务，在全国具有举足轻重的地位。

纽约州内部有南区和北区之分，纽约市及其周边区域被称为南区（downstate），其他地区组成北区（upstate），两地的不动产过户流程存在显著差异。[1] 在南区，由于律师的广泛介入和产权保险的流行，房屋过户成本明显高于北区。[2]

大多数交易均有不动产经纪人参与，虽然很多业主选择自行出售房屋，但很多经纪人会以买家名义联系业主。交易成功后，一般由买方承担经纪人佣金；若业主同意支付佣金，经纪人可以拿到更多。经纪人佣金约为售价的 5%~7%。[3]

经纪人的工作包括列出待售房产、发布广告、带客看房，以及

---

〔1〕 The material on conveyancing practices and costs in New York is based on the National Report compiled for the 2007 CNUE Study by Indira Oddamton, an experienced New York legal practitioner. This National Report is posted on the CNUE web site and may be accessed at <http://www. cnue-nouvelles. be/en/000/actualites/murray-report-final. pdf>, pp. 80-86.

〔2〕 New York's title insurance rate manual divides the state into two zones, upstate and downstate; see Karl B. Holtzschue, Holtzschue on Real Estate Contracts 2-71 (2nd ed. 2001).

〔3〕 Commission rates vary depending on the location and type of property and are no longer fixed by local real estate boards. Id. at 1-6-1-7.

协助双方谈判。在北区，经纪人之间的谈判通常以书面形式进行。买方及其经纪人填写制式的不动产合同，列明要约条款，连同一小部分押金一起交给卖方经纪人。卖方可以选择接受要约并签署合同，也可以更改合同，提出他可以接受的条款并在变更部分签字。变更后的合同交给买方后，买方可以选择接受还盘，也可以继续修改合同或提出新要约。双方对合同条款达成一致后，交易即告完成。

[138] 　　在南区，不动产交易谈判主要以口头方式进行。[1] 经纪人张贴的房产信息中通常包括要价（asking price），邀请买家提出报价。买方通过经纪人提出口头要约，经纪人可以直接或通过卖方经纪人将要约转给卖方。卖方可以接受买方要约或提出反要约。双方口头对价格和主要条款达成一致后，交易即告达成，随之开始准备文件。但必须注意到，根据《防欺诈法》，不动产交易的口头协议不具有强制力。[2] 因此，必须迅速根据口头协议签订书面合同，才能约束双方。

　　在北区，大多数当事人会使用经纪人印制的合同，不会进一步写明双方的约定。有的买家会在签订书面协议前征询律师意见。大多数情况下，当事人是在签订合同后，即在履行合同和融资阶段才会征询律师意见。

　　在南区，大多数不动产合同是由买卖双方的律师起草。通常是先由卖方律师根据卖方或其经纪人的要求拟定初稿，买方律师审查合同、提出修改建议，并对买方进行说明。双方当事人和律师均对合同条款表示满意后，才会签署并交换合同。

　　大多数不动产买卖合同均会设定附加条件。常见的附加条件包括：买方的融资能力，[3] 房产通过产权调查、房屋状况检查和有害

---

〔1〕　In most states, including New York, an exception to the Statute of Frauds allows a licensed real estate broker to earn a commission without a written agreement. N. Y. Gen. Oblig. Law § 5-701（a）（10）（Mckinney 2001）.

〔2〕　N. Y. Gen. Oblig. Law § 5-703（Mckinney 2001）, the New York Statute of Frauds.

〔3〕　See Holtzschue, supra note 20, at 2-155.

物质检查，某些情况下还可以是买方能在一定时间内出售自己现有的房屋。[1] 如不能达到这些条件，双方可以解除合同、免除义务。

　　大多数情况下，合同签订时应支付首付款，数额在总售价的1%~10%，通常通过监管协议（escrow）交给卖方经纪人或买方律师。[2] 双方签订的书面买卖合同可以由经纪人准备，也可以由律师起草，对双方均有约束力。卖方无正当理由不交付房屋的，买方可以请求损害赔偿或继续执行。如买方违约，卖方也可以请求赔偿损失。大多数情况下，卖方只是解除合同并收取托管押金了事。[3]

　　少数情况下，当事人会选择全款购房，由买方律师在当地契据登记部门调查产权。虽然纽约州从 1900 年就开始提供不动产产权登记服务，但只有少数不动产进行了登记，且集中在纽约市内。[4] 产权调查需要审查至少 40 年的产权交易链条（chain of title）。很多北区购房者，包括全款购房者，均依赖律师做出的产权证书作出决定。其他北区购房人和全部的南区购房人则选择购买产权保险。近些年来，产权保险在北区也日益普遍。

　　若购房人需要贷款，融资银行和抵押经纪人就会主导合同履行和房产交割过程。买方首先带着合同前往银行或抵押公司申请贷款，并支付不菲的贷款申请费和处理费。抵押贷款方通常会要求对财产进行独立评估，并安排自己的律师进行产权调查、购买产权保险。次级市场也要求对抵押贷款的调解和流程进行标准化处理。州

---

〔1〕　See id. at § 2. 3. 12.

〔2〕　See id. at § 2. 3. 9.

〔3〕　See id. at § § 2. 2. 17&2. 3. 10.

〔4〕　New York discontinued its system of title registration in 1997. N. Y. Real Prop. Law § 436（Mckinney 2009）. See also McCormack, supra note 328, at 72-73〔In Hawaii and Massachusetts, Torrens is used statewide. In the other states, use is limited to a few localities: Illinois（Cook County only）, Minnesota（Hennepin and Ramsey Counties with minimal registrations elsewhere）and Ohio（Hamilton County with minimal registrations elsewhere）. In no state or locality are a majority of parcels registered under Torrens〕.

和联邦关于消费者保护的法律会进一步增加文件处理工作。[1]

在合同签订后、房屋交付之前，当事人会集中处理合同中约定的附加条件。例如，通过经纪人安排房屋检查。若产权调查中发现了产权瑕疵，如设有其他抵押，出卖人必须在交割日之前处理好相关问题。[2] 如果条件是买方在（新房）交割日前处理掉自己的原有房屋，则更需要买方或抵押权人律师和该交易的各方协调处理。

全款购买的，可以由卖方或买方的律师主持合同履行和房屋交割；在抵押贷款情形下，则由银行律师或交割代办人（closing agent，办理交割事项的代理人）主持。[3] 若卖方聘用律师，则由买方律师准备契据并参加交割，这种情况主要发生在南区，北区则很少发生。银行律师或交割代办负责准备抵押贷款文件、银行文件，以及卖方契据。

纽约州的交割代办人指的是在不动产交易中协助完成交割的机构，通常由律师组织和运作，配有非专业办事人员。交割代办与银行和抵押贷款公司关系密切，后者一般都有固定的合作交割代办。交割代办向卖方收取文件和费用。

交割手续通常在卖方律师办公室或交割代办的营业地进行。[4] 交割时买方应确保账户上资金充裕。在抵押贷款情形下，通常由交割代办通过监管协议控制资金，直到交付完成并签署融资协议。卖方或其代理人应出具契据，银行由自己的律师或交割代办人代表。买方、买方律师（如有）和经纪人也要参加交割。[5]

办理交割时，应核查相关附件条件是否满足，签署和交付抵押

---

[1] See, e. g., N. Y. Banking Law § 595-a (Mckinney 2008). For a summary of disclosures required by New York state law, see Holtzschue, supra note 342, at 2-162. New York also requires the use of, plain language in consumer contracts. N. Y. Gen. Oblig. Law § 5-702 (Mckinney 2001). Notably, however, the statute does not apply to agreements involving amounts in excess of $ 50 000.

[2] See Holtzschue, supra note 342, at 2-123.

[3] See generally id. at § 2.2.9 (Closing Date and Place).

[4] Id. at 2-86.

[5] Id.

文件和契据，并支付价款和贷款费用。同时，预办理产权保险，该保险在产权和抵押文件登记时生效。[1] 经签署的契据交给买方或其代理人后，所有权即发生转移。

登记可以保护买家对抗之后交易中不知情的善意第三人，但不影响当事人之间的所有权状况或知悉交易的任何人。买受人律师、抵押贷款律师或交割代办均可向行政机关申请契据登记。确认契据登记后，即可向业主和抵押权人签发产权保险的保单。契据登记时间从几小时到几天不等。

在纽约州，各郡负责保管房产记录。大多数郡已经实现对契据和抵押记录的电子访问。[2] 但申请登记时仍必须提交纸质原件。

纽约州的律师在资质、教育水平和行为准则方面受到各种管制约束，但交割代办却无需遵守这些法律规定。产权保险公司必须向州保险监管局报告保险费率，该局负责管理纽约州的保险行业。[3] 银行律师或产权公司作为代理出具保单的，可以加收保费的70%作为佣金；若购房者全款支付房价，该佣金直接付给买方律师。

四、纽约州和缅因州的过户成本

由于缺乏现代化的产权登记体系，加之产权保险泛滥，缅因州和纽约州的不动产过户成本处于较高水平。虽然不动产交易各方可以通过律师获取法律咨询，但在缅因州，大部分房产交易无需律师参加。当事人获得的法律咨询基本来自产权公司律师或受雇于融资银行和抵押经纪的律师。在纽约州，特别是在南区，除了银行产权代理人之外，当事人还会各自聘请律师。

表6来自欧洲公证人理事会的研究报告，列出了八个假设交易在缅因州和纽约州（北区）的转让成本：

---

〔1〕　Id. at 2-74.

〔2〕　Id. At 4-2. See generally Dale A. Whiteman, Digital Recording of the Real Estate Conveyance, 32 J. Marshall L. Rev. 227 (1990).

〔3〕　See N. Y. Ins. Law § 6409 (a) (McKinney 2009); Holtzschue, supra note 342, at 2-70.

表 6　缅因州和纽约州的不动产转让成本

		10万买房产	10万买房产，贷款7.5万	25万买房产	25万买房产，贷款15万	50万买房产	50万买房产，贷款40万	100万买房产	100万买房产，贷款75万
美国缅因州	各项成本								
	经纪人佣金	6000	6000	15 000	15 000	30 000	30 000	60 000	60 000
	购买价格	100 000	100 000	250 000	250 000	500 000	500 000	1 000 000	1 000 000
	产权审查费	228	228	228	228	228	228	228	228
	买方律师费	148	–	148	–	148	–	148	–
	卖方律师费	103	103	103	103	103	103	103	103
	银行律师费	–	148	–	148	–	148	–	148
	估价费	–	266	–	266	–	266	–	266
	检查/工程师费用	–	152	–	152	–	171	–	171
	不动产转让税	335	335	837	837	1674	1674	3348	3348
	业主产权保险	228	304	628	704	1256	1332	2511	2587
	产权公司费	152	152	152	152	152	152	152	152
	登记费	14	14	15	15	15	15	15	15
	抵押登记费	–	44	–	44	–	44	–	44
	转让总成本	7208	7747	17 112	17 651	33 577	34 135	66 507	67 064

续表

	10万买房产	10万买房产，贷款7.5万	25万买房产	25万买房产，贷款15万	50万买房产	50万买房产，贷款40万	100万买房产	100万买房产，贷款75万
	过户总费用	860	936	1259	1336	1887	1963	3143	3219
美国缅因州	过户费占总成本百分比	11.93%	12.08%	7.36%	7.57%	5.62%	5.75%	4.73%	4.80%
	过户费占总价款百分比	0.86%	0.94%	0.50%	0.53%	0.38%	0.39%	0.31%	0.32%
	经纪人佣金占总成本百分比	83.24%	77.45%	87.66%	84.98%	89.35%	87.89%	90.22%	89.47%

美国纽约州各项成本	10万买房产	10万买房产，贷款7.5万	25万买房产	25万买房产，贷款15万	50万买房产	50万买房产，贷款40万	100万买房产	100万买房产，贷款75万
经纪人佣金	6000	6000	15 000	15 000	30 000	30 000	60 000	60 000
购买价格	100 000	100 000	250 000	250 000	500 000	500 000	1 000 000	1 000 000
买方律师费	342	342	342	342	342	342	342	342
卖方律师费	419	419	419	419	419	419	419	419
银行律师费	–	304	–	304	–	304	–	304
估价费	190	190	228	228	228	228	266	266
不动产转让税	304	304	761	761	1,522	1522	3044	3044
业主产权保险	467	467	853	853	1496	1496	2649	2649
抵押产权保险	–	114	–	176	–	365	–	610
登记费	27	27	27	27	27	27	27	27
抵押登记费	–	64	–	64	–	64	–	64
抵押税	–	428	–	1142	–	2283	–	4293
转让总成本	7750	8661	17 631	19 316	34 035	37 051	66 748	72 018
过户总费用	1228	1647	1614	2094	2257	2926	3410	4324

续表

		10万买房产	10万买房产，贷款7.5万	25万买房产	25万买房产，贷款15万	50万买房产	50万买房产，贷款40万	100万买房产	100万买房产，贷款75万
美国纽约州	过户费占总成本百分比	15.85%	19.01%	9.15%	10.84%	6.63%	7.90%	5.11%	6.04%
	过户费占总价款百分比	1.23%	1.65%	0.65%	0.84%	0.45%	0.59%	0.34%	0.43%
	经纪人佣金占总成本百分比	77.42%	69.27%	85.08%	77.65%	88.15%	80.97%	89.89%	83.31%

144 　　鉴于交易方并未获得高质量法律咨询意见，纽约州的过户费用就显得相当高昂。出售14万美元（即10万欧元）的地产，过户费（包括产权保险）就要1228美元，还不包括税费和登记费。缅因州的费用优惠一些，类似交易只需860美元。随着交易标的额的提高，过户费用也相应增加，但涨幅比较平稳。

　　和世界上大部分地区一样，房产交易成本中最大的组成部分是付给经纪人的佣金。缅因州和纽约州的经纪人佣金差不多占到所售房产价格的6%。相比之下，14万美元房产过户的法律服务费在缅因州和纽约州只分别达到房屋价款的0.86%（缅因州）和1.2%（纽约州）。若房产交易价格为140万美元（100万欧元），这一比例则分别为0.31%（缅因州）和0.34%（纽约州）。

　　美国模式中对交给银行律师或抵押公司的过户费用比例有严格限制。在交易各方中，银行或抵押公司对法律咨询的需求最低。如果银行律师获得大部分过户费用，那也是抵押市场因素所导致，而不是因为其出具了更多的法律咨询。

五、美国不动产交易考察——以缅因州和纽约州为例

　　在美国，特别是在缅因州和纽约州，在不动产交易和过户方面的法律规定和实践已经严重落后于其他发达国家。在其他现代化国家均已相继建立官方不动产登记制度的今天，很难想象美国各州还在继续沿用19世纪的契据登记制度。甚至美国土地法的来源地英格兰也已经要求所有私人不动产进行产权登记。[1]

　　美国的银行和金融机构虽然在全国和全世界范围内参与不动产抵押为基础的抵押证券和投资业务，但却没有和其他地区一样引入

145 登记体系提高产权公示的标准化。美国的解决方案是要求买方购买产权保险，以满足抵押债权的标准化和安全级别要求。产权保险针

---

　　〔1〕 See Chapter 5 (1) (b), supra, for a description of the English land registration system.

对的是产权有瑕疵的赔偿后果，而不是所有权本身。这种解决方案受到美国过户专业人员的欢迎，他们可以通过产权保险收取可观的佣金。银行和资方对此也很满意，因为他们关注的只是金钱利益。唯一不足的是，这种方案并不能保障买方的所有权。买方若将产权保险视为产权无瑕疵证明，可就大错特错了。

现实生活中产权过户的实际操作让问题进一步复杂化。尽管不动产交易的各方当事人均可聘请律师提供专业咨询（当然要自己付费），但考虑到成本和服务内容的重合，实践中很少发生这样的情况。相反，各方往往信赖银行的过户师替所有当事人办理过户手续。这很可能是一厢情愿，因为银行过户师不一定会关心其他交易方的利益或提供适当法律建议。

美国土地过户制度的严重缺陷之一就是，对最易于受伤害的买方缺乏法律咨询服务。由于买方要承担银行律师或产权公司的服务费，往往不愿再聘请律师增加开支。也就是说，大部分购买房产的美国人是在没有任何法律支持的情况下参与一生中最重要的法律交易行为。普通老百姓并不清楚购买房产和办理抵押贷款中的法律问题，也没有能力评估相关风险或采取措施维护自己的利益。由于缺乏可靠的法律咨询意见，购房者经常要为卖方或融资者买单。美国不动产交易中的结构性缺陷可能是导致2007~2010年房产金融危机的原因之一，下文第九章会进一步讨论。

美国之所以继续维持这种过时的制度，可能是因为他们对其他国家的较好制度和实践视而不见，以及对传统的惯性依赖。

第八章　比较观察

　　我们不能忽视整个法律体系及其经济、法律和政治背景，而单纯比较法律体系中某些元素。在考察房产交易相关制度时也是如此，必须关注相关国家的整个法律体系及其背后的法律文化背景。

　　另一方面，各个国家都要解决类似的经济和社会问题，为本国公民提供安全、稳定和丰富的生活，尤其是在世界越来越小、越来越同质化发展的背景下。有的国家在特定交易中规定了公证人参与，有的则没有，或许我们可以对两大体系在成本、功能、效率、履行质量以及社会整体方面进行有意义的比较。

　　当然，正如上文提到的，即使在同一国家，公证人和非公证人参与者的功能都是多元的。本书不可能将他们的所有功能都进行比较。不动产交易恰为比较研究提供了切实可行的切入点，因为这是民法法系公证人和普通法系过户师共同的工作重点，是在每个国家都涉及国计民生的重要事务，且在这个领域能够清晰观察到法律专业人员的功能和相关费用。在此意义而言，不动产过户（real estateconveyance）很适宜用来对比公证人和非公证人在现代交易法中的功能。

　　在不动产转让领域中，存在三个互相关联的比较主线。第一条主线是比较交易当事人的直接成本（immediate cost）和整个社会经济的宏观成本（larger costs），后者涉及各国的不动产转让体系及其执业人员。不动产转让的直接成本相对容易估算，但分析成本和转让体系之间的关系并不简单。对社会经济秩序的宏观成本容易判定，但具体数额却难以估算，只能进行假设和讨论。

　　第二条主线是比较公证制度和其他法律体系之间的能效（functional efficiency)。某项制度的职能效率通常体现在交易成本上，但有的成本并非在交易时产生，而是在其他时间以其他形式体现出来，并受其他主体影响。例如，交易拖延的成本和交易文件出现错误的后果就很难评估。对此可以采取变通方式，比如对比不同体系避免或减少此类成本的能力，而不是直接对比此类成本。

最后，还可以对比特定法律制度及其实践的效果，尤其是在维护人类平等和尊严方面的价值。交易当事人的经济实力、信息获取能力和专业知识通常是不对等的，一方当事人若利用这些不对等损害另一方的利益，就会触及人格尊严底线。若法律体系致力于降低当事人的不对称性，而不是任由经济上占据强势的当事人向另一方施加压力，就有利于保护人格尊严和平等。

一、成本比较

在公证人体系和非公证人体系之间，很难对交易当事人的直接成本得出令人信服的比较结论。欧洲公证人理事会（CNUE）的研究报告中设计了八个假想的不动产交易，对比其在德国、法国、英格兰、爱沙尼亚、瑞典和美国产生的过户成本。[1] 该研究报告的主要结果可以概括如下（均以欧元计）：

表7　支付给专业人员的过户费用

	10万买房产	10万买房产，贷款7.5万	25万买房产	25万买房产，贷款15万	50万买房产	50万买房产，贷款40万	100万买房产	100万买房产，贷款75万
爱沙尼亚	379	446	922	967	1827	2143	3620	4170

〔1〕　See Peter. L. Murray, Real Estate Conveyancing, 2007, p. 100.

	10万买房产	10万买房产，贷款7.5万	25万买房产	25万买房产，贷款15万	50万买房产	50万买房产，贷款40万	100万买房产	100万买房产，贷款75万
法国	1354	1670	2691	3213	4754	5964	8879	11 051
德国	559	746	1109	1401	1987	2654	3742	4934
瑞典	900	900	2250	2250	4500	4500	9000	9000
英国	1484	1584	1614	1864	1888	2387	2603	3602
美国缅因州	860	936	1259	1336	1887	1963	3143	3219
美国纽约州	1228	1647	1614	2094	2257	2926	3410	4324

150　　上述研究结果显示，任何一个系统都不存在绝对的直接费用优势。例如，对于中等价格的房产，采取公证人制度的爱沙尼亚和德国的交易成本最低，英格兰、法国和美国的成本较高。但对于价格较高的房产，未采取公证人制度的国家成本反而更低。当然，这些交易都是假设的，比较结论并不一定完全体现现实状况。[1]

但可以肯定的是，交易成本并不一定完全和特定体系相关。在采取公证人制度的国家，交易成本也可能忽高忽低，这取决于具体交易情况。例如，采取严格公证人制度的爱沙尼亚收费最低，而同样奉行公证人制度的法国收费却很高。法国的公证人收费水平明显

---

〔1〕　See above Chapter 4 （2） for Germany；Chapter 5 （1）（c） for England；Chapter 5 （2）（c） for France；Chapter 5 （3）（d） for Sweden；Chapter 5 （4）（c） for Estonia and Chapter 7 （d） for Maine and New York.

高于其他国家。但法国公证人认为他们提供了高质量的综合服务，理应收取较多费用。

未采取公证人体系的国家之间也存在类似情况。英国的交易成本较高，尤其是在小额交易中。在缅因州，尽管当事人还要购买产权保险，但类似交易中的转让成本仍比英格兰低了 30%。

除了专业人员收费，转让成本主要受体系因素影响。例如，由于美国的产权体系落后且繁琐，[1] 导致买家普遍要额外支付产权保险费，而在土地登记制度完备的国家，当事人完全可以节约这笔开支。

可以说，交易直接成本在各个国家体系都有调整空间，各国也一直在调控当事人的直接成本负担，只是在传统的公证人体系，相关规定更加全面和直观。如果完全没有管控，就会导致交易优势方对另一方的盘剥，进而需要反垄断或者竞争法的规制，以保护消费者利益。相比之下，通过费用调整比通过竞争法监管更能直接实现目的。[2]

至少应该对某些类型的法律交易进行规制，例如，规范房产房产的转让和抵押，而不是自由放任，即通过规制来限定无经验购房者在和银行、经纪人以及专业律师打交道时应承担的费用和价格水平。前述欧洲公证人理事会的研究结论也说明了管制和价格之间的关系：交易成本最低的是管制最严格的德国和爱沙尼亚；而在管制

151

---

〔1〕　See Chapter 7（a）.

〔2〕　For a comparison of costs caused by legislative rule making（specification costs）on the one hand and Judicial implementation of standards（adjudication costs）on the other hand, see Kaplow, Rules Versus Standards: An Economic analysis, 42 Duke L J 557（1992）; Diner, The Optimal Precision of Administrative Rules, 93 Yale L. J. 65, 72-74（1983）; Posner, Economic Analysis of Law, 7 ed. 2007, p 602/603; Ruhl, Methods and Approaches in Choice of Law: An Economic Perspective, 24 Berkley Journal of International Law, 801, 831 ss.（2006）with further references; Sturner, Zugang zum Recht durch Erfolgshonorar?, 60 NJW Special Edition 4th Hannoverian Civil Procedure Symposium 2007, p 9 ss, 11（2007）; id, Markt und Wettbewerb ueber Alles, 2007, p. 260. As is often the case, an economic analysis shows no clear convincing results compared with traditional commonplace theories.

最为宽松的两个国家（英格兰和美国），收费服务项目繁多，导致交易成本显然高于其他国家，特别是在中低端房产交易中。[1]

最后还可以看出，当事人承担的直接成本并非比较法上唯一需要考虑的因素。除此之外，还要考虑其他成本，即并非由当事人承担的直接成本，特别是减少未来法律冲突和法律不确定状态的社会成本。[2]

152 　　预防性法律的支持者认为，减少未来冲突和不确定性所带来的价值是这些制度的成本优势。在未采取公证人制度的国家，不动产交易后发生纠纷的比例高企，恰好也验证了"明者防祸于未萌"这句老话。[3] 有的研究甚至用经济分析的方法论证嗣后诉讼成本和公证人预防性法律服务之间的量化关系。[4]

　　虽然不少人试图将预防性司法和节约诉讼费用相联系，但我们仍应当看到，诉讼发生概率在不同国家受到很多其他变量因素影响。不能剥离这些变量（variable）因素而孤立地考虑公证对于预防未来诉讼的影响。就参与交易的当事人而言，经过公证程序后又发生诉讼的概率肯定要小于在普通法系国家的类似交易。但我们不能否认，在普通法系对抗制法律文化背景下，诉讼概率本身就高于民法法系国家，所以不能简单地说通过专业法律服务可以预防多少

---

〔1〕 On the other hand, the fact that costs for notarial conveyancing in France were relatively high may reflect a certain generosity in the regulated fee structure as well as a more comprehensive services package rather than any inherent highcost feature of the notarial conveyancing model.

〔2〕 For economic theories on optional cost allocation and efficiency of economic systems, see, e. g., Coase, The Problem of Social Cost, Journal of law and Economics 3 (1960): Posner, Economic Analysis of Law, 7th. ed. 2007, p. 12 ss, Mas-Colell/Whinston/Green, Microeconomic Theory, 1995, p 522 ss. Coates/Ulen, Law and Economics, 3ed. 2000, p. 12 ss.

〔3〕 an ounce of prevention is worth a pound of cure.

〔4〕 See, e. g., in English, Rolf Knieper, An Economic Analysis of Notarial Law and Practice, 2009, pp. 43 et seq. in German, Ott, Freiwillige Gerichtsbarkeit in Europa-oekonomische Analysen und Perspektiven, 2003 Notar 159 et seq., 162, 172 (2003); Schmitz-Vornmoor/Kordel, Vorsorge durch den Notar, Vertragsfreiheit und Verhaltensokonomik, 2009, Notar 4 et seq. (2009).

诉讼发生。预防性法律服务在不同国家具有何种效能，现有证据的证明力仍是有限的。

也就是说，预防性法律服务可以且事实上能够预防嗣后发生诉讼纠纷，我们既不能夸大、也不应忽视此种价值。在任何国家，诉讼都是成本高昂的活动。在奉行当事人导向（party driven litigation）的美国和受其影响的英国，诉讼尤其昂贵。[1]

尽管缺乏实证分析支持，但根据常识可以判定，如果交易中能够获得中立的法律咨询和建议，至少可以避免一部分争议发生。 153

不确定性和诉讼争议造成的成本不仅是经济上的。通常来说，一定程度的法律确定性是法律交易的目的之一。如果交易发生后，双方当事人都不确定自己的权利义务，就很难判定是否从交易中获益。不确定性会影响人们履行合同义务的心态，不能放心地展开建设开发或融资等活动。不确定性还会给人们带来心理上的负担，若发生诉讼，心理压力还会进一步增大。此外，解决争议和保持心理健康的社会成本也是众所周知的。在一定程度上，预防性法律服务可以减少不确定性和未来的诉讼风险，从而节约社会总体成本。

二、能效比较（functional efficiency）

在这个法律制度经常要服从以成本量化为基础的经济分析的时代，谈及"能效"可能不合时宜，而且也很难将成本量化或经济利益与法律制度特征相关联。但如果因为难以量化而忽视这一因素，就难称全面综合比较。

---

[1] See for the U. S. Murray/Stuerner, German Civil Justice, 2004, Chapter 13 （E）(i) p. 614 ss.; R. L. Marcus, Malaise of Litigation SuperPower, in: Zuckerman, Civil Justice in Crisis, 1999, p. 71 ss., 92 ss.; for England see Michalik, Justice in Crisis: England and Wales, in: Zuckerman, Civil Justice in Crisis, 1999, p. 117 ss., 14 ss.; N. Andrews, English Civil Procedure, 2003, Ch. 36 （G）, mn. 36. 112 ss, p. 855 ss.; for an effort to make a comparison of costs between Germany and American civil procedure in the context of handling a single case, see P. L. Murray, A comparative Law Experiment, 8 Indian International and Comparative Law Revue 231 ss. （1998）.

通常而言，房屋买卖一方面对大部分普通民众具有重要经济意义，另一方面又极为复杂。对大多数人而言，买房是这辈子最大的一笔经济交易，更不消说非经济方面的意义。不动产法律和针对房产交易的各种规定也越来越复杂。即使受过良好教育的人，在没有专家协助的情况下也难以处理好相关问题。

154

　　无论是在公证人体系还是非公证人体系，当事人都可以就不动产交易获得专业法律咨询意见和协助。例如，在英格兰和美国，不动产买卖双方均可自行聘请律师获得专业支持，双方律师互相配合完成交易。而在民法法系国家，买卖双方则主要是从同一法律专业人员，即"境况律师"那里获得专业咨询和协助。后者秉承中立原则，平等地为双方当事人提供咨询和协助服务。

　　从资源配置角度来看，若不考虑单个服务价格，某个体系中需要两个或两个以上专业人员提供咨询和协助以完成不动产交易，而另一体系规定由单个专业人员提供咨询和协助服务，前者显然比后者耗费资源更多、效率更低。[1] 虽然多个专业人员之间可以分工，但协作本身也要耗费时间精力。就成本而言，一个人肯定比两个人省钱。[2]

　　这一命题的重要实践依据在于，在对抗制的普通法系国家，虽

---

〔1〕 In this context one might speculate whether the relatively high costs of the French notarial system may be in some way related to the common practice to involve two or more French notaries in the authentication of a single transaction. See Chapter 5 (2) (a) above.

〔2〕 Interestingly enough a preliminary report of the ZERP study maintained that free competition among English conveyancers reduced costs to such an extent that transaction parties there could have "two for the price of one". See ZERP Study, Preliminary Findings, prepared for the Economic Case for Professional Services Reform Conference on December 13, 2006, pp. 22, 23. This preliminary conclusion turned out to be fallacious in the face of markedly lower costs in many notarial systems and was not repeated in the final ZERP report; see mn. 187, p. 136, and mn. 423 et seq. , pp. 195 ss. Against this background the argument of the former European competition law commissioner Mario Monti that competition between legal professionals reduces fees and costs (see Jaeger, 57 NJW 1492, 1493 [2004], seems to be an over-simplification. It appears to be very likely that parties' choices of transaction professional are strongly influenced by considerations other than price).

然理论上各当事人均可聘请专业人员确保其获得充分法律咨询和协助，但实践中经常有当事人为了节约成本和时间没有聘请任何专业人员。换言之，双专业人员模式过于昂贵，以致消费者宁可冒法律上的风险，也不愿意为法律服务额外支出费用。此种选择反映了当事人的短期成本考虑，从长远来看是不合理的。

另一方面，我们必须追问，公证人提供的"中立"咨询意见在质量上能否等同于当事人一方聘请律师提供的、完全为该方当事人考虑的法律意见？公证人会不会为了让各方都能接受而提出一些和稀泥的建议？公证人的中立地位是否意味着他只能遵循保守路线而不能提出创造性的解决方案？

这里可不能忘记公证人对各方当事人承担的专家责任（professional liability）。[1] 公证人必须为所有交易参与者提供充分建议。倘若公证人为了达成交易而刻意隐瞒或淡化可能影响一方当事人决策的事项，就可能要向该方当事人承担专家责任，因为其没有提供全面准确的咨询服务。

一般来说，我们无法将公证人提供的咨询建议直接和单方律师提供的法律意见相比较。但可以观察到，在采取公证人体系的国家，人们普遍对公证人提供的法律咨询和协助服务表示满意；[2]而在普通法系国家，大多数买卖双方对各自律师提供的法律服务也表示满意。[3]

另一方面必须强调的是，在普通法系国家的简单案件中（too common cases），很多当事人不会聘请律师，他们获得的法律咨询质量就无法和公证人对交易各方提供的建议相比。例如，在美国很多

---

〔1〕　For the notaries professional liability see Chapter 3 （6） for Germany and Chapter 5 （2）（iv） for France.

〔2〕　See, e. g. , Chapter 3 （7） for Germany.

〔3〕　In England, however, the level of dissatisfaction with the conveyancing andland registration system as a whole has been relatively high in recent years. This may be associated with a relatively high level of costs, particularly in lower value transactions and a high rate of transaction failure. See Chapter 5 （1）（b） above.

州以及英格兰部分地区，买方通常并不聘任律师，而是信赖卖方或银行律师办理交易手续。这些没有律师代理的当事人并无权利要求另一方的律师为自己提供法律咨询服务；律师对这些人的服务止于职业伦理的最低要求——不得欺诈和胁迫。简言之，律师的职责是维护雇主（卖方或银行）利益，没有律师代理的买方只能自求多福。买方不能嗣后起诉卖方律师或银行律师，说他们没有充分提醒交易或融资过程中的潜在风险。在美国近年的地产泡沫中，不少办理地产交易和抵押业务的律师和抵押经纪人关系密切，后者为了达成交易而不择手段，甚至刻意隐瞒一些对买方和抵押权人有帮助的法律意见。[1] 当事人付费后从律师那里获得的咨询意见，在质量上完全可以和中立公证人给出的意见相媲美，但无代理人的当事人从另一方律师那里得来的咨询意见显然并非如此。此种免费建议的质量甚至低于现代社会下买方购置房产时应具备的最低限度。

比较不动产转让效能的另一个重要指标是，在不动产交易涉及融资情形下，不同体系对买方和抵押权人的保护程度。现代房产交易通常比较复杂。买卖双方达成协议后，还要处理大量工作才能完成价款支付和所有权转移。在此过程中介入的第三方，如贷款人或嗣后的购房人可能会影响买方的合同利益，甚至夺走其已支付的款项。从效能角度而言，既有体系应在交易完成前，为买方和潜在的抵押权人提供便捷、低廉的临时保护形式（interimprotection）。

几乎所有采取公证人制度的国家都规定了某种类型的预登记制度（preliminary landregister notion），其目的是提醒潜在的买方和担保权人，并保护缔约方对抗第三方的权利。德国的预告登记制度（Vormerkung）手续简便、价格低廉，可以提供强有力的保护，因

---

〔1〕 For the question whether independent neutral advice to all parties might have tended to restrain the worst excesses of the subprime crisis, see especially Robert J Schiller, The Subprime Solution, 2008, Ch. 6, p. 130; further Chapter 4（1）（a） above and Chapter 9（4）（a） below.

此在实践中广泛应用。[1] 其他国家也有类似制度,但具体规定略有不同。例如,在法国,当事人亦可将合同登记,但要支付不菲的费用。[2] 在意大利亦是如此。[3]这说明在很多交易中,来自第三方的风险是客观存在的。

在没有采取公证人体系但有土地登记制度的国家,也可以在合同履行完毕之前办理"保护性登记"(protective land register notation)。例如,在瑞典就可以申请此种登记,但需要支付高额费用。故实践中,当事人很少办理保护性临时登记(interim protective registration)。[4]

在英格兰,购房人可以进行地产登记检索(landregister examination)并登记为优先权利,以对抗第三方嗣后进行的交易或担保设立。但该优先权利只有 30 天,若交易在此期间未能完成,则必须续期。很多案件中,当事人均忽视了优先权登记的续期,导致交易事实上处于无保护状态。[5]

美国并无旨在保护交易当事人不受第三方干预的类似制度设计。在某些联邦州,当事人可以将其合同登记于契据登记部门,以

---

〔1〕 See Chapter 4 (1) (e); for the cost of filing a Vormerkung see 866 Federal Law on Costs in matters of Non-contentious Jurisdiction.

〔2〕 French notaries may reduce the "gap period" between conclusion of an agreement and registration by electronic registration; see Chapter 5 (2)(b). Nevertheless the registration of the preliminary contract, which creates an obligation to transfer property only, is helpful to protect the buyer's interest during the time between conclusion of the preliminary contract and the final sales agreement which transfers the title; see for the "promesse unilaterale de vente" Art. 37 (1) Nr. 1 French Decret No. 55-22, 04. 01. 1955 portant reforme de la publicise foncier, and for the "promesse synallagma tique" Art. 28 No. la French Decret No 55-22, 04. 01. 1955. For an exact description of the different effects of registration of these forms of "promesse" see Barret et. prmesse de vente, Dalloz Repertoire de Droit Civil, Vol. IX, 2003, No 91, 171.

〔3〕 For the registration of the preliminary contract "contratto preliminare" in Italy, see art. 2465 bis Codice Civile (trascrizione del preliminare); Baur/Stüerner, Sachenrecht, 18 ed. 207, § 64mn. 21.

〔4〕 For the "gap period", see Chapter 5 (3) (b) (iv) above.

〔5〕 See Chapter 5 (1) (b).

提醒嗣后的意向购房人。[1] 但这一措施并不能对抗留置权人（lienors）和破产管理人。可以说，这是一种类似德国初始登记（preliminary notation）的制度，但效果上远不如后者。

无论是对交易方还是其他人来说，这一特征对不动产交易成本的影响很难量化。若交易完成前存在卖方欺诈或第三方干预，无疑会妨碍不动产交易。倘若体系能够提供一种便捷廉价的工具保护交易完成，在效能上就会优越于没有此种保护机制的体系。在交易失败或存在瑕疵的情况下，公证人需对交易各方负责，如此一来，和仅为单方利益考虑、无所谓交易是否完成的执业人员相比，公证人更有动力保护交易顺利完成。

三、与人类平等和尊严的关系

法律交易的履行机制也会影响人们相互之间的基础关系，影响他们创设的制度和他们所在的社会。我们无法用"成本"（cost）来量化或估算人们进行交易时的平等感受和尊重价值。本节主题指的是，每个人都应当在各主要方面获得平等尊重，如参与政治、家庭关系、涉及人类尊严的各种关系。诸如"人生而平等"[2] 的现实感受无法用成本来量化，但对生活在社会组织中的人类至关重要。

法律和经济制度在何种程度上允许部分成员利用优势地位、通过牺牲他人利益而谋利，自然会影响平等这一基本概念。若社会结构允许部分成员基于其血统、社会和经济方面的先天优势压迫其他民众，就会损害人类平等的基本意旨。例如，若有的国家高等教育

---

〔1〕 See, e. g., for Maine Chapter 7 （b）. For the title system in Louisiana and the function of notaries public with respect to acknowledgement of legal documents, see Chapter 6 （3）; for a survey on other American states with systems of title registration, see Chapter 7 （a）.

〔2〕 See the Declaration of Independence of 1776: "… we hold these truths to be self-eveident, that all men are created equal …"; the 14th Amendment to the U. S Constitution guarantees American citizens "the equal protection of the laws". See also the European Convention on Human Rights Art. 14 and German Constitution Art. 3 etc.

完全私有化且学费高额，而其他国家的高等教育基本免费且向所有
社会成员开放,[1] 后者当然可以更好地培养人人平等和人格尊严
的共识。

当然，这并不是说应该压抑创新和个体竞争，也不是说不能物
尽其用增加财富。实际上，社会成员为自己和家庭创造财富的动力
也会让社会整体受益。说到底这是一个平衡问题。重要的是，在创
设法律和经济制度结构时，不能忽视人类平等和尊严的基本价值。

因此，倘若法律制度允许一部分聪明且贪婪的人占其他人的便
宜，往往会损害人人平等原则。[2] 试想，若从事法律交易的当事
人必须"独自面对"交易风险，而交易对手可能会利用其专业知识
优势巧取豪夺，则双方事实上就不是在平等基础上进行交易。即使
在制度设计上安排一些事后救济手段以制衡严重不当行为，此种事
后救济只能纠正不平等的后果，而不能防止不平等的发生。

另一方面，倘若在社会制度设计上重视培育和保护人类平等，
就会防止一方当事人利用其知识和经济上的优越地位压迫另一方，
从而保护人人平等的意识不被破坏，并以此方式促进整体社会福
利。若参加法律交易的当事人自信其和另一方当事人具有同等的信
息和资源，将会极大改善交易心理和自我价值意识。

每个法律制度都在试图在各个方面维持法律平等，如法律对特
定法律行为规定的披露信息和检查义务、特别形式要求、"冷静期"
制度、事先法律咨询等。这些规定的目的都是为了防止一方当事人
利用其优势地位损害另一方利益。在交易中遵循这些规定虽然会增

159

---

〔1〕 For a discussion of the great social and economic leveling effect of free or sponsored higher education see, e. g. , G. Tones, The Elusive Goal of Equal Educational Opportunity, in: Carrington/Jones, Law and Class in America, 2006, p. 331 ss. with further references.

〔2〕 This may be the reason why the notariat survived the French revolution under the topic of "egalite", "fraternite" and "liberte", see Chapter 2（V）（2）above with citation of the words of the French parliament's reporter justifying the continuation of the notariat in a post revolutionary era of civil freedom: "… The common interest demands that well experienced men are available to enlighten their fellow citizens and to preserve them from these disastrous errors which destroy individual well-being and happiness and in doing so attack the public order and welfare. "

加成本，但比起事后纠错救济，这种制度更有效率。[1] 同时，这些规定可以在交易中承认并贯彻人类平等价值。

另一方面，民法公证人在职能上已经超出了单纯的监管措施，其目的是让交易中的各方当事人都能获得高水平中立专业人士的法律意见，同时负有为所有交易方提供专业协助的公共责任，而无论交易者的知识水平和经济实力如何。这样双方当事人即可将交易托付给中立的专业人士，而无需各自聘请律师。这种模式能够缓解交易方的心理压力，改善对法律交易不甚了解的当事人的法律地位。在公证人面前，交易一方无需因为另一方占据知识或经济优势而感到紧张；公证人应向各方当事人平等提供法律咨询和协助，包括买卖双方和融资银行。同样的，在交易结束后，任何一方也会认为交易是中立公证人办理的而感到放心。在大多数采取公证人体系的国家，交易后很少发生争议，这会进一步让交易当事人在精神上放松，因为诉讼总是会带来心理负担。

而这一切的代价就是要牺牲掉一部分自治权利（human autonomy）。在采取公证人制度的国家，当事人不能自主选择是否接受公证服务。虽然可以选择具体公证人，但自由空间相当有限。也就是说，他们失去了不接受公证服务的自由，必须支付公证费用。[2]

四、对交易当事人所提供之法律咨询的质量比较

在现实生活中，很难对专业人士为客户提供的法律意见进行客观的质量比较。我们所要讨论的是，在采取公证人制度和未采取该

---

[1] For the ineffectiveness of restorative justice in the field of consumer contracts see, e. g, Richard E. Speidel, Consumers and the American Contract System. A Poemic, in: Carrington/Jones, Law and Class in America, 2006, p. 260 ss. , 273 ("… abuse of of power, whether provable or not, that will never be redressed by the courts").

[2] Allowing consumers the choice to go unrepresented in order to save the notarial fee or to decide for cheaper services from other legal professions semms to be the preference of the European Commission, see Chapter 9 (V) below.

制度的国家之间，是否存在某些结构性因素影响总体法律咨询的质量？

从教育资质和专业性的角度来看，公证人的综合能力、专业训练和经验总体上优于大多数普通法系的执业者，尤其是优于美国产权公司的准专业雇员和英格兰的持牌地产过户师。在采取公证人体系的国家，所有的公证人都必须接受法学教育，并根据其考试成绩和其他客观标准入选公证人培训和实习。在德国，只有分数最高但无意于学术研究的法科生才能成为公证人。[1] 法国和意大利的情形也大致如此。

大多数公证人在正式执业前，还要作为公证人助理完成繁重的职业培训任务。这和美国大多数州的律师形成了鲜明对比，他们只要完成法学院学习并通过国家律师资格考试就可以立即独立执业。英国的持牌地产过户师和瑞典的房产经纪人接受的法律和职业培训更少。

公证人还必须精通交易法和不动产法。尽管不动产过户业务在美国和英国有专业化发展趋势，但在农村地区，大多数过户手续仍由律师办理，而他们的主要精力和专业特长并非产权过户。

从职业教育、培训和专业程度来看，大多数采取公证人制度的国家可以在整体上提供比普通法系国家更高质量的法律服务。

和单方聘任律师的当事人相比，接受公证人咨询的当事人在交易结构设计中是否会缺乏创新性？一方面，公证人的相对主导地位会导致交易趋向于公证人所熟悉的形式和结构，尤其是要考虑对双方当事人的责任。另一方面，至少在德国，精明的交易当事人（如房地产开发商）也会借助公证人在不动产法律方面的专业知识和建议来构建复杂的交易结构。同样地，中小型企业在参与地产交易时，通常也优先考虑公证人的意见而非普通律师的建议。

倘若专业顾问仅考虑本方当事人利益而无需顾及另一方，就会倾向于向当事人提出更加精巧，甚至激进的建议。这也是为何大型

----

〔1〕 See Chapter 3 (5) above.

企业在进行交易时会另行聘任法律顾问，而不完全依赖于公证人的意见。另一方面，对于大量的普通交易而言，如房产买卖和公司日常事务，就无需另行聘请法律顾问出具意见，只要双方就主要事项达成一致，且双方的自由决定表达清晰无误即可。就此而言，民法法系中的公证人足以为当事人提供独立、中立的专业意见。虽然在某些情况下，当事人通过另行聘请专业人士可以获得额外利益，但只有在例外情况下这样做才有意义。

公证人制度要求各方当事人平等接受公证人的法律咨询意见和协助，这也可以阻止有钱有势的当事人利用其经济强制地位主导交易或剥削弱势方当事人。公证制度的这个特点是其主要优势之一，且比非公证人体制下单方法律意见可能具有的理论优势的说辞更有说服力。

五、中立性的重要性

民法公证人作为境况律师，其中立性和独立性是关键属性。若交易一方对参与交易之公证人的中立性没有信心，整个预防性法律制度的基础就不复存在。

在德国，公证人必须严格维持其中立和公正形象，让交易当事人相信自己的利益会得到适当关注且公证人的建议不会让一方单独获益。[1] 事实上，在任何国家，法律执业者都希望能够扮演公正、中立的角色，以协调不同经济背景的当事人的利益，但却难以避免和一方当事人有经济联系，从而无法确保中立。

实践中，公证人在办理公证前也会接受单方当事人的咨询。例如，在办理具体买卖合同公证之外，地产开发商经常会向作为专家的公证人请教地产项目如何设计交易结构。若某公证人深度参与某房产项目的法律工作，后来又要为开发商和购房者办理买卖合同公证，公证人能够完全保持中立、公正吗？

---

〔1〕 See Chapter 3（2）.

无论是法定还是约定，当事人单方咨询公证人都要支付相当可 163
观的费用。在德国，将主要工作精力用于某地产开发商、大型企业
或银行的公证人被称为"私家公证人"（Hausnotar），其对某一方
当事人的忠诚义务可能会影响其中立性。

有的交易参与方（如银行），同时也是公证服务的主要用户。
虽然通常都是买卖双方选择公证人，但有时候银行却被要求"转
诊"（referral）。无论如何，银行的"熟客模式"（repeat player
role）确实有一定影响，不能完全忽视。[1]

如同第五章和第九章所提到的，部分民法法系国家允许公证人
从事兼职，如不动产或抵押经纪人。[2] 即使在德国，虽然有严格
的利益冲突禁止规则，律师公证人（attorney notaries）也可以在律
所执业，并通过代理特定当事人获利，而这种经济关联会对其办理
的公证事务产生微妙影响。[3]

对于要求专业人员办理经济事务时保持严格中立性的制度而
言，熟客的潜在影响和外部经济关系是不可回避的问题。法官之所
以能够保持独立性和中立性，很大程度上是因为国家承担全部薪
酬，并严格禁止其从事任何可能影响公正性的经济活动。[4] 公证
人是依靠提供服务谋生的私人专业人士，但人们仍希望其如同法官
一样保持公正。

类似的对立关系也存在于调解员和仲裁员。人们也希望他们在
处理民事争议时保持严格的中立和公正。虽然在美国存在公共调解

---

〔1〕　For the problem of repeat players in the field of notarial authentication see Stüerner,
Der Notar-unabhangiges Organ der Rechtspflege, 29 Juristenzeitung 154 ss. （1974）.

〔2〕　See for France Chapter 5 （2）（a）（ii） and Chapter 9 （IV）（2）.

〔3〕　See for Germany Chapter 3 （2） and Chapter 9 （IV）（1）.

〔4〕　The ability of German judges to serve as arbitrators with the consent of both parties
and the permission of the court's chief justice or the ministry of justice （see German Judge Law
Art. 40） may be an exception to this policy. American judges who need to raise funds for their e-
lections may be subject to serious economic and political influences; see Murray/Stüerner, Ger-
man Civil Justice, 2004, Chapter 13 （C）, p. 538 ss. ; Barnhizer, "On the Make"; Campaign
Funding and the Corrupting of the American Judiciary, 50 Cath. U L Rev. 361 （2001）.

164 员（pubic mediators），但绝大多数调解员均是作为自由职业者被纳入民事司法领域。仲裁本质上是一种私法替代性措施，但具有公力救济的功能。司法权力可以确保当事人遵守仲裁条款并执行仲裁裁决。

近年来，随着替代性争端解决机制（ADR）的发展，美国出现了令人不安的情形：原本应当中立解决争议的专业人士趋向于向带来大量业务的常客示好。[1]在某些地区，涉及信用卡公司、产品和服务供应商与消费者之间纠纷时，此种熟客效应尤其明显，以致原本为所有人服务的司法救济途径变成了"私人司法"（private justice）。[2] 基于这种状况，不少人呼吁对中立 ADR 专业人员采取更严格的监管措施，以遏制熟客效应的影响，至少应说明潜在的利益关系。

民法公证人必须就专业服务中出现的任何瑕疵和缺点向所有交易当事人负责，这是中立性和公正性的重要保障。如果公证人和一方当事人的私人关系导致其出具的意见偏袒一方，另一方有权要求公证人承担责任。[3] 这和调解员及仲裁员形成鲜明对比，后者不会因为专业表现欠佳而承担责任。

此外，还有其他规定和制度保障公证人的中立性和公正性，避免其受到私人经济活动的影响。在某些国家，如意大利和德国大部分联邦州，公证人在法律上只能从事公证活动，不能从事其他任何专业或商务活动。[4] 这种要求的目的是减少经济因素对公证人中

---

〔1〕 See Murray, The Privatization of Civil Justice, 12 ZZPInt 283 ss., 295 ss.（2007）; Menkel-Meadow, Do the "Haves" Come Out Ahead in Alternative dispute systems? Repeat Players in ADR, 15 Ohio St. J. on Disp. Resol. 19（1999）; Resnik, Contracting Civil Procedure, in: Carrington/Jones, Law and Class in America, 2006, 60 ss., 72, 78.

〔2〕 See, e. g., The Arbitration Trap. How Credit Card Companies Ensnare Consumers, Public Citizen September 2007; Issacharoff/Delaney, Credit Card Accountability, 73U. Chi. L. Rev. 157, 159（2006）.

〔3〕 For the notarial professional liability in Germany and France see Chapter 3（6）and Chapter（5）（a）（IV）.

〔4〕 See, e. g., for Germany Chapter 3（2）.

立性和公正性的影响。

根据利益冲突规则（conflict of interest rules），律师公证人不得在其本人或其所在事务所代理的交易中办理公证，这也是为了避免影响公证人的公正性。在所有采取公证人体系的国家，若公证人本人或其家庭成员在交易中有直接或间接经济利益，公证人不得办理该交易的公证业务。[1]

对于因先前咨询工作或熟客产生的微妙影响，处理方式则因事而异。某些情况下，各方当事人均明知办理公证事务的公证人是一方当事人的私家公证人（house notary）或和其曾经存在经济关系。例如，地产开发商指定某公证人办理业务的，买方即可推定该公证人曾经或正在为开发商工作。当事人收到的合同草案中指定了公证人的，其也可以合理推断公证人和另一方当事人之前存在合作关系。若公证人和另一方当事人之间的关系令该方当事人感到不安，其可以要求更换公证人。有时候，若公证人和当事人一方有特殊关系，其也可以在公证程序中提醒另一方注意，并告知其可以要求更换公证人。[2] 如果被提醒方选择继续办理公证，公证人会将这一情形记录在公证文件中。[3]

在大多数民法法系国家，公证人均会受到公共监督。德国这方面的规定尤其严格。[4] 每一位公证人都必须接受所在州地方法院院长委派的特别代表的定期审计。审计包括抽查公证交易文件和财

---

〔1〕　See, for Germany, Chapter 3 (2) above.

〔2〕　See especially No. II I of the Recommendations and Guidelines of the German Federal Chamber of Notaries: "The notary has to manage the authentication procedure in a manner, that he will attain the legal purpose of the requirement of authentication, especially that he will serve the function of the authentication to protect and inform the parties and that he will avoid any impression of dependency or partiality. This is especially important if he authenticates a great number of similar legal transactions, where each time the same party is involved or has economic advantages …". In cases where prior activity of the notary as attorney, accountant, tax adviser, in house council etc. has taken place the notary is not permitted to authenticate, see German Authentication Law Art. 3 (1) (7).

〔3〕　这也是为了防止客户嗣后起诉公证人的自我保护方式。

〔4〕　See German Federal Notary Law Art. 92 ss. , and Chapter 3 (6) above.

务审查。若审计员在文件中发现不合理条款、有利单方条款，或其他违反中立性原则的证据，均会提请公证人注意并修正。

最后，在民法法系国家，公证人职业均有高度组织性。行业协会通过定期交流和继续培训对公证人施加影响。在德国，各上诉法院辖区的公证人协会负责组织行业交流、保障公证人业务的专业水准。位于柏林的联邦公证人协会负责管理整个行业，并向全国公证人通报可能影响公证业务的法律资讯。该组织也不断发展完善公证人执业规则和标准，以保证公证人的公正性、中立性和高度专业性。联邦公证人协会通过通讯、期刊、培训和会议等形式传递相关信息。公证人不得偏离协会颁布的各项标准，否则会被投诉并可能承担专家责任（professional liability）。可见，这些机构在维护各国公证人执业伦理标准方面功不可没。[1]

但这并不是说，专家责任加上各种规定和标准就可以完全保证公证人不受经济因素的影响。如前所述，公证人的民间属性意味着其个人经济活动或多或少会影响公证业务。要完全消除此种影响，唯一可能的方式就是将公证人全部纳入公务员序列。[2]

可以确信的是，德国目前的制度体系能确保此种经济影响处于监控之下，保证公证人在办理业务时具有充分的公正性和中立性。大多数房产交易的买卖双方可以放心地认为，即使公证人和某一方当事人可能有频繁或实质的经济联系，但其在办理公证业务时不会利用其专业知识让自己陷于不利。

最后需要说明的是，对于公正性和中立性而言，我们无法将公

---

〔1〕 See German Federal Notary Law Art. 65 ss. and Chapter 3 (6).

〔2〕 This kind of reasoning may be behind the creation of the official notary (beamteter Notar) in parts of Baden-Wuerttemberg. As noted in Chapter 3 (4) above, this institution is likely to be phased out over a period of time in favor of the sole profession notary. Presumably the benefits of private initiative outweigh the value of complete insulation from economic influence that would flow from status as a public official; see Stüerner, L´acte notaries dans le commerce Juridique europeen, 1996 Revue Internationale de Droit Compare, 515 ss. , 532 (1996); also published in 1998 La Revue du Notariat (Montreal), 251 ss. (1998) and in German language in 1995 DNotZ 343ss (1995).

证人与普通法国家中处理不动产交易的律师、产权公司或不动产经纪人进行比较。负责办理交易过户的银行律师本身并非另一方当事人的代理人，对其不承担任何伦理或法律上的责任，特别是他还可能同时担任产权保险公司的代理人或银行的诉讼代理人。除了委托人，其他人本来也不应指望从这类人员处获得法律建议或保护。

在各方当事人均聘请专业律师提供法律意见的体系中，理论上律师可以提供最大限度维护意思自治的高质量咨询意见，同时较少关注多方利益冲突的协调，但对于大多数日常交易而言，这种咨询意见过于昂贵。在力图维持此种体系的国家中，此种体系的负担超出大多数交易当事人的承受范围。结果是很多交易当事人并未聘请代理律师，从而无法获得可靠的咨询意见。部分国家试图降低交易成本，例如，英格兰用持牌地产过户师代替律师，但这样做不仅影响了法律服务的质量，且并未明显降低交易成本。这样的结果并不令人意外。因为无论是从理论还是从生活经验来看，在处理同一桩交易时，两个处于竞争状态的法律从业者当然要比一个境况律师成本更高。因此，通过多维度比较，我们不难发现，处于完善监管下的公证人体系可以为各种法律交易提供更好的解决方案，特别是对涉及个人、消费者和小微企业的交易。

¹⁶⁹ # 第九章　民法公证人在欧盟内部的发展前景

一、公证和欧洲法律文化历史

民法公证人制度具有悠久历史，在大多欧盟成员国均发挥着建设性作用，这意味着该法律制度在欧盟各国的前景至少应该是光明和安全的。如前所述，该制度根源于古代罗马法传统，并在过去两千多年不断出现在各个王国、公国和民族国家的法律制度中。同时，该制度又保持了一定的灵活性，不断自我调整以适应现实社会、经济和政治情况的需要。[1]

在 20 世纪 90 年代，随着苏联的解体，中欧和东欧的新兴民主国家原本可以接受英美对抗制法律文化。[2] 然而，前社会主义国家在改革后无一例外地重新选择了民法公证人制度。尤其是德国重新统一时，各新联邦州均建立了专职公证人制度（single-profession notariat），而没有考虑 1945 年之前的德国公证人形式。[3]

在欧洲的法律版图中，公证人法律传统的仅存例外是英格兰和爱尔兰，他们仍保留着律师起草交易文件的传统。还有斯堪的纳维亚国家，他们对私法交易没有任何特殊形式要求。[4] 但比较调查显示，至少在不动产过户方面，这些地区的居民并没有因为无需公

---

〔1〕　See Chapter 2 above.

〔2〕　See Chapter 2 (V) (3).

〔3〕　See Chapter 2 (IV).

〔4〕　See Chapter 5 above for a brief discussion of the process of documenting and effectuating residential real estate transactions in England and Sweden.

证手续而节约费用，反而有可能承担比在民法公证人国家更多的风险和负担。[1]

在大多数欧盟国家，传统观念上都认为重要法律交易如不动产 170 转让和抵押，遗嘱、家庭事务均需要进行公证，[2] 此种预防法律传统（tradition of preventative law）牢固地根植于欧洲法律文化，并且难以撼动。欧洲公证人普遍对自己的社会地位、功能，以及在欧洲经济共同体中的角色充满自信。公证人在专业会议和聚会中，也都在高谈阔论美好前景，丝毫没有考虑该职业的基础问题或威胁。直到现在，仍有公证人相信"美好旧时光"（the good old times）会一直持续下去。

但应该注意到，欧共体内部已经出现了一些迹象，预示着公证人职业正在受到政治风向和经济变化的威胁，可能会产生对公证人制度的根本性改革，损害甚至消除公证人制度中的一些传统法律价值。曾经有人问道：欧洲公证人身上沐浴的是傍晚的阳光，还是早上抑或中午的阳光?[3] 在即将到来的第三个千年，民法法系这一

---

〔1〕 See Peter L. Murray, Real Estate Conveyancing in 5 European Member States: A Comparative Study, 2007.

〔2〕 As discussed in Chapter 3 (2) above, in Germany many corporate transactions also require notarial authentication.

〔3〕 See for example, Rolf Stürner, "欧洲内部市场的公证人"，载《Dieter Leipold 纪念文集》2009 年，p. 835 ss. This article is the printed version of a speech given at the yearly assembly of notaries in Stuttgart, upon which this chapter is based. See also Sparkes, European Land Law, 2007, mn. 1. 70, 7. 01 ss. Schmid, Conveyancing Services Market COM P 2006/D3/003（ZERP-Study）; M. Ch. Fuchs:《欧洲视角下的德国公证》，2008 年版；Kleine-Cosack: "从公证人公职到自由职业"，载《德国公证人杂志》2004 年第 2004 卷，第 327 页；Schitzeberg:《欧洲公证人》，2005 年版；Hartmann: "公证人的自由和约束"，载《Bodo Gemper 纪念文集》2006 年，p. 299；Haeder: "作为定居自由和服务之例外的德国公证"，载《欧洲研究》2007 年，p. 117.

光荣且备受称赞的制度会受到侵蚀吗?[1] 尽管可以期待公证人制度如同过去数个世纪那样，在二十一世纪继续证明自己的价值和优点，但仍有一些原因让人们担心公证制度或许在不久的将来就会面临冲击。该制度的支持者必须保持警惕，不能因为盲目乐观和对改革的无视而导致该制度及其基础价值受到损害。

171

二、来自欧洲内部和欧盟委员会的挑战

（一）欧盟委员会的立场

欧盟委员会（European Commission）在相当一段时间是以批判性眼光审视各成员国中不同形式的公证人。因为在委员会的基础理念中，公证人只不过是专业的法律服务提供者，和其他服务提供者如律师、会计并无二致，他们都不能妨碍欧洲内部的"去管制化"（deregulation）政策和跨境货物和服务的自由竞争。因此，欧盟委员会在起草《服务指令》（Services Directive）[2] 时指出，根据传统规则，专业服务提供者必须在提供服务地点依照当地法律进行公证，但指令起草者认为，服务商只需根据本国法进行公证即可，对

---

〔1〕 It should be mentioned that the President of France initiated a report on the situation of the judicial professions in France, which contains also remarkable suggestions for reforms and liberalization of the authentication law; see Darrois, Rapport surles profession du droit, March 2009, p. 49. The notariat as a whole, however, is not really affected by the reform proposals of this report（p. 50 ss.）.

〔2〕 2004 年 2 月 24 日欧盟委员会提出的《关于服务业内部市场指令》的建议，其中提出了来源国原则，即服务提供者在一个成员国有资格开业，就可以根据其本国规则在其他任何成员国提供服务，成员国不得限制其他成员国的服务提供商提供服务。2006 年 2 月 26 日欧洲议会通过的最终文本中取消了来源国原则。参看万丽："浅析《欧盟关于服务业内部市场指令》中的来源国原则"，载《黑龙江对外经贸》2007 年第 10 期，第 30 页。——译者注

公证人也不例外。[1] 在法国公证人行业的抗议下，委员会在后来的版本中为公证人规定了例外条款，但限于根据公共职能对交易和文件的公证工作。[2]

委员会试图将公证定义为一个非官方的专业服务，提供服务者不受其国籍的影响。德国和其他一些欧盟成员国认为国籍是任命公证人的前提条件，并申诉至欧洲法院（ECJ），[3] 委员会在这些申诉中积极地表明了自己的立场。[4] 部分受到申诉威胁的成员国已经放弃将国籍作为公证人任职的前提条件。[5] 这种对委员会的妥协可能会造成行业分裂，削弱公证人在欧洲的特有地位。被控诉的国家，特别是德国，能否承受来自诉讼的压力，很大程度上取决于欧洲法院的决定。

欧洲法院对被诉各国的裁断可能有所不同。因为各国公证人的职责和承担的公共职能不同。如前所述，德国对于法律交易的预防性法律有完备的法律规定和国家干预传统，其公证人行业管理严密，承担着预防性司法的准官方职能。而在其他一些国家，公证人的相关法律和实际情况会让人们觉得其是类似于律师的服务提供

---

　　[1]　For the history of the directive see Sparkes, European Land Law, 2007, no. 7. 09. It is interesting to read that the English Law Society lobbied hard for legal services to be included, scenting business on the continent. In contrast, the French government defended the definition of the nota1iat as a governmental profession very successfully; see Darrois, Rapport sur les profession dü droit, March 2009, p. 50/51.

　　[2]　See Directive 2006/123/EC of the European Parliament and of the Council of12 December 2006 on services in the internal market, O. J. L 376, 27. 12. 2006, p. 36SS. , art. 2 No. 21.

　　[3]　These are besides Germany for example France, Belgium, Greece, Austria, Luxembourg, The Netherlands.

　　[4]　For details Karpenstein/Liebach, Das deutsche Notariat vor dem Europäischen Gerichtshof, 2009 EuZW 161 ss; see also ECJ C 54/08; Complaint of the Commission versus Germany of 12. 02. 2008 JURM（07）172; O. J. C 107, 26. 04. 2008, p. 16.

　　[5]　E. g. Italy, Spain, Estonia and Portugal, though in practice Portugal does not admit non-nationals to notariat.

者，并不承担预防性司法的公共职责。[1]

　　在大多数欧洲民法法系国家，公证收费均由法律直接规定，这对倡导欧洲经济圈"去管制化"（deregulation）的欧盟委员会来说如鲠在喉。近年来，欧盟委会员委托不来梅大学的欧洲法律和政治研究中心（ZERP）进行了一项调查，分析欧盟各成员国有关不动产交易的程序和制度，对比各国与交易相关的专业服务费用。这个调查报告突出了对土地交易管制较少的模式，如英国的当事人律师模式、荷兰的自由磋商模式、瑞典的经纪人模式。[2] 但这项调查结果受到本书作者之一马瑞教授的质疑，其根据欧洲公证人理事会委托完成的研究报告指出，根据对五个欧盟成员国和两个美国联邦州房产过户费用的调查研究，房产交易的公证手续和专业服务费用高低没有任何直接关联。[3] 实际上，相比于英国、美国和瑞典所谓去管制化的专业过户服务模式，德国不动产交易中的公证模式更为经济。[4] 尽管其关于专业过户服务的调查报告没有明显的说服力，但委员会仍坚持公证费用的去管制化，以推进公证服务市场的自由化发展。但除了荷兰，[5] 该项动议在欧盟各民法法系国家反应寥寥。[6]

173

　　〔1〕　Very critical over the restriction of the notarial role to nationals Sparkes, European Land Law, No. 7. 02.

　　〔2〕　See, Center of European Law and Politics, University of Bremen and International Real Estate Business School, University of Regensburg, Study, COMP/2006/D3/003 Conveyancing Services Market（October 2007）; enthusiastically consenting Sparkes, European Land Law, No. 7. 04.

　　〔3〕　See Peter L. Murray, Real Estate Conveyancing in 5 European Union Member States. A Comparative Study（Conseil des Notariats d' Uniou Europćene 2007）（CNUE Study）.

　　〔4〕　Sec CNUE Study, p. 130, Table C; see also Chapter 4 and 5 above.

　　〔5〕　For the deregulation of the notarial fees in the Netherlands sec Wet op het notarisambt, 1. 10. 1999, Stb 1999, 190; in part critically the Rapport Commissie Evaluatie Wet op het notarisambt. Het beste van twee werelden, Den Haag, 2005.

　　〔6〕　The fee systems of Austria, Poland and Italy（2006）rely On limiting the maxi-mum fee only; see ZERP-Study mn. 149. In Italy this may be a consequence of the Cipolla-Case（see ECJ, 5. 12. 2006, C 94/04 and 204/04, 60 NJW 281〔2007〕）.

委员会也正在考虑法国轮值欧洲总统期间[1]的一项提议，该提议建议用规则或指令的形式协调欧洲各国的公证程序。其目标是促使欧洲各国互相承认公共文件或公证文书具有同等法律效力。该动议会走向何方，目前尚难以确定。但英格兰和斯堪的纳维亚国家的法律并无任何关于公证文件的规定，只有政府机关做成的公共文件才具有特别地位。如果欧盟通过规则或指令发布关于欧盟各国的公证标准和承认条件，反而会增强公证的地位。另一方面，如通过规则或指令，按照欧洲各国公证人的最低标准为公证设立预防性法律责任，又会侵蚀甚至破坏公证的中立性基本原则。这会严重削弱公证人的预防性司法功能，更容易令人将公证人等同于其他专业服务提供者，如律师、咨询师、经纪人、财务专家等。我们无法评价欧盟委员会接受这一提议的动机，但欧盟委员会应该不会轻易放弃构建全欧法律服务自由市场的立场。通过该动议，欧盟委员会至少有机会推进公证的去管制化，将国内公证职务向其他成员国公民开放，从而让公证费用脱离国家法律管制。

欧盟委员会在关于经合组织（OECD）内部法律顾问行业的竞争限制报告中，表明了对于欧洲各国公证业的基本立场："委员会不认同公证活动系行使公共权力的看法；委员会认为公证活动属于欧共体条约中经济条款的适用范围，亦适用欧盟竞争法和内部市场法的相关规定。故公证专家和其他领域的专家并无不同。"[2]

欧盟委员会的表述足够清晰，但在内容上和其在 2003 年《服务贸易总协定》谈判中的声明相互矛盾。在该声明中，欧盟委员会将公证人和法官共同列为具有"公共职能"（public function）的法律服务专家。[3] 总的来说，欧盟委员会仍倾向于将公证人视为专业服务提供者，而非具有公共司法职能的机构（institution of public

174

---

〔1〕　Sec Darrois, Rapports sur les professions du droit, March 2009, P. 50.

〔2〕　See the working paper of the OECD, Competitive Restrictions in Legal Professions 2007, Policy Roundtables, DAF/COMP（2007）39 Unclassified, 28. 01. 2008；www. oecd. org/dataoecd/12/38/40080343. pdf（26. 07. 2008）.

〔3〕　Doc. S/CSC/W39, 24. 03. 2003, No. 14.

justice）。

（二）欧洲立法

欧盟委员会并非唯一对公证业抱有怀疑态度的欧盟机构。欧洲立法者也并不看好公证人的公共预防法律职能。

欧洲立法者深受欧委会的影响，致力于统一公证服务所涉及的主要领域。在某些领域，欧洲立法者已经不满足于仅为各国立法者颁布框架性规定，而是要规定具体细节，这样就可以实现统一（unification）而不仅是协调（harmonization）。在公司法领域，欧盟正在设立平行于各成员国公司法的单独法律体系。[1] 这意味着，依法（强制性）代理当事人设立公司或其他企业形式的德国公证人，必须想办法在设立新欧洲公司时也能维持自己的代理地位。这并不容易，因为不仅是英格兰和斯堪的纳维亚国家，其他几个欧洲民法法系国家也没有规定公证必须参与公司事务。[2]

在不动产所有权和转让以及继承法方面，尚不存在制订全欧统一法律的规划。但此种情况并不一定会永远持续。可以预见，国际

---

〔1〕 See, e. g, Council Regulation (EC) No. 2157/2001 of 8 October 2001 on the Statute of a European Company (SE), O. J. L 294, 10. 11. 2001, p. 1; Council Regulation (EC) No. 1435/2003 of 22 July 2003 on the Statute for a European Cooperative Society (SCE), O. J. L 207, 18. 08. 2003, p. 1; Council Regulation (EEC) No. 2137/85 of 25 July 1985 on the European Economic Interest Grouping (EEIG), O. J. L 199, 31, 07. 1985, p. 1; Proposal for a Council Regulation on the Statute for a European private company presented by the Commission, SEC (2008) 2098 and SEC (2008) 2099 COM (2008) 396/3.

〔2〕 For example, France, Italy and Spain, all strong civil aw jurisdictions with important notariats, do not require that corporate documents be authenticated.

信用经济的发展很可能会要求制订全欧统一标准的抵押金融工具[1]和电子土地登记制度。实际上，欧洲土地信息服务项目（EULIS）的发展已经预示了这方面的趋势。[2] 而且，各国公证制度之间缺乏协调也会促使这方面的发展。未来即使保留公证人，也会采取"最小公分母"（the lowest common denominator）方式，即按照最低标准确定公证人职能，从而大大削弱其作为预防性司法制度的价值。

欧洲议会在 1994 年[3]和 2006 年[4]的立场声明中赞同公证制度承担一定的政府职能，这似乎又让公证人觉得有望继续保持在各国的地位。然而，这并不是支持保留欧洲公证人公共预防性司法地位的坚定承诺。

（三）欧洲法院

欧洲法院（ECJ）近年来趋向于经济去管制化（economic deregulation）的立场。虽然法院在 2003 年的 Marina 案中将公证定义

176

---

〔1〕 For the Eurohypothek see Wolfsteiner/Stöcker A Non-accessory Security Right over Real Property for Central Europe, 10 Notarius International 116 124 （2003）; Drewicz-Tulodziecka Basic Guidelines for a Eurohypothec （Warsaw, Polisch Mortgage Credit Foundation, 2005）; Wehrens, Real Security Regarding Immovable Objects Refection on a Euro-Mortgage, in Hartkamp er. Al. （eds.）, Towards a European Civil Code （The Hague, Kluwer , 3rd ed. 2004）, p. 769-786; Nasarre-Aznar, The Eurohypothec: A Common Mortgage for Europe 2005 Conveyancer 32 - 52; Stöcker/Stürner, Flexibility, Security and Efficiency of Security Rights over Real Property in Europe, Vol. III （Verband Deutscher Pfandbriefbanken, Berlin 2009）, p. 116-128; Sparkes, European Land Law, 2007, No. 9. 29; for an overview in German language Baur/Stürner, Sachenrecht , 18th ed. 2009, § 64 mn. 76-78.

〔2〕 For the European Legal Information Service （EULIS） see Ploeger/van Lonen, Eulis: At the Beginning of the Road to Harmonisation of Land Registration in Europe, 12 European Review of Private Law. 379-387 （2004）; Sparkes, European Land Law, 2007, No. 7. 23 ss; for an overview in German language again Baur/Stürner, Sachenrecht, § 64 mn. 79.

〔3〕 See for the Marinho-Resolution of 18 01. 1994 J. O. C44, 14. 12. 1994, p. 36, especially No. 4 （Resolution regarding the status and organization of the notariat in twelve member states of the European Community）.

〔4〕 Resolution regarding the legal professions and the common interest in well-functioning legal systems, 23. 03. 2006, Doc. No. P6-1A （2006） 0108.

为"参与政府职能履行",[1] 但在 2007 年的巴登公务员公证人案
（official notaries）中,[2] 欧洲法院严格禁止任何形式的横向补贴,
不允许通过公务员公证人费用填补成本。[3] 判决中的意见并未对
公务员公证人体现出任何好感或同情。此种对于公务员公证人费用
的怀疑态度是否会波及其他非公务员序列、但承担政府预防性司法
责任的公证人呢？

　　基于同样的考量,欧洲法院近期关于公司法的案例也会影响公
证人在公司事务中的角色。所谓的"住所地理论"（seat theory）要
求公司必须在其主营业地所在国设立住所,但欧洲法院明确否定了
该理论,这意味着打算以公司形式从事经营活动者可以任意选择一
个国家设立公司,[4] 而很多欧洲国家并未强制要求公证人参与公
司设立,如近几年在欧盟各国大行其道的英国有限责任公司。[5]
177 此外,德国联邦最高法院进一步将可以选择设立公司的范围扩展到
美国的五十个联邦州。这样一来,欧洲的公司主体又多了五十个潜
在可选的准据法。[6]

　　欧洲法院的判决体现了欧盟内部关于设立欧洲有限责任公司形

---

　　〔1〕　For the "Marinho- decision" see 2003 ECRI 10391 ECJ.

　　〔2〕　在巴登地区,公证人属于公务员序列,由政府发放工资,大部分公证费也由
政府收取。参看上文第三章第三部分。此种公证人的形式将逐步被淘汰,但已被任命的
公务员公证人仍可以继续按照传统方式提供服务。

　　〔3〕　See ECJ, 28. 06. 2007, C-466/03, 60 NJW 3051 (2007).

　　〔4〕　See for this development of European case law based on market freedoms 1988 ECR
5483 ECJ（"Daily Mail"）;1999ECR I-1459 ECJ（"Centros"）;2002 ECR I-9641ECJ
（"Carlesio"）.

　　〔5〕　See from a German point of view Eidenmüller,《德国法中的外国资合公司》,2004
年版。

　　〔6〕　According to the point of view of the Federal Supreme Court, this is considered a
mandatory consequence of Art. XXV（5）（2）of the German-American Treaty on Friendship,
Commerce and Shipping of 29 October 1954（BGBI, II 1956, 487 ss.）;Corporations which are
established under the law and other provisions of one party to this treaty in its territory, are con-
sidered to be corporations of this party to this treaty; their legal status is to be recognized in the
territory of the other party to this treaty. See 153 BGHZ 353 (2003).

式要求的争论结果。[1] 现在看来，比较可能的结果是此种新法律主体在形式上会按照最低形式设立，即无需公证人提供预防性法律保护。

三、遵守利益最大化原则的自由职业

对欧洲民法公证人未来的另一个担心来自自由职业的发展。在最近数十年内，自由专业者，如法律、会计和医疗方面的专业人员逐步趋向利益和竞争导向的思维和价值观。[2] 这种导向不符合公证人职业的传统理念，即公证人应当是承担预防性司法公共职责的机构。这种观点会混淆公证人的角色和价值，最终可能会瓦解公证制度，让公证失去其传统的公共责任色彩。

法律和会计专业人员原本就给人们留下了人格独立和经济独立 ¹⁷⁸ 的印象，这成为该职业的特征。传统上认为，专业和人格独立才能确保律师向当事人提供正确的法律建议，保证会计认真审查财务报表并提出中肯建议。

首先来看一下律师的情况。律师有严密的法规体系规范其执业行为和活动，确保其职业独立性。法律规定其不得无证执业，禁止和非律师合作并分配费用，规定其只能在特定地区和特定法院执业，并遵循良好的行为准则。在德国，传统上对律师的规定还包括收费限定。律师只能根据争议数额收费，禁止约定风险收费，其目

---

〔1〕 See the Proposal for a Council Regulation on the Statute for a European private company presented by the Commission, SEC（2008）2098 and SEC（2008）2099, COM（2008）396/3.

〔2〕 See for the U.S. , e. g, Gellhorn, 44 Univ. Chi. L. . Rev. 6 SS.（1976）; Kagan, Adversarial Legalism, 2001, p. 133; Daly, 80 Wash. U. 1. Q. 589, 645 ss.（2002）; for France Martin, Déontologie de I'avocat, 7th cd. 2002, No. 25 s5; for England the Consultation Paper, Lord Chancellor's Department, Rights of Audience and Rights to Conduct Litigation in England and Wales, 1998; Lightman, Civil Litigation in the First Century, 17 Civil Justice Quarterly 373（1998）; Slapper/Kelly, The English legal System, 6 ed. 2003, p. 518 ss. ; for Germany Bormann, ZZ3-68（2003）; Stürner/Bormann, 57 NJ W 1481- 1492（2004）.

的就是在一定程度上遏制执业活动中单纯追求利润的倾向。[1]

自由职业（liberal professions），尤其是法律职业的各种制度设计，均面临着"法律即生意"模式的侵蚀。欧洲和各国的立法及判例似乎都表明了一种预设，即所谓的执业独立只不过是专业服务提供者为保持垄断地位的漂亮借口，目的是要遏制竞争、维持自身的高利润。[2] 目前的政策思路看来是要提高服务商之间的竞争，以削薄企业利润。

此种新思路对专业服务提供者的结果之一就是，去除了很多针对专业人员的传统管制制度。例如，在最近几十年，德国已经取消了在特定地区或特定法院的准入要求，[3] 放松了对团体执业（group practice）的限制，[4] 允许设立专业服务公司，[5] 开放和欧盟国家的边界，[6] 废除对专业广告的传统限制，[7] 允许有支付

179

---

〔1〕 For an overview see Murray/Stürner, German Civil Justice, 2004, Chapter 4 (H), p. 112 ss.

〔2〕 See especially the European Commission's Report on competition regarding services of liberal professions, 09. 02. 2004, KOM (2004), 83 (final); further Renate Jaeger, 57 NJW 1492-1494 (2004), citing the former member of the European Commission Mario Monti, who was responsible for antitrust law and competition. Today Renate Jaeger is a judge of the European Court of Human Rights.

〔3〕 See § 78 German Civil Procedure Code in its repeatedly revised and modified present version of 2008 and § § 18 ss. Federal Attorneys Law. Only the right to appear before the Federal Supreme Court in civil and commercial matters requires special admission to this court (§ 78 [1] [3] German Civil Procedure Code); for a survey see Murray/Stürner, German Civil Justice, Chapter 4 (D) (2) and (5).

〔4〕 See, e/g., § § 29a, 59a, 59e Federal Attorneys Law and Henssler/Deckenbrock, 2008 Der Betrieb 41 ss., 46.

〔5〕 See § § 59c ss. Federal Attorneys Law and the very far reaching proposals of Henssler 62 NJW950 ss. (2009), who argues for free choice among European legal order for the creation and maintenance of professional corporate entities in case of European wide activities.

〔6〕 See Murray/Stürner, German Civil Justice, Chapter 4 (d) (4) with references.

〔7〕 See, e. g, for abolished and remaining restrictions the most recent decision of the German Federal Supreme Court 62 NJW 534-536 (2009) regarding advertising with fee reductions and high percentage of success in civil litigation.

能力的客户和专业服务提供者自由约定服务费。[1] 最后一项变化导致德国和欧洲普遍采用小时计费制，这让客户支付给律师的费用明显攀升。其他与"法律即生意"模式相关联的变化还包括为争夺客户而进行"选美比赛"（beauty contests）、第三方诉讼融资，[2] 以及大专业服务事务所根据商业思维构建的内部等级制度和薪酬模型。[3] 专业人员为了"营销"而向特定杂志甚至报纸投稿。这在一定程度上会侵蚀法律对专业服务的管制。[4] 在德国，法律服务在很多方面实际上已经废除了官方领导下的行业自治结构。[5]

只需稍微比较一下四十年前的传统自由职业和目前商业导向的实体，就可以明显看出"去管制化"这些年来潜移默化的叠加效果。还有一个不容忽视的趋势是，中高级别法律和会计专业人员越来越集中，少数行业超级事务所形成寡头垄断。此种发展又进一步

180

---

〔1〕 See § § 4, 4a German Federal Law on Attorneys Fees as enacted in 204 and amended in 2008. For the admissibility of contingency fees in exceptional cases see German Constitutional Court 117 BVerfGE 163 (2006) and the comments of Gaier and Stürner 60 NJW Special Edition September 2007, p. 4 ss., 9 ss. The European Court of Justice shows a clear preference for freely contracted fees (see ECJ 60 NJW 281 ss. [2007]-Cipolla), and, as a consequence of its decision, Italy abolished the traditional system of governmentally authorized fee scales for attorneys' compensation. For the discussion and development in the U. S. see Goldfarb v. Virginia State Bar, 421 U. S. 773, 786 ss. (1975) on the one hand and Bates v. State Bar of Arizona, 433 U. S. 350 ss., 359 ss. (1977) on the other.

〔2〕 For this German development see German Constitutional Court 177 BVerfGE 163 ss., 195/196 (2006).

〔3〕 For more details see Stoller, Mega-lawyering in Europa, 2000; Bormann 8 ZZPInt 3, 25 ss., 46 ss. (2003).

〔4〕 See the German Federal Law on Legal Services 2007 and for its history Chr. Wolf, 60 N JW Special Edition September 2007, p. 21 ss.; for France and England see the survey of Bormann 8 ZZPInt 3, 42 ss. (2003).

〔5〕 The starting point of this development was a decision of the German Constitutional Court, which ruled that the bar did not have authority to adopt mandatory guidelines of professional ethics without a clear and specific statutory basis; see 76 BVerGE171 (1987) and for more details Murray/Stürner, German Civil Justice, Chapter 4 E) (1).

产生了独立性和利益冲突等新问题。[1] 这些公司试图在内部执业部门之间修建"长城",形成"内部独立性"。专业事务所还会雇佣大量非专业人员,按照英美模式的企业等级将其纳入事务所。[2]

很难说以后是否还有机会反转,让自由职业导向稍稍偏离近几年盛行的商业和竞争模式。在会计行业有一些这方面的迹象。近年来此种发展严重影响了人们对专业审计质量的信心。各国正在重新立法以提高审计的质量和独立性。[3] 全球金融危机让人们怀疑评级机构(rating agency)的可信度,这也导致美国和欧洲立法者不断采取更严格和强有力的措施规范这一新兴自由职业。[4] 公共政策方面的变化可能会导致重回管制化的轨道。法律专业服务市场是否会出现类似发展,尚待进一步观察。

四、德国公证人和拉丁公证人的自我形象（self image）

（一）德国公证人的专业形象

相较于不属于司法体系组成部分的其他法律专业人员,[5] 德国公证人自认为有能力避免其传统专业形象以及与该形象相关的价值被破坏。公证人继续秉承中立第三方形象,[6] 作为预防司法制度的组成部分,负责确认双方的法律交易意愿,将该交易以最优方

---

〔1〕 See for duties of in forimalion regarding possible conficts of interests the very strict and severe dicision of the Geman Federal Supreme Cour 61 NJW 1307（2007）.

〔2〕 For the development of big restructuring firms in the field of insolvency administration see Stürne, 122 ZZP 265–292（2009）.

〔3〕 For the U. S. see sec. 201（a）Sarbanes–Oxley Act of 2002, Pub. L. No. 107–204, 116 Stat. 745（2002）and 17 C. F. R. § 210, 2–01（c）（4）（ix）, which professional duties of the accounting professions and establishes new independent supervision authorities.

〔4〕 See, e. g., the European Commission's Proposal of a Regulation of the European Council and Parliament on Rating Agencies, 12. 11. 2008, KOM（2008）, 704.

〔5〕 For this development see Murray/Stürner, German Civil Justice, Chapter 4（E）, （G）and（H）; very critically Stürner, in: Henssler et al. （eds.）, Felix Busse zum 65. Geburtstag 2005, P. 297 SS.

〔6〕 For this and the following details see already Chapter 3 above.

式表达于外，并就潜在问题向双方提供咨询服务。公证在公共司法中的角色支持其法律构造（legal structure）的正当性。这种法律构造发端于法官，包括交叉补贴费用结构（partly cross-subsidizing fee structure）、[1] 根据需求任命、固定服务区域、不得拒绝公证、[2] 发布可执行文书。[3] 这种法律构造已经类似于法官的免职制度等。

　　虽然德国公证人是目前最严格、最成功的公证形式，但其自身仍存在缺点。德国的公证人职业[4]分为两大类：专职公证人和律师公证人。这不免会影响公证人作为中立预防性司法机构的形象。律师公证人试图将当事人律师和中立公证人两种功能结合起来，这显然有损害公证制度的独立性和中立性的风险。在此背景下还应该注意到，即使是专业公证人，也可以接受单方当事人的委托提供咨询意见。[5] 关于利益冲突的严厉规定或许会尽可能保护公证人的中立性。另外，目前在巴登-符腾堡州存在多种公证人类型，这也会损害德国公证人在欧洲的可信度。近期巴登-符腾堡州将通过改革简化公证人类型，这有助于维持和提高公证人的整体职业形象。

　　商业公证和盈利考虑是另外一个棘手的问题。毕竟，在预防性公共司法机关概念和经济效益最大化之间天然存在矛盾。一方面，预防性公共司法体系要发挥功能，就离不开必要的经济支撑，这样才能抵御诱惑、维持独立。另一方面，公共预防司法组织不能以利润最大化为导向。公证人有义务平衡交易地位不平等的交易双方的信息不对称性，防止一方滥用优势经济地位。尽管这会在一定程度

182

---

　　[1]　See Chapter 4 (2) for real estate transactions.

　　[2]　§ § 14 (2) 15 Federal Notary Law.

　　[3]　§ 794 (1) (5) German Civil Procedure Code. In the tradition of the Latin notariat authenticated documents are per se executable, in German tradition the document must contain a special declaration of excitability.

　　[4]　See Chapter 3 (3) above for a detailed description of the forms of notariat in Gemany and especially in Baden-Württemberg.

　　[5]　See § 24 (1) Federal Notary Law and Chapter 3 (2) above.

上损害经常办理公证事务的大客户的利益，从而影响未来的业务收入。[1]

公证人过去一直欢迎人们提出改革建议，以防止专业滥用。[2]但最近几十年，公证人协会和其他行业代表逐步认识到，维持公证人作为预防性公共司法机关的唯一途径就是摆脱利润最大化导向，否则公证业就不能立足于欧洲舞台。

（二）欧洲框架

作为一个整体而言，很难说欧洲公证人的专业形象必然就是中立和独立的第三方法律顾问。对此有三个原因：

第一，公证功能在何种程度上实现了预防性司法政策，在不同国家差异很大。在有些国家，公证人的功能仅限于形式意义。此种公证人对交易当事人只提供很少的信息或咨询建议，其公证功能仅限于对文件的官方确认，就好像盖上一个官方印章。就此意义而言，他们更像是负责盖章的官员，而不是公共司法官员。此种弱化版公证人包括部分罗马法系国家的公证人和英国的公共公证人，后者正在寻求改革，努力发展为欧洲各国所承认的公证机构。[3]

第二，各国对于公证人作为预防性司法机关的中立性和独立性要求宽严不一。虽然法国是现代公证制度的引领者，[4]但法国公证制度中的某些特征却使人们不得不担心此种制度的未来。实践中，法国的公证人资格可以买卖，[5]这破坏了公证人作为中立和独立的预防性司法机关的形象，令人觉得公证人和其他普通法律工作者并无二致。当事人在同一交易中可以各自聘请公证人共同完成

183

---

〔1〕 The well-known corrupting effect of repeat clients on private actors in systems of justice is documented in Peter L. Murray, The Privatization of Civil Justice, 12 ZZPInt. 283-303, 293 ss. (2007).

〔2〕 See already Chapter 3 (7).

〔3〕 See Chapter 2 (4) and Chapter 5 (1) (d) above on the English notary and Chapter 9 (1) on the current discussion concerning cross-border recognition of notarial documents within the EU.

〔4〕 See Chapter 2 (2) and (3) above.

〔5〕 See Chapter 2 (2) and Chapter 5 (2 (a) (ii) above.

交易的实践尤其令人起疑。[1] 此种当事人导向的做法会将公证人和当事人聘请的法律专业人员（如起草合同的律师或过户师）混同起来。这种做法来自英美法律界，他们的对抗制法律文化中并无任何独立、中立的预防性法律机构的概念。[2] 此外，如果两个公证人分配一份费用也能得到合理报酬，这就说明法国法律规定的收费标准过高。此种印象符合现实，法国的公证人收费水平确实是欧洲各国最高的。[3]

荷兰模式下对公证费用并无法律规定，完全由公证人和当事人协商决定，[4] 这就很难让人们将其和预防性司法服务、承担公共责任的中立专业人员等概念关联起来。倘若当事人愿意支付更高费用，是否能比支付较少费用的当事人获得更多、更好的法律建议呢？我们当然可以举出仲裁员或调解员的例子来说明，中立第三方的费用也可以通过协议确定。但另一方面，近年不断出现对私人化司法（privatized justice）的质疑，中立者是否会为了从大客户那里获取更多费用而罔顾公平正义？[5] 这一问题导致人们呼吁对司法服务设立固定费率表格，并且尽量让服务和收费脱钩。[6]

德国联邦宪法法院和欧洲法院都认为，法定固定费率可以更好地促进律师的执业独立性。[7] 这种政策更适用于公证人，因为其作为中立法律顾问提供法律服务，披着特殊国家机关的外衣对重大

---

〔1〕　See Chapter 5（2）（b）and Chapter 2（2）above.

〔2〕　See for the U. S. Chapter6（2（a）above.

〔3〕　See Chapter 5（2）（c）and Chapter8（1）

〔4〕　See Chaper2（3）and Chapter 9（1）above.

〔5〕　Again Peter L. Murray, 12 ZZP Int. 283 – 303, 293 ss.（2007）; further Judith Resmik Contracting Civil Procedure, in: Carrington/Jones, Law and Class in America, 2006, p. 60 ss.; Rolf, 2007 p. 251 ss.

〔6〕　See, e. g., for the fee tales of institutional international arbitration ICC Publication No. 581, ICC Rules of Arbitration（1998）, Appendix III, Art. 4; WIPO Rules of Arbitration（2002）Art. 67 ss. with Appendix; Rules of Arbitration of the German Institution for Arbitration（DIS）, Art. 4, 5 with Appendix etc.

〔7〕　See ECJ 60 NJW 281 ss.（2007 – Cipolla）and German Constitutional Court 117 BVerfGE 163, 182 ss.

法律交易办理公证。荷兰的公证人制度偏离这一原则，严重削弱了欧洲公证人的整体地位。葡萄牙最近解除了对公证费用的管制，也会引起类似问题。

第三，在某些国家，公证人的活动和预防性民事司法、行使公共权利等概念严重不符。利益冲突严重损害公证人的专业形象。例如，在法国，某些公证人兼顾融资或不动产经纪业务，[1] 这就不符合准司法专业法律顾问的概念，特别是当公证事项和公证人有商业利益关联时。虽然公证人负责在相关交易中报告和收取税费，但这也没有改变利益冲突的事实。此种情形存在一天，就会给反对者提供足够弹药，以质疑公证人预防性公共司法职能机构的形象。

185
五、欧盟委员会提议的去管制化欧洲公证人

公证行业或许应当自问，欧盟委员会提议的"去管制化公证人"（deregulated Notariat）是否确实无法接受？事实上，接受提议并参与规则制定比单纯对抗的效果要好得多。在欧洲内部构建去管制化公证人，是否会比完全废除公证职业更好地实现预防性司法的价值呢？[2]

可以假设，对于去管制化的欧洲公证人而言，对文件和交易行为办理公证属于纯粹私人专业服务，类似于审计或其他法律服务。当事人可以自由决定是否办理公证以及费用如何分担，公证费用本身也需要和公证人协商确定。任何公证费用价格表都要接受反托拉斯法调查。专业团体或协会推荐的收费标准也要符合竞争法的规定，他们向大客户如银行推荐成员时也要遵守竞争法。基于同行竞争压力，公证人可能也会采用计时收费制，按照事项的难易程度和管理水平确定小时费率。

---

〔1〕　See Chapter 5（2）（a）（ii）above.

〔2〕　See for the description of the Commission's vision of a deregulated notariat already Stürner, in: Stürner et al. （eds.）, Festschrift für Dieter Leipold, 2009, p. 835, 845 ss.

这样一来，任何一方当事人都可以聘请公证人参与交易，以确保其利益得到周全保护。公证人可以像现在一样继续担任中立、公正和客观的法律顾问。法律不再规定公证人数量，也不分配公证人的职业地区。这可能会导致公证人集中于城市和大的市镇，偏远地区的居民必须前往大城市才能获得公证服务。

去管制化的欧洲公证人向所有欧洲居民开放。公证人也可以在全欧境内执业和进行广告营销。可以想象，公证行业也会出现大型事务所，和大律所或大会计所一样。利益冲突问题也可以通过内部"长城"的方式处理。公证人可以基于经济考虑拒绝办理公证。

任何强制公证的规定均属于对市场参与者自由的限制，必须经过严格的公共利益审查。例如，对公司文件的强制性公证要求可能不复存在，同现在英格兰和法国一样，采取可替代的私人文件模式（alternative private document model）。当事人可以在市场上自由选择是采用便宜一些的书面私人文件，还是采取更昂贵的公证文件。公证的特别价值必须在市场上参与法律服务竞争。强制性公证可能只会保留在那些需要高度确定性但当事人又缺乏经验的法律行为中，如家庭和继承事务。

在不动产法和公司法领域，将会重点发展方便快捷的电子登记和交易系统。公证人和银行、律师、持牌地产过户师以及其他专业人员均可制作不动产交易文件。公证服务以较好的服务质量争取客户。消费者可以自由选择其他服务提供者价格更低的服务，或者公证人提供的更好但更贵的服务。这是前任竞争法委员 Monti 先生对法律专业人员和其他法律服务提供者关系的表述。[1] 这类似于目前英格兰的状况，法律人和持牌地产过户师均可提供土地过户服

---

〔1〕　This position has been cited with approval by the former German Federal Constitutional Court Judge Renate Jaeger, who is now a judge on the European Court of Human Rights; see Jaeger, 57 NJW 1492, 1493 (2004).

务，后者和律师争夺交易机会。[1] 所有关于公证人责任和执业的规定均会逐步转化为竞争法、不正当竞争法和一般性的专家责任。最近葡萄牙的变化体现了欧盟委员会所倡导的去管制化公证人的特征。

此种未来图景引起了很多来自民法公证人体系的决策者和法学家的关注。一方面，此种模式的支持者指出，在没有管制公证人的国家，如英国、斯堪的纳维亚国家和美国，社会仍可以正常运转。这或许意味着，很多国家的公证制度或许无法通过严格的成本——公共利益分析。

187

六、公证与欧洲法律社会文化

可见，欧盟对各成员国公证制度的压力，实际上是一场旨在改变欧洲法律和社会文化的战争的表现形式。[2] 这场战争的结果将会决定欧洲公证制度的命运。

（一）传统欧洲社会中的公证

在过去几十年，欧洲各国，尤其是德国已经构建了社会市场经济体系。在这种社会体系中，自由概念不仅包括个人的平等成功机会，还包括相互冲突的各种社会和经济利益的融合与协调。[3] 社

---

〔1〕 See Chapter 5 (1) (a), (C) and (d) above. See also, Peter L. Murray, CNUE Report, p. 59 ss., 106 ss, 119 ss, for a discussion of conveyancing practices in England and relative costs.

〔2〕 See for a description of the most important differences between the Anglo-American and continental legal and social cultures S. M. Lipset, American exceptionalism, 1996; S. M. Lipset/G. Marks, It didn't happen here. Why Socialism failed in the United States, 2000; von Mehren/Murray, Law in the United States, 2nd ed 200 7, p. 273 ss; in German language Stürner, 2007, P. 33 ss, 48 ss, 156 ss.; id, Privatautonomie und Wettbewerb unter der Hegemonie der anglo-amerikanischen Rechtskultur, 210 AcP p. 105 ss. (2010).

〔3〕 See for an analysis of the most characteristic features of the German and European social market-economy Hall/Soskice, Varieties of Capitalism, Introduction, 2001, p. 1 ss., 36 ss.; J. H. H. Weiler, The Constitution of Europa, 1999, p. 238 ff., 245/246; Reid, The United of Competition Law, 2007, p. 163 ss., 166-168; id., Markt und Wettbewerb, p. 48 ss.

会不是一个让每个人最大限度自由竞争、政府只能在极端情况下干预的竞争剧场。欧洲的自由概念不能脱离这一基本范畴。经民主选举产生的立法者应构建相关制度实现自由及其实质内容。立法机关构建制度的主要工具是规则，而不是需要证明其正当性（justification）的例外。

（二）竞争商业社会中自由观念的转变

最近几年，在"法律和经济"学派的支持下，强大的利益集团提出了新的社会理论，认为个人利益最大化自由（freedom to maximize profits）才是技术、社会和经济进步的关键。[1] 立法干预应为例外，且必须有紧迫公共利益考虑的正当性理由。法律关于自由的规定必须让位于个人自决自由（freedom of self-determination）。[2]

世界银行关于各国经商情况的报告明显接受了上述观点。[3] 设立预防性法律要件的国家，如对于公司设立要求最低资本金或办

188

---

〔1〕 This is e. g. , the basis of the European Commission's Green and White Paper on private enforcement of European Competition Law; see Commission of the European Communities, Green Paper-Damages actions for breach of the EG antitrust rules. SEC（2005）1732,（205）COM/2005/0672（Brussles; December 19, 2005）; id. , White Paper - Damages actions for breach of the EC antitrust rules, SEC（2008）404-406, 2008 COM/2008/165（Brussles; April 2, 2008）.

〔2〕 For the topos of, justification in terms of urgent considerations of public goods see, e. g, ECJ 60 NJW 281, 285（2007- Cipolla）and German Constitutional Court117 BVerGE 163 182（appropriateness, suitability, necessity and adequacy of the legislative intervention）.

〔3〕 Beginning in 2003 the World Bank commissioned a series of reports on doing business in many countries of the developed undeveloped World. These reports evaluated legal and economic institutions in the various countries studied from the standpoint of potential investors interested in founding and operating business enterprises in the respective countries. See www. doingbusiness. org/economy-rankings/; for corresponding comparative research on1a numerical basis in the sense of quantification of quality, see Djankov/Mc Liesh/Nenova/Shleifer 46 Journal of Law and Economics 341.（2003）; Djankov/Glaeser/LalPorta/Lopez-de-Silanes/Shleifer 31 Journal of Comparative. Economics 595（2003）; Djankov/LaPorta/Lopez-de-Silanes/Shleifer 88 Journal of Financial economics 430（2008）; in German language Siems 72 RabelsZ 368（2008）Eidenmüller 2009 JZ, 641（2009）; critically Kern 14 ZZPInt 445-496（2009）; id, 2009 JZ 498（2009）; id. , Justice between Simplification and Formalism, 2007.

理公证，或对不动产转让要求办理公证或强制登记，均被列入"商业不友好"名单；对设立企业和转让地产没有任何特别要求的国家则被列为"商业友好国家"。[1]

和个人自由概念相比，预防性司法规定更难以容忍的是事后救济模式（ex post facto sanction），后者在嗣后发现滥用自由时才对受害者进行补偿干预。

（三）对此种转变的经济学解读

缺乏民主正当性的机构喜欢借助自由概念的转变鼓吹其权威性，并将其影响扩展到民主立法机关。欧盟委员会、欧洲法院和德国联邦宪法法院都在扩展"自由"概念，将其作为杠杆实现社会和经济的变化。这些机构援用自由来支持那些认为现有法律规定违反欧洲法和德国宪法的调查结果，但这些制度已经和宪法和谐共存了几十年。从宪法的职业自由保障推导出当事人有权通过协议确定律师费或过户费，[2] 这恐怕比传统法律体现了更多的政治干预。欧洲法院和联邦宪法法院正在进行一项法律政策上的基础决定，即从国家立法者手中夺取立法政策，从而打破长期的法律传统。

基于同样的目的，欧盟委员会和欧洲法院公开质疑预防性司法的责任和交叉补贴机制。但事实上，欧盟条约文本和德国联邦宪法均授予国内立法者一定的自由空间，以构建符合本国需求的法律制度。在未来的争议中，文本解释的论据对于关乎公证制度命运的案件影响甚微。若公证制度属于《欧盟运行条约》第51条和第62条（行使公共权力）的适用范围，即可排除"地理设立自由"（freedom of geographic establishment）和"提供专业服务自由"（freedom to provide professional services）条款（第49条以下和第56条以下），但这最终是一个决策问题。至于法定公证收费标准是否构成

---

〔1〕 See for the acquisition of rent property the Doing Business Report 20% www. doing-business. org/documents/FullReport/2008/DB308_ Full_ Repor. pdf, p. 73, 80. The rating focuses mostly on tine and costs and not on efficiency of registrant its reliability.

〔2〕 See again EJC 60 NJW 28 1, 285 (2007- Cippola) and German Constitutional Court 117 BVerfGE 163, 182 ss.

资本流动限制（第63条和第65条），亦是如此。[1] 很多问题最终取决于政治力量的博弈。

（四）欧洲公证人的政治立场

公证人是否有能力在欧盟成员国的民法法系文化中保持其独特地位，取决于两个因素，即欧洲社会文化的总体发展和公证人的政治能量、警觉性。

1. 欧洲社会文化的前景及其对公证人的意义

在理想的竞争市场经济社会中，充分知情的市场国民（informed marketplace citizens）通过寻求利润最大化和最小经济管制成本（cost with minimal economic regulation），将政治经济推向新的发展水平，并主要通过事后补偿纠正偏差。此种理想社会模式在美国和近几十年的欧洲相当流行，但实际上却言过其实，最终会基于自身理念而崩解（disintegrate as a result of its own ideology）。原则上，金融市场危机并非有序经济的意外，而是有缺陷体系的必然结果。[2] 在这种体系中，重要的专业服务商如银行、评级机构、会计等都以利益最大化为导向，法律并未规定其有促进社会公益的义务。银行会趋向于在风险发生之前将资产售出，就像二手车代理商在铁锈腐蚀掉油漆之前赶紧卖掉生锈的车一样。此种行为意味着欺诈、歪曲、隐瞒等一系列负面行为。在能源领域，安然（Enron）[3] 的倒闭和全世界能源价格的飞涨充分证明了去管制化理想（ideal of healthy deregulation）的失败，这也导致了对公用事业服务重新进行程度不一的价格管制。由此产生的疑问是，将公共事业企

190

---

〔1〕 See for fees of official notaries ECJ 60 NJW 3051 (2007).

〔2〕 See A E. Wilmarth, The Transformation of the U. S. Financial Services Indus – try 1975–2000: Competition, Consolidation and Increased Risks, 2002 U. Ⅲ. L. Rev. 2 15; in German language Stürne：《囊括一切的市场和竞争关系》, p. 89 ss.

〔3〕 安然公司曾是世界上最大的电力、天然气以及电讯公司之一，在2000年是美国最大的天然气采购商及出售商，拥有约21 000名雇员，营业额达1010亿美元。但拥有上千亿资产的公司在2002年于几周内破产，爆发出持续多年精心策划乃至制度化、系统化的财务造假丑闻。从那时起，"安然"已经成为公司欺诈以及堕落的象征。——译者注

业的政府占有份额降至最低（以前欧洲的传统模式）真的会更好吗？[1] 起诉会计和公司高管的股东也提出类似问题：是通过独立尽责的审计积极预防法律风险，还是在缺乏此类预防措施的情形下通过事后集体诉讼挽回损失更明智？即使在美国这个集团诉讼大国，集团诉讼也充满争议，且难以提高市场主体的道德水平。[2] 如前所述，理想的市场经济社会中，整个社会发展取决于市场上国民的自由选择，他们可以选择便宜而质量差的服务，或者昂贵但质量高的服务，但这种假设看起来并不可靠。

191

最近几年的情况证明：管制之下的竞争市场（under-regulated competitive marketplace）存在一些危险。美国市场经济的成功循环（success cycle）在最近几十年被视为比欧洲大陆更具优越性、更符合社会市场经济，但这种循环最近好像已经停滞。人们开始反对去除专业服务领域中的预防性法律规定。这或许是基于对这些规定的社会和经济价值的重新认识。在过去几年，美国很多中等收入家庭的融资风险不断增加，部分交易中不同利率组合的融资率达到100%。而在有中立专业公证人参加的交易中，公证人至少可以向

---

〔1〕 For the US, see Johnston, Competitive Era fails to shrink electric bills, The New York Times of October 15, 2006, p. 1and 27; for the Enron Debacle Day I Bus. L. Brief (Am. U.) 54 ss, (2005); for a German and European point of view see Massing, Gutachten 46, Deutscher Juristentag, 2006, p. D 180 ss.

〔2〕 Laws and rules regulating class actions in America have been reformed in 1995 and again in 2005, but the literature continues to document serious problems of excessive costs and lack of a real remedy for injured class members. Sec, e. g. for the problems of manager liability in connection with shareholder suits especially Coffee106 Columb. L. Rev. 534 (2006) and M. B. Fox 109 Columb. L. Rev. 237 ss, (2009); in German language Stürner, 210 Acp 105 ss. , 125 ss. (2010).

当事人提示这些风险。[1] 在此种背景下，人们不禁要问，真的有必要在不动产交易法中完全解除对过户专业服务人员的管制吗?[2]

2. 公证人捍卫自身价值的意愿

随着越来越多的人开始怀疑完全去管制化的市场经济能否长期有效，公证人也在努力维护自己在法律交易中的独特地位。公证业终于摒弃了之前信奉的"独善其身、不自寻烦恼"。但去管制化的行动已经迫在眉睫，公证业不能再继续沉默。

在目前和未来的矛盾中，应引导讨论，让决策者和市民意识到公证制度的价值和预防性司法功能，而不是逐步撤退、最终崩盘。192 在此意义上，诸如公证人国籍或公证费管制等事项并非可以妥协的技术细节。对欧洲有限责任公司的提议同样如此。这种公司可根据本国法律设立，并在对公司成立要求公证的其他国家营业。此种发展会损害预防性民事司法的基础，并最终让公证制度消亡。对自己有信心的公证人应当旗帜鲜明地反对此种发展。

德国和欧洲公证人必须自己确信公证职业的基本精神就是承担预防性司法的公共责任，这样才能领导对预防性司法未来的大讨论。倘若把盈利放在第一位，公证人就会沦为自由市场上的营利性专业服务者。此种发展最终会损害欧洲及受欧洲影响地区的法律文化，以及相关的社会市场经济传统。如果欧洲希望在交易法中保持预防性司法的传统，就必须为之斗争。

---

　　[1] A recurring theme in the sub‐prime mortgage crisis in the United States has been mortgagors′ lack of understanding of even the most salient terms of the mortgages that they entered into. In recent years several commentators have asked the question of whether independent neutral advice to all parties at the time these mortgages were created might have tended to restrain the worst excesses. See, e. g. , Robert J. Shiller, The Subprime Solution, 2008, Ch. 6, p. 130; Peter L. Murray, Real Estate Conveyancing in 5 European Union Member States. A Comparative Study, 2007, p. 123 ss.

　　[2] See Chapter 10 below for a comparative discussion of transactional law and practice in notarial and non‐notarial legal systems.

¹⁹³ 第十章　美国中立交易律师的发展潜力

　　民法公证人制度在特定法律交易中以合理价格为当事人提供高质量的中立法律建议并执行交易。若交易参与者通过单方聘请律师获得相关法律咨询服务，往往会导致信息不对称和高额费用。由此引发的问题是：为何不能在美国引入类似于民法公证人的法律专业人员来处理不动产交易？

　　对此种提议的最初反应很可能是本能排斥（膝跳反应，knee-jerk rejection）。英美法律文化中的律师形象就是绝对忠实和忠诚地代表当事人一方的利益，担任其咨询顾问和辩护人。[1] 在美国传统利益冲突观念下，简直无法想象律师可以在同一法律交易中同时"代表"多方当事人。可见，美国律师很难从传统的单方顾问形象一跃而转化为协助多方当事人完成交易的中立、独立法律专业人员。

　　另一方面，目前的交易实践以及银行律师或产权公司在处理房产不动产交易时扮演的角色，又似乎预示着此种融合正在发生。替代性争端解决机制的发展，特别是调解制度，充分说明无论是在诉讼还是非讼背景下，法律专业人员完全可以作为中立第三人协助双方谈判。[2] 事实上，至少在不动产交易领域，很有可能发展出一种美国式民法公证人（American form of the civil law notariat），以实现美国法律文化与传统民法公证人的调和。

---

〔1〕　See Chapter 6（2）（a）.

〔2〕　See Chapter 6（4）.

一、不动产交易的现状

如同前文第六章和第七章所指出的，美国的不动产交易实践已经脱离了买方、卖方和银行三方各自聘请律师的传统模式。大多数情况下，房产交易当事人无法承担 2~3 名律师的开支。通常都是由交易一方（通常为银行）的律师负责起草交易文件并办理过户手续。

事实上，办理房产交易的律师大部分都是银行律师。这也恰如其分地反映了各方当事人的议价能力。银行可以客气地邀请其他当事人自费聘请律师共同办理交易手续。但大多数情况下，其他交易方都会放弃聘请律师，而仰仗银行律师办理整个业务。

美国不动产中需要填写大量的披露表格（form disclosures），主要目的是让买方充分获知相关信息。披露表格的大量使用也恰好说明现实中大部分买方在交付房产时并没有律师提供法律服务。这些表格能否有效保护买方，尚存在争论。因为买方通常不会仔细阅读就签字确认。披露表格并未防止数以百万计的购房和抵押交易，最终造成美国地产泡沫爆发。

值得注意的是，随着不动产贷款流程和相关法律越来越复杂，办理不动产业务的律师和律师事务所逐步出现内部专业化分工，尤其是在房产交易领域。传统上，每个执业律师都可以代表三方处理整个交易流程。房产交易差不多是每个普通律师日常业务的一部分，为其带来稳定收入。在最近 30 年，房产抵押次级市场的发展促进了该项业务的专业化。

任何律师均可在契据登记册上查阅所有权、制作契据并办理过户。但次级市场和产权保险的标准化要求、州法律和联邦法律的信息披露要求和法定条件导致银行和抵押公司业务日益集中在专业律师事务所和产权公司。虽然他们在法律和经济上依附于银行和抵押公司等大客户，但这些专业交易服务人员仍会为所有交易方利益而参与和完成房产房产交易。买卖双方均依靠银行或产权公司的律师为他们办理不动产交易手续。虽然这些律师没有义务顾及买方和卖方的利益，但贷款发起者和次级市场会要求他们尽职完成交易、签署文件、确保文件效力，并避免法律瑕疵。只要稍微调整其责任形式和服务方式，他们就可以担当中立的交易法专业服务人员。这种变化虽然重大，但并非不可接受。

二、美国律师和调解员

随着调解作为替代性争端解决方式的发展，美国法律执业者的传统党派形象（party-bound image）已经发生显著变化。作为处理民事纠纷的手段，调解正迅速取代法院审判。[1] 传统上，只有法官和仲裁员才适用此种对多个客户负责的中立法律人模式，中立功能可以确保其以超然态度处理争议。律师向法官或仲裁员提供事实和法律依据，法官或仲裁员根据递交的文件作出裁断。

调解员通常也是法律人。但和法官及仲裁员不同的是，调解员直接和当事人接触，设法帮助他们对话，促使他们达成协议。这个角色比当事人的单方顾问（partisan counselor）或辩护人更加复杂。

调解有多种表现形式。有的调解技巧致力于促进当事人对话，但不提出任何评价意见。调解员应当有较好的共情能力，鼓励双方超越本身立场寻求各方都满意的结果。根据具体情况，调解员可以对当事人的立场提供反馈和评价意见，采取针对性措施促使当事人达成协议。在各种调解形式中，调解员始终要意识到自身的权限和义务。调解员应适当关注和保护各方当事人利益，否则就要向多方当事人承担相应责任。

196 美国律师接受调解制度并担任调解员本身就是巨大的飞跃，这说明同时为多方当事人、而非一方当事人的服务并非不可想象。虽然有关调解员的行业监管以及调解员责任的法律依据尚在起步阶段，但我们有理由相信，律师会越来越多地参与担任中立性专家的

---

〔1〕 For details see Chapter 6 （4）（c）.

工作。

三、行业管制的发展

越来越多的美国律师作为中立者参与调解和其他替代性纠纷解决方式，这导致对法律职业的监管规则也发生重大变化。60 年代以来的美国律师协会《职业责任示范法》（Model Code of Professional Responsibility）反映了传统律师的形象：一个律师必须对应一个客户，且必须以坚定不移的忠诚代表客户利益。相关规则也是围绕律师和客户关系来设计，没有任何关于律师同时代表利益相悖的多方当事人的规定。示范法仅在例外条款中规定了可以代表多方的情形，即利益冲突较小且各方当事人均表示同意。[1]

1980 年《职业行为示范规则》（Model Rules of Professional Conduct)[2] 则规定律师在某些情况下可以作为中立者同时为多方当事人服务。规则第 2.4 条规定：在某些情况下，律师不"代表"任何一方当事人，而是要"帮助两个及以上非客户当事人解决争议或其他事项"。在此种情形下，律师应当"明确告知双方当事人自己并非他们的代理人；律师知道或应知一方并未正确理解律师在本事项中角色的，应向其介绍律师作为中立第三方和当事人代理人之间的角色差异"。

该规则似乎是为担任调解员的律师设计的，因为其中明确提到律师的功能是协助当事人解决争议。据此，律师可以作为中立第三方协助当事人解决"其他事项"，包括在不动产交易中的事项。

第 2.4 条的规定意味着，律师的角色已经从传统的、具有党派属性的法律顾问和辩护人，逐步演化为一种多元化角色，包括作为

197

---

〔1〕　See Model Code, DR5-105. 在每个案件中，律师的功能都是代表一方或多方客户。

〔2〕　《执业行为示范规则》（the Model Code of Professional Conduct）系美国律师协会 1983 年 8 月 2 日通过，2002 年 2 月 5 日修订。目前有 49 个联邦州均以该示范规则为蓝本制订了律师行为准则。

中立第三方协助当事人解决争议，而这些当事人均不是律师传统意义上的"客户"。

可见，无论是示范规则第2.4条还是其他示范规则，均没有明确规定律师对接受其帮助的非客户当事人承担何种责任。能力、忠诚和勤勉义务都是针对客户设定的。尽管可以采取类推适用方式将这些义务扩展到中立律师，但示范规则本身确实没有明确规定中立律师的义务。

这并不意味着律师调解员对接受其调解服务的当事人不用承担任何责任。虽然关于调解员、法学家与非法学家的专业监管规定尚未成型，但行业协会自发制订的标准、调解行业的法规和普通法均认为，调解员应承担的法定义务包括：提出的建议和反馈意见应具有独立性、中立性和客观性，诚信对待各方调解当事人。目前的规定虽然还不完善，但基于调解在实践中的重要意义，这方面的发展必然会持续下去。

美国调解员并不像民法公证人那样提供完整服务。毕竟为多方当事人提供中立法律事务的模式已经严重背离了美国法律文化中的传统律师角色。但调解模式的成功至少可以说明，美国法律人可能未必会像之前普遍想象的那样固守对抗制法律文化。

四、美国的中立交易专业人员

美国处理不动产交易的现实情况，加上美国法中立律师的发展，预示着至少在不动产交易领域，可能会出现类似于民法公证人的美国式中立法律专业服务人员。这种制度的出现建立在政策考量和经济现状的基础上，而非对罗马法的继承。实际上，民法公证人虽然源于民法历史和传统，但也体现了现代政策和经济需求。也就是说，民法公证人在历史发展过程中也在不断调整其功能和形式，以适应不同时代的政策和经济需求。有些传统形式之所以能够保留至今，是因为其适应当前的法律和政策需求。例如，健全且有效的预防性司法功能在今天和过去一样重要。

例如，国家的立法机关、法院或其他规范法律执业和法律服务的机构可以创设一个新的法律服务分支，将其命名为"中立交易律师"（neutral transactional attorney）。中立交易律师可以单独作为"境况律师"参与不动产买卖、其他转让和抵押等，为多方当事人提供咨询、协助谈判和当事人沟通、起草文件、办理过户等服务。

在这种背景下，路易斯安那州公证人的地位和职能可能具有一定的指导意义。[1] 该州公证人是美国各州中最接近欧盟各国民法公证人的。200多年以来，路易斯安那州的公证人在不动产交易中所扮演的角色虽没有民法公证人那样全面，但比美国其他州的公证人都更为重要。特别是，路易斯安那州公证人是以中立身份参与交易，对各方当事人负有同等责任。

目前，以银行律师的身份为多方当事人处理不动产交易和抵押事务的专业律师是此种"中立交易律师"的天然候选人。此种身份和他们目前正在从事的工作相当契合。他们可以和现在一样，继续为各方当事人利益而起草文件、参与交易，不会影响自身业务和行业形象。

另一方面，中立交易律师对交易当事人所承担的职业责任会有根本性变化。目前的银行律师仅对银行保证专业服务质量和勤勉尽责。但中立交易律师必须对所有交易方负责，包括充分告知、客观建议、勤勉尽职，并因未尽到注意义务对所有当事人负责。买卖双方和银行均可期待中立交易律师在一开始就保持真正的中立和独立，不会偏袒占据优势地位的交易方。中立交易律师应确保各方当事人正确理解所从事交易的性质和关乎其利益的细节，充分说明交易的相关风险并提出客观建议。最后，中立交易律师还应以勤勉尽职的方式完成交易，维护各方当事人的利益。

虽然大多数人都不喜欢改变，但仍可以期待当代美国不动产律师会发现中立交易专家这种新身份的吸引力，尤其是在赋予其特定的专业身份，以及对某些领域有优先或专属权利时。

---

〔1〕　See Chapter 6（3）（b）.

民法公证人有多种模式可供选择，其专业度和排他性各不相同。美国改革者可以从中选择适当的模式。可以考虑通过立法让中立交易专家专门处理全部或者特定类型的不动产交易。例如，家庭房产买卖在数量上构成不动产交易的大头，有些交易会在经济上严重影响传统的美国—律师—客户模式，还有一些交易则明显需要对门外汉交易者提供善意客观建议。因此，可以考虑让中立交易专家负责处理特定类型的不动产交易，或者在不动产交易方面赋予其特别优先权。

五、美国的预防性法律机构

正如第六章所提到的，美国法律文化中实际上已经存在预防性法律的概念。[1] 法律规定特定类型的交易必须具备一定的形式要件，其目的就是要保障参与者即使没有独立的法律建议，也理解该行为的法律意义。例如，法律要求契据或抵押必须"告知"（acknowledged）主管官员，就是要确保契据或抵押系债务人的自愿行为。

200 　美国部分联邦州对涉及特定群体的交易有特别要求，通常是针对超过一定年龄的当事人。例如，缅因州的《限制转让法》（the Maine Improvident Transfers Act）[2] 规定，超过 60 岁的老人必须由"独立的"律师代理，[3] 才能和有可能影响老人判断和行为的当事人签订合同，无论该老人自身是否有完全认知能力。未遵守该规定的，老人及其代理人可以宣布合同无效。《限制转让法》可以视为预防性法律制度，其目的是从一开始就确保交易有序进行，而不是依靠事后追诉来弥补缺陷或不公平的法律行为。和民法公证人制度不同的是，此种预防性法律服务是通过律师代表实现的。

---

〔1〕 See Chapter 6 (1) and 6 (2) (d).

〔2〕 33 M. R. S. A. § § 1021–1025 (1998).

〔3〕 律师必须独立于另一方当事人，而公证人应当相对于所有当事人保持独立。

尽管诸如《限制转让法》的预防性法律结构和公证人所代表的中立法律服务模式相去甚远，但至少可以说明，美国法律也认为应对特定交易采取预防性法律措施，即出于政策考量可以接受一定程度的强制性法律规定。

六、中立交易专家和自执行文书

在大多数民法法系国家，公证人制作的法律文件如抵押证书等，可以自动得到执行（self executing documents），即当事人无需前往法院即可获得国家强制执行力。如前所述，[1] 公证文件直接产生强制执行效力源于预防性法律的概念。若某项法律交易一开始就处于监管之下，且有中立的公共官员参与其中保证其规范性，该法律交易在执行时即无需再经过法院审查。唯有在例外情形下，例如未支付价款、存在错误或欺诈等，债务人才能通过申诉避免执行措施并寻求法律保护。[2]

在不动产交易的背景下，最需要强制执行保护的就是融资方的抵押权。取消不动产抵押品赎回权（foreclosure of real estate mortages）在何种程度上需要经过司法程序确认，在美国各州规定不一，同时也因抵押类型和抵押人而异。一方面，基于对房主的安全保护和传统正当程序的考量，应当对抵押品赎回权的取消进行司法审查。另一方面，考虑到法院程序的高昂成本和时间损耗，人们又趋向于通过司法外程序解决问题。

总体来看，大约40%的联邦州规定，必须通过司法程序才能取

201

---

〔1〕　See for executable notarial documents Chapter 2（V）（2）；Chapter 3（1）；Chapter 5（2）（a）；Chapter 6（3）（c）；Chapter 9（IV）（1）.

〔2〕　For details see, e. g., Murray/Stürner, German Civil Justice, 2004, Ch. 11（F）and Ch. 12（C）（1）（e）.

消不动产抵押品赎回权，其主要理由是正当程序的法律政策。[1]
其他 60%的联邦州允许在庭外取消抵押品赎回权，但要经过公开出
售程序（public sale）。[2] 据此可以考虑规定，经由中立交易专家
设立的抵押权可以无需经过司法程序取消赎回权，但其他类型的抵
押必须经过司法程序才能取消赎回权。此种规定组合一方面符合保
护合法权利的价值取向，同时也节约费用、提高效率。中立交易专
家参与交易可以预防抵押设立过程中出现不公正和不规范情形，对
正当程序的冲击较小。相比之下，如果允许银行及其律师准备文件
并要求既无律师代理也没有仔细阅读内容的买方签署，从而在司法
程序之外取消抵押品赎回权，对正当程序要求的冲击更大。可见，
不仅买方需要中立法律建议，银行也在寻求快速且便宜的抵押品赎
回权解决方案，中立交易律师可以为多方带来便利。

七、过渡期注意事项

202

设立"美国公证人"并不是简单或一帆风顺的。法律改革从来
都不容易。即使新观点能够获得公共政策的有力支持，既有利益集
团也会强力捍卫自己的地盘。虽然美国人一直在捍卫其庞大法律执
业群体的专营权（exclusive franchises），但其对政府秉持的美国式
怀疑主义（skepticism）对任何形式的专营权都有天然抵触情绪，
无论其客观价值如何。在美国设立类似于民法公证人的中立法律专
家制度时当然也不例外。

中立的法律交易专家能否和对抗制下的代理律师共存？在大多
数美国联邦州，这个目标并非遥不可及。基本的设立条件包括：
①规定中立交易专家的教育和经验资格；②确定允许执业的范围；

---

〔1〕 For constitutional problems with the power of sale without a preceding judicial hearing
see Fuentes v. Shevin, 407 U. S. 67 (1972)；Mitchell v. W. T. Grant Co, 416 U. S 600 (1974)；
Nelson/Whitman, Real Estate Transfer, Finance and Development, 6th ed. 2003, Ch. 6 (D)
(3), p. 644 ss.

〔2〕 See Nelson/Whitman, Real Estate, Ch. 6 (D) (1), p. 603.

③规定此类人员的职业道德标准和对交易方承担的专家责任；④明确和提高持牌中立交易专家制作的文件或办理的法律交易的法律属性和效力。

中立交易专家和传统党派律师的并存共处结构可以参照奥地利的情况。[1] 奥地利公证人对于办理不动产交易文件并无垄断地位。普通律师亦可起草土地转让合同、办理抵押和过户文件。但由于奥地利公证人的专业性、中立地位以及和土地登记机关的紧密联系，大多数房产交易当事人均会选择公证人提供服务。

另一个常见的疑问是，在避免利益冲突的前提下，某一法律专业人员是否可以获准同时从事委托代理和中立法律专家两种业务。此种制度类似于德国部分联邦州的律师公证人（Anwaltsnotare）。德国律师公证人可以在不涉及自己及所在律所的客户的前提下在交易中担任公证人。[2] 美国一些州如路易斯安那州、佛罗里达州和阿拉巴马州，正在尝试提高美国公证人的地位和功能，使其更加接近民法公证人。兼职公证人模式看起来更为现实。

但另一方面，如前所述，[3] 德国的律师公证人是十八世纪普鲁士法律特定背景下的产物，并不具有普遍意义。事实上，党派律师和中立公证人在性质上很难调和，利益冲突难以避免，孰先孰后也很难抉择。在德国内部，主流观点认为专职公证人模式比律师公证人模式更为适当，后者只是传统产物，本身并无独特价值。因此，我们不能完全排除同时担任中立交易专家和党派律师的可能性，但同时要将重点放在专职中立交易专家的发展上。

203

---

〔1〕　Rechberger："奥地利从公证到设立司法辅佐机构的发展过程"，载 Rechberger 等主编：《冲突的预防和调整》，1993 年版，第 17 页以下；for further references see Chapter 2（V）（3）.

〔2〕　See Chapter 3（4）above.

〔3〕　See Chapter 3（4）and Chapter 9（IV）（1）.

设立中立交易专家后，其收费应当由法律规定还是由市场决定?[1] 在所有的欧洲民法法系国家，公证费用均由法律规定。这样就可以利用在大额交易中收取的费用补贴小额交易，降低小额交易的公证开支。同时，也限制公证人在某些交易中利用自身专业优势收取过高费用。还有观点指出，公证人费用法定是维护公证人独立性和专业性的重要条件。[2] 但同时应看到，荷兰[3]和葡萄牙[4]已经解除了对公证费的法律管制。去管制化的后果之一就是对小额交易的交叉补贴（cross subsidy of lower value transactions）消失了，导致小额交易费用增加、大标的交易费用反而降低。去管制化是否会导致行业内部的不稳定和不适当竞争，目前下结论为时尚早。可以说，虽然法定收费是维护法律服务中立性和独立性的重要特征（desirable feature），但在一开始的过渡期，美国很可能不会对费用进行管制。

综上，如果一国立法机关能确立中立交易专家这一新兴职业，明确其任职条件和审批程序，制定执业准则和责任承担，并赋予中立交易专家出具的文件或参与的交易特殊法律意义的话，至少可以吸引目前正在从事不动产交易，尤其是房产交易和抵押业务的律师投身这一行业。如果中立交易专家设立的抵押可以不经过司法程序而消除抵押品赎回权,[5] 就会进一步增强该新兴行业的吸引力。

---

[1] In the United States the overwhelming tradition is for unregulated lawyers fees, particularly in transactional law. However there is some regulation of lawyers´ fees in litigation matter, particularly contingent fee matters, and in miscellaneous transactional matters as well. For instance, premiums for title insurance, which is in large part compensation to the lawyer who writes the policy, are regulated in every American state: see e. g. , Chapter 7 (b) and (c).

[2] See Chapter 9 (II) (1) and (3), (III) and (IV) (1) and (2) above, in which serious concern is expressed about deregulation of notarial fees in certain EU jurisdictions.

[3] See Chapter 2 (V) (3).

[4] In Italy, there has been a widespread deregulation of fees for professional services, but it is not yet decided whether and how far this encompasses notarial fees.

[5] 这需要改变很多联邦州有关消费者保护的现行法律。现有法律禁止未经司法程序即取消抵押品赎回。有关宪法性问题参看第六章。

银行作为不动产交易的重要参与者，很可能会要求当事人在中立交易专家那里办理抵押，以获得司法外取消抵押品赎回权的优越效力。和传统的银行律师不同，中立交易专家虽然是银行推荐的，但他们必须遵守法定的职业伦理和专业职责，必须平等对待买卖双方和银行，维护各方当事人利益。

在美国许多州，目前负责处理房产转让的主要是专业律师和产权公司，他们只需稍微改变一下工作方式，即可转化为美国式中立交易专家。两者的工作内容基本一致，只是作为中立专家，应注意采取适当方式向买卖双方提供真实、中立的建议和信息。中立专家不是银行的代言人或受托人，而是以中立身份协助完成交易，对各方当事人承担同等的责任与义务。

过去二十年的发展表明，美国法律人已经接受并践行调解员的工作，包括全职形式和律师兼职形式。同理，如果能为中立交易专家创设适当的角色和功能，也可以期待美国法律人会对这个角色感兴趣并迅速接受它。

八、对中立交易律师的建议

虽然美国传统上被认为是以党派律师为主的法律专家堡垒，但在不动产过户的实际操作中，建立类似于民法公证人的中立交易专家的时机已经成熟，这些中立法律人至少可以专业处理房产交易。[205]过去三十年来，调解制度在美国的发展充分表明，只要能带来价值，美国法学家就会接受中立角色。目前的不动产过户实践已经大大偏离了传统的"客户——律师对应模式"，变成由代表一方（银行）的律师来代表各方完成交易。如果给该律师披上"中立律师"的外衣，让他成为真正的"境况律师"（lawyer for the situation），这种身份当然好过银行律师的身份。中立交易专家的身份可以大大提高其信誉度，且出具的文件可以获得自执行效力，这就会吸引律师参与该角色。除此之外，民法法系国家还提供了很多可供选择的模式，可以根据需要进行借鉴。

最终，至少就房产不动产交易而言，中立交易专家的角色和功能可以显著提供公共利益。因为买卖双方都可以从中立专家那里获得有关交易的专业法律建议，了解相关法律后果。定制化的法律服务也可以减少无意义的信息披露表格。中立交易专家对各方当事人负有勤勉尽职责任，而非仅对一方负责。各方面都会对此结果感到满意。

第十一章　结　论

　　本书试图描述和分析民法公证人作为中立"境况律师"在现代法律交易中的角色和功能，尤其针对房产不动产买卖和融资过程中起草文件和执行合同的工作。同时，也介绍和评价了其他模式，包括英格兰和美国的律师模式、瑞典的不动产经纪人模式。

　　接下来，本书又比较了公证人和其他交易法专业服务人员在房产不动产事项中的工作。民法公证人更适合为所有交易参与方提供中立法律建议，并为各方利益执行合同。在此基础上讨论了在英美法律文化中引入承担公共责任的中立法律服务人员的可能性。

　　那么，本书最终想说明什么呢？公证法律制度有没有其他法域的学者和改革家应当注意的重要特征？公证人作为中立交易律师，有没有一些重要特点值得民法法系和普通法系的改革者关注？

一、民法公证人和预防性法律

　　民法公证人已经存在了若干世纪，是大多数发达国家司法体系中不可或缺的组成部分。民法公证制度源远流长，其核心理念在于，国家有义务提供一种预防纠纷发生，并将纠纷消灭在萌芽状态的法律制度。虽然今天的民法公证人在各国的具体表现形式不同，但均体现并贯彻了这一基本公共政策。

　　这并不是说普通法系国家和北欧国家完全没有预防性司法或提前防止私法冲突的概念。英美法系规定必须由律师或持牌地产过户师起草合同、准备过户文件，也是为了防止或减少当事人之间或和第三人在未来发生冲突。

208 　　两者的区别在于，公共机关应在何种程度上干预私法自治，以及提供何种形式的预防性司法。在普通法系国家，预防性司法由当事人自行选择。当事人可以雇佣律师代表其利益处理交易。若双方均聘请能力相当的律师，且双方律师以专业态度合作处理相关事项，当事人应会获得高质量的法律建议，从而降低未来发生冲突的风险。如果一方当事人未聘请专业人员，或者双方的法律顾问水平差距较大，双方日后发生纠纷或产生对一方不利后果的概率就会增大。若当事人在交易过程中均能获得良好的预防性司法服务，就很可能避免此种纠纷。

　　在很多民法法系国家，预防性司法在特定类型交易中带有一定程度的强制色彩，在其他交易中也获得强力推荐。这反映了特定类型交易中的公共政策考量，即高质量的法律咨询和交易履行对于预防未来冲突或不公非常重要，故此种交易应当由承担公共责任的法律专业人士起草文件并执行。

二、公共机构在私法交易中的角色

　　普通法系和民法法系对预防性司法的不同态度体现了不同法律文化对政府职责的不同理解，即政府应在何种程度上照管公民之间的问题。普通法律文化建立在个人自治基础上，相信个人足以照料好自身利益，而大陆法系文化则认为国家有责任照管公民的福利，无论其自身能否处理好相关事项。

　　同时，撇开文化方面的因素，很多交易类型的结构性特征表明，公证形式更符合客观政策考量。如果一个人可以充分、便捷地

209 利用各种司法工具和制度维护并促进自身利益，他当然会尽量赞美意思自治的优点，主张自行安排法律救济（self reliance）。但对于那些受经济条件或知识经验所限，无法充分利用现有法律制度的社会成员而言，自行安排法律救济就是一句空话。

　　例如，即便是最普通的房产不动产交易，其复杂程度也超过了普通人的认知水平，需要专家向当事人释明相关风险、起草相关文

件并执行交易。对于很多人而言，买卖房屋是他们一辈子最重要的法律交易。房产对老百姓生活的重要意义意味着，这一领域对于秩序的要求更高，特别是要保证人们的交易安全。

三、公证人和司法触达

倘若一个法律体系要求各方当事人在交易中分别聘请律师代表自己，就会不可避免地趋向于"劫贫济富"。虽然律师收费不菲，富人们仍有能力聘任律师争取自身利益；但对于低收入人群而言，计时收取的律师费是他们难以克服的障碍。这导致此类当事人大多数没有律师代理，进一步增强了富有当事人或银行的优势地位。美国就是这种情况。即使在英格兰，虽然双方当事人通常有一定形式的法律代表，但较穷一方获得的法律咨询质量也较差，支付全额律师费的一方则获得高质量的法律意见。如果较穷的一方是买方，通常会和大客户（即银行）共用一个律师，此时他们还可以期待银行律师适当顾及其利益。这种不平等情况在小额不动产交易中尤其明显，因为当事人资金有限，且专业人员服务费占据了交易成本的大头，所以弱势当事人通常没有任何法律顾问服务。

相对应地，公证人体系则更多照顾了经济弱势方的利益。中立的交易专家必须平等对待双方当事人的利益，无论其支付能力如何。此外，公证人费用由法律规定，收费标准按照交易金额决定，²¹⁰这更有利于小额交易；大额交易的当事人支付能力更强，要支付更高的公证费。

因此，如果不考虑法律文化背景，公证人体系比完全由当事人自行聘请律师的体系更有利于保护低收入群体。通过可靠和专业的中立人员进行强制性法律干预，在事实上扯平了双方的交易地位（leveling the playing field），这在普通法体系中是难以想象的。

四、中立交易专家和交易体系的完整性

有些国家之所以不愿意引入承担公共责任的中立第三方参与不动产交易，原因之一是它们误以为不受管制的空间才是最有价值的，但实际上并非如此。产权公司和产权保险在美国的发展就说明了这一点。美国购房人和抵押人必须额外为产权保险付费，但产权保险的受益人却只是抵押权人，而且80%的佣金都被兜售保险的律师收走。这种寄生虫式的收费在民法公证人国家不存在，因为公证人有义务确保产权无瑕疵。

将不动产交易的合同起草完全委诸当事人而无中立专业人员参与，还会导致当事人的不当行为。在英格兰，从达成初步意向到最后签约有较长时间间隔，且买卖合同的缔约方式允许双方根据后续情况的发展不断互相压价（gazump or gazunder each other）。[1] 而在民法法系国家，就很少出现当事人的投机行为（maneuvering），因为双方均依靠专业中立的第三方来完成交易。

五、交易服务的收费管制

有观点认为，在管制较少的国家，如英美法系的律师代理制度或瑞典经纪人模式，宽松环境下的良性竞争会有效降低不动产过户成本，但事实却并非如此。房产不动产过户服务的市场从来就不是自由市场，即使是在强调私法自治的美国。大多数交易参与者缺乏不动产过户的专业知识和经验，无法获知价格和服务质量信息，更谈不上能够比较选择不同服务提供者，所谓的自由竞争名存实亡。在英格兰，收费较低的持牌地产过户师并没有在和事务律师的竞争中取得任何优势。在美国，通常由融资银行选择办理过户的人员，而银行根本就不会比较价格，因为过户成本全部转嫁给了消费者。

---

〔1〕 参看第五章关于英国不动产交易情况的介绍。

在瑞典，没有任何证明表明经纪人之间存在惠及消费者的价格竞争，相反，在即使不需要经纪人的交易中，经纪人也会竭力推销业务以赚取佣金。

美国的产权保险制度是不动产过户交易中市场配置失败的最好证明。产权保险公司之间没有任何价格竞争，其代理人的唯一目的是获取更多客户。更令人反感的是，保险公司之间存在逆向竞争（reversecompetition），即支付最高佣金给代理人的保险公司才能获得更多消费者，而这些佣金最后都由消费者承担。

针对不同欧盟成员国和两个美国联邦州的交易费用比较研究显示，和管制严格的公证人体系相比，缺乏管制的"自由市场"国家的过户费用反而更高，特别是对于标的额较小的交易。必须通过明智和有效的规范，才能有效控制房产不动产的过户费用。"自由市场"不值得信赖。

六、中立角色在英美法律文化中的发展

在所有法律交易中都要求中立交易专家提供预防性法律服务并不现实，但至少在部分交易类型中，例如不动产买卖，从政策角度而言应当由具有公共职责的中立专家介入。

虽然普通法系国家仍自视为自由主义的代表，力求对私人法律交易减少管制，但很多迹象表明，普通法系国家也开始重视中立解决方案。这方面最明显的表现就是调解制度在大多数普通法系国家的飞速发展。调解服务形式多样，广泛应用于各种争端解决场合。[212]调解的快速发展和受欢迎程度有利反驳了英美法系传统的严格律师代理模式。虽然调解最初发端于诉讼领域，属于和预防性司法相对立的恢复性司法（restorative justice），但调解制度本身主要用于诉讼程序之外，目的是协助当事人达成一致。例如，策划合并或联营的多个公司经常会选择一名"联合调解员"（alliance mediator），其职责是帮助和引导各方建设性合作，避免发生争议。此外，调解员也经常活跃在劳资谈判和公共组织内部，帮助各方达成满意的协

议，降低未来发生争议的风险。在某些背景下，此种调解员的功能和民法公证人非常相似，后者也是在法律交易中引导当事人达成建设性协议。

需要指出的是，普通法文化下处于对立状态的个人也在逐步趋向于聘请并授权第三方帮助他们解决问题。此种趋势表明，在某些场合下，通过中立第三方比对抗制代理模式更能有效维护各方当事人的利益。

七、对中立交易专家的管制

按照公证人模式设立中立交易专家，可以提高对交易当事方的法律咨询质量，有利于交易履行，特别是在不动产交易领域。但同时必须注意该制度和当地法律体系的匹配。法律必须强制性规定，某些交易类型（如不动产买卖和抵押设立）必须由中立交易专家提供法律咨询并起草合同，才能实现中立法律意见的价值；同时，要防范和管制由此可能产生的专业服务垄断。被管制的产业可能会"俘虏"管制者，并反过来利用管制规定侵害那些必须使用该服务的当事人。现代经济史上，这样的例子不胜枚举。

213 如果政府要求不动产交易必须由负有公共责任的持牌专业人员提供法律咨询、起草合同和交割等服务，就必须同时确保此类官方服务提供者不会滥用其特别地位。大多数民法法系国家对民法公证人及其执业均有严格管控，以保持其公共性质，防止滥用权利。同时，必须清楚地意识到，私人专业人员即使承担了公共责任，仍有可能将个人经济利益置于其公共职能之上。

在某些国家，公证人在办理过户方面享有各种受法律保护的特权，其原因在于公共政策的考量，即必须保证一定数量的公证人满足民众需要。但如果公证人可以利用其个人技能、精力和努力获取更多收入，或者认为公证业务商业利益至上，就会严重挑战限定公证人数量的正当性。考虑到公证的经济价值超过实际资产或账户收益，公证人的收费和薪酬会略微超过本应收取的数额，以维持法律服务的水准。在此情形下，交易当事人实际上是向具有公共垄断地位的公证人支付租金。

管制者应特别注意公证资格的买卖和继承。[1] 一方面要从外部禁止此种行为，同时要将规费限制在一定范围，让公证资格买卖失去经济价值。

八、持续对话的必要性

本书的研究表明，最重要的是在学者和政府决策者之间保持严肃和持续的对话沟通，就交易法律服务体系的评价和改善、争端解决和恢复性司法体系等问题交换意见。近年来，人们较为重视后者，但更需要关注的是，如何保障各阶层人员都能按照其真实意图从事私法交易，并避免未来发生纠纷。来自民法法系和普通法系的学者和改革者应摒弃传统偏见和刻板印象，通过比较法对话关注实践中的政策及其执行。

214

---

　　〔1〕 法国的相关情况参看第二章五（二）部分和第五章二（一）第二部分；德国相关情况参看本书第三章第六部分。

索引表

原文	译文	页码
Access to justice	**司法触达**	
and Human Equality and Dignity	司法触达和人类平等与尊严	209 s.
and Notarial System	司法触达和公证体系	16, 25 s., 41, 74, 181, 209 s.
see also Preventative Justice	又参见词条"预防性司法"	
Authentication procedure	公证程序	
Adoption of Italian Notariat Techniques in England	英国对意大利公证技术的借鉴	21
Early Roman Beginnings	早期罗马初期	9 s.
Economic Theory of Law	法律中的经济学理论	148 ss., 150 s., 188
and European Tradition of Preventative Justice	公证程序和欧洲预防性司法的传统	169 ss.
Functional Efficiency	能效	153 ss.
Harmonization in the EU	在欧盟内的协调	173

原文	译文	页码
an Human Equality and Dignity	人类平等与尊严	158 ss.
Imperial Notariat Law of 1512	1512 年《帝国公证法》	11
Importance of Neutrality	中立的重要性	162 ss.
Liber Augustalis or Constitutions of Melfi[1]	梅尔菲宪法	13 s.
in Louisiana	路易斯安那州的公证程序	116 s.
in Modern Estonia	现代爱沙尼亚的公证程序	98
in Modern France	现代法国的公证程序	74 ss.
in Modern Germany	现代德国的公证程序	28 ss. ,31 ss.
Privatization of Authentication in the EU	欧盟的公证自治化(非程式化)	185
Two Notariat in France	法国的两类公证人	17,82
See also Notariat Documents and Executable Notariat Documents	又参见词条"公证文书以及可执行公证文书"	
Broker and Real Estate Transactions	经纪人和不动产交易	
in England	英格兰经纪人和不动产交易	62, 68

---

〔1〕 梅尔菲宪法系腓特烈二世(Frederick II)于 1231 年颁布,其中有开明专制主义和国家集权制度的萌芽思想,目的是将其集权统治扩展到整个意大利、德国和勃艮第。梅尔菲宪法严重限制了教会和贵族的特权,而辖区皇家官僚被授予垄断地位和权力。腓特烈二世(1194~1250)于 1196 年加冕为德意志国王,1198 年加冕为西西里国王,1220 年加冕为神圣罗马帝国皇帝,1229 年自行加冕为耶路撒冷国王。1231 年 8 月,腓特烈在梅尔菲颁布西西里王国新宪法。

原文	译文	页码
in Estonia	爱沙尼亚的经纪人和不动产交易	97 ss. , 101
in France	法国的经纪人和不动产交易	81, 86
in Germany	德国的经纪人和不动产交易	43, 56
in sweden	瑞典的经纪人和不动产交易	88 ss.
In the US	美国的经纪人和不动产交易	132 ss. ,136 ss.
Civil Law Notary	民法公证人	V s. , 5 s. , 9 ss. , 73 s. , 169 ss.
See also History of the Notariat, the Names of the Various Countries and European Union	又参见"公证历史"词条	
CNUE Study	欧盟公证理事会研究	
On Comparative Real Estate Conveyancing Costs	欧盟公证理事会关于不动产让与成本的比较研究	VI, 7s. , 54s. , 66ss. , 94ss. , 100s. , 141ss. , 147ss. , 154,172s.
Comparative Observations	比较观察	
Cost of Real Estate Transactions	不动产交易成本	148 ss.
Efficiency of Notariat and Non-Notarial Systems	有公证和无公证体系的效率比较	153 ss.
Human Equality and Dignity and the Effectuation of Legal Transactions	人类平等尊严和法律交易效率的比较	158 ss.

原文	译文	页码
Importance of Neutrality	中立的重要性	162 ss.
Quality of Advice to Transaction Participants	对交易各方当事人的建议	160 ss.
Conveyancers	房产过户师、办理不动产让与事务者	
Licensed Conveyancers in England	英格兰有资质的房屋过户师	59 s.
Conveyancing	不动产交易	
in England	在英格兰	19 s.
in Maine	在缅因州	132 ss.
in New York	在纽约	136 ss.
see also Real Estate Transactions	又参见词条"不动产交易"	
Conveyancing Costs	不动产交易成本	
see Real Estate Transfer Costs	参见词条"不动产交易成本"	216
Economic Theory and Preventative Justice	经济学理论以及预防性司法	
see Law and Economics	参见词条"法律与经济学"	
Education of Notarial Candidates	公证人候选人的培训	
Comparative Quality	质量相当	160 s.
in England	英格兰	71s.
in France	法国	76 s.
in Germany	德国	37 s.
in the US	美国	116 s

原文	译文	页码
Education of Transactional Law Professionals	交易法中专业人士的培训	
Comparative Quality	质量相当	160 s.
in England	英格兰	59 s.
in Sweden	瑞典	89 s.
in the US	美国	113ss., 136,141
England	英格兰	
Comparative Observations	比较观察	147 ss.
Conveyancers and License	房产过户师和资质许可	59 s.
Conveyancing Costs	不动产交易成本	66 s.,68
Differences between Civil Law and English Notaries	民法公证人与英格兰公证人的区别	73 s.
Future of the Notariat within the EU	欧盟范围内公证的前景	169ss., 171,172
History of the Notariat	公证的历史	20 ss.
Housing Act 2004	2004 年《房产法案》	62 ss.
Land Registration System	土地登记体系	64 ss.
Public Notaries in Modern England	现代英格兰的普通公证人	67 ss.
Real Estate Transactions	不动产交易	62 ss.
Scrivener Notariat	地区公证人[1]	79 s.

---

[1] 英国目前有五类公证人:即普通公证人(General Notaries,Notaries,Notary Public or Public Notaries)、地区公证人(Scrivener Notaries)、教会公证人(Ecclesiastical Notaries)、在威尔士开业的公证人、在英国海外地区开展业务的公证人。

原文	译文	页码
Solicitor as Licensed Conveyancers	获得房产过户师执照的律师	60
Transactional Law Professionals	交易法专业人士	59 s.
Equality and Dignity	平等和尊严	
and Preventative Justice	平等尊严和预防性司法	158 ss.
Estonia	爱沙尼亚	
Comparative Costs	比较成本	147 ss. ,149
Conveyancing Costs	不动产交易成本	100 s.
History of the Notariat	公证的历史	97
Land Register	土地登记	99 s.
Modern Estonian Notary	现代爱沙尼亚公证人	97
Real Estate Transactions	不动产交易	97 s.
European Commission	欧盟委员会	
and Notariat	欧盟委员会和公证	171 ss.
see also European Union	又参见"欧盟"词条	
European Court of Jsutice	欧洲法院	
and Notariat	欧洲法院和公证	176 s.
see also European Union	又参见"欧盟"词条	
European Legislation	欧洲立法	

续表

原文	译文	页码
Council Regulations in the Area of Corporate Law and the Notariat	欧洲理事会在公司法和公证领域颁布的规则	174 s.
Directive on Services in theInternal Market and the Notariat	关于内部市场和公证服务的指令	171
Eurohypothek and the Notariat	欧洲抵押〔2〕和公证	175
Harmonization of Authentication	公证的协调	173
and Notariat	欧洲立法和公证	174 ss.
Statement of the European Parliament in Favor of the Notariat	欧洲议会支持公证的声明	175 ss.
see also European Union	又参见"欧盟"词条	
European Union	欧盟	
Commission's Vision of a Deregulated Notariat	欧盟委员会对解除公证管制的看法	185 ss.
Future of the Notariat	欧盟公证前景	169 ss.
History of European Legal Culture	欧洲法律文化历史	169 ss.
Legal and Social Culture and the Notariat	法律社会文化和公证	187 ss. ,190 ss.

---

〔2〕 参看王洪亮:"土地债务制度上的抽象构造技术",载《比较法研究》2005 年第 4 期,注释 11。

原文	译文	页码
Market Freedoms and Notariat	市场自由和公证	187 s.
Nationality of Notaries	公证人的国籍	171 s.
Notariat and European Commission	公证与欧盟委员会	171
Preventative Justice and its Variety	预防性司法及其多样性	183
Regulation of Liberal Professions	欧盟对自由专业人士的规制	177 ss.
Role of Economic Theories and European Notariat	经济学理论的角色和欧洲公证	188 s.
Standing of the European Notariat	欧洲公证的状况	189 s.
Statutorily Fixed Notarial Fees	法律规定的公证费用	172, 176, 183 s.
Evidentiary Weight of Notarial Documents	公证文书的证据力	
see Notarial documents	参见"公证文书"词条	
Executable Notarial Documents	可执行的公证文书	
in EU Member States	在欧盟成员国可执行的公证文书	118,200 s.
and Foreclosure of Mortgages outside Court in the US	美国庭外丧失抵押品赎回权和可执行公证文书	201
in France	法国的可执行公证文书	16 s.,75
French "Loi Ventose"	法国"二月法规"	16 s.

原文	译文	页码
in Germany	德国的可执行公证文书	27,52
see also Notarial Documents	又参见"公证文书"词条	
Formal Requirements of Legal Transactions	法律交易的形式要求	
in England	英格兰	59
in Estonia	爱沙尼亚	98 s.
in France	法国	75,80 s.
in Germany	德国	28 s.
in Sweden	瑞典	88
in the US	美国	103 ss. , 105 s.
France	法国	
Comparative Observations	比较观察	147 ss.
Conveyancing Costs	让与成本	86 s.
Future of the Notariat within the EU	欧盟内的公证前景	170 ss.
History of the Notariat	公证历史	15 ss.
Modern French Notary	现代法国公证人	74 ss.
Real Estate Transactions	不动产交易	80 ss.
Registration of Title	产权登记	85 s.
Sale and Inheritance of Notarial Practices	公证事务所的买卖和继承	17, 78, 183, 213
Fraud	欺诈	

续表

原文	译文	页码
Statue of Fraud	防欺诈法	69,106
Fraud by Impersonation in Sweden	瑞典的冒名式欺诈	93 s.
Germany	德国	
Ban on Sale and Inheritance of Notarial Practices	禁止买卖和继承公证事务所	38 s. ,213
Comparative Observations	比较观察	147 ss.
Forms of Notarial Practice	公证事务所类型	34 ss.
Future of the Notariat within the EU	欧盟内的公证前景	170 ss.
History of the Notariat	德国公证历史	11 ss.
Modern German Notary	现代德国公证人	25 ss.
Real Estate Transactions	不动产交易	43 ss.
Real Estate Transfer Costs	不动产转让费用	55
Self-image	自我定位	181 s.
Title Registry System	产权登记机制	45 ss.
History of the Notariat	公证历史	
Africa	非洲公证历史	22
Austria	澳大利亚公证历史	18
Belgium	比利时公证历史	19
Czech Republic	捷克共和国公证历史	20
Denmark	丹麦公证历史	22

原文	译文	页码
Early Italy	早期意大利公证历史	10
East Asia	东亚公证历史	22
England	英格兰公证历史	20 ss. ,67 ss.
Finland	芬兰公证历史	22
France	法国公证历史	15 ss.
French Revolution	法国大革命的公证历史	16
Germany	德国公证历史	11 ss.
Hungary	匈牙利公证历史	20
Iberoamerica	伊比利亚美洲公证历史〔3〕	22
Imperial Notariat Law of 1512	1512 年帝国公证法公证历史	11
Italy	意大利公证历史	13 s.
Liber Augustalis or Constitutiones of Melfi	梅尔菲宪法	11
Netherlands	荷兰公证历史	19
Norway	挪威公证历史	22
Poland	波兰公证历史	20

---

〔3〕 伊比利亚美洲(西班牙语:Iberoamérica,葡萄牙语:Ibero-América,加泰罗尼亚语:Iberoamèrica)是指使用西班牙语和葡萄牙语的所有美洲国家和地区的总称。它们曾经都是西班牙或葡萄牙的殖民地,属于西班牙殖民帝国或葡萄牙殖民帝国的一部分,并且在各方面,尤其是在文化方面深受原宗主国西班牙或葡萄牙的影响,例如它们的官方语言都是西班牙语或葡萄牙语,主要宗教都是天主教。由于西班牙和葡萄牙本土都位于欧洲的伊比利亚半岛,伊比利亚美洲由此得名。

原文	译文	页码
Roman jurisdictio voluntaria	罗马非诉事件管辖权	9
Russia	俄罗斯公证历史	20
Scandinavia	斯堪的纳维亚国家公证历史	22
Serbia	塞尔维亚公证历史	20
Spain	西班牙公证历史	19
Sweden	瑞典公证历史	22
Switzerland	瑞士公证历史	18
UnitedStates	美国公证历史	114 ss.
Housing Act	房产法案	
Real Estate Transaction in England	英格兰不动产交易房产法案	62 s.
Impartiality of Transaction Professionals	交易专业人士的公正性	
see Neutrality of Transaction Professionals	参见词条"交易专业人士的中立性"	
Independence of Transaction Professionals	交易专业人士的独立性	
see Neutrality of Transaction Professionals	参见词条"交易专业人士的中立性"	
Inheritance of Notarial Practices	公证事务所的继承	
Ban on inheritance in Germany	德国禁止公证继承	38 s. ,213

原文	译文	页码
Practice in France	法国实践	17, 78, 183, 213
Italy	意大利	
History of the Notariat	公证历史	10,11 s.
Notarial Participation in Corporate Matters	公证对公司事务的参与	175
Notariat and European Law	意大利公证和欧洲法	172
Land Register	土地登记处	
see Registration of Land	参见词条"土地登记"	
Law and Economics	法律与经济学	
and Neutral Transaction Professionals	法律与经济学及中立交易专业人士	148ss. ,151ss. , 188ss.
Role as a Legitimation for Changes in Europe	作为欧洲改革的合法性依据	188 ss.
Lawyer for the Situation	情势律师、境况律师〔4〕	
and Adversarial Model of American Legal Profession	情势律师和美国法律职业中的对抗制模式	109 ss. ,119 ss.

〔4〕 "境况律师"(Lawyer for the Situation)这个短语是美国最高法院大法官路易斯·布兰代斯(Louis Brandeis)在1916年创造的。他被提名为美国联邦最高法院大法官后参加听证会时,反对者指出,布兰代斯在担任律师时,曾对某家庭的成员产生争端以后仍代理该家庭业务,曾对几个不同委托人之间的商业交易进行监督,曾就某业务的债权人与债务人之间的纠纷进行调解,以避免该业务陷入困境;尽管委托人同意此种多方代理,但在有利益冲突的情况下提供代理服务存在道德上的争议。布兰代斯用"境况律师"这一词语为上述做法进行了辩护。

原文	译文	页码
in American Legal Culture	美国法律文化中的情势律师	1 ss. ,153 ss.
Developments towards Neutral Lawyers in Professional Regulation in the US	美国职业规范中趋向于中立律师的发展	196 ss. ,211 s.
and Mediation in the US	情势律师和美国调解制度	195 s.
Recommendation for Neutral Transaction Lawyers	对中立交易律师的建议	204 s. ,210
Mediation	调解	
and American Receptivity to Neutral Institutions of Preventive Law	调解和美国对中立制度的接受	124 ss. , 195 ss.
Importance of Neutrality	中立的重要性	164
Mortgages	抵押	
see Real Estate Transactions	参见词条"不动产交易"	
Neutrality of Transaction Professionals	交易中专业人士的中立性	
Absence of Legal Advice for the Buyer in US Land Conveyancing	美国土地交易中对买方缺少法律建议	129 ss. ,145
Civil Law Notaries as Neutral Jurists	作为中立裁判者的民法公证人	5 ss.

原文	译文	页码
and Deregulation of Notarial Fees	对公证费用解除管制	172,176, 183ss. , 203, 210 s.
and Dual Representation in England	英格兰的双重代表	61
and forms of Notarial Practice in Germany	德国公证事务所的类型	34 ss.
Impartiality of Notaries and the German Imperial Law on Notaries of 1512	公证人公正性和德国 1512 年《帝国公证法》	11 s.
Importance for Professionals in Legal Transactions	专业人士中立性对法律交易的重要性	162 ss. ,210
Independence of Notaries and theLiber Augustalis of 1231	公证人独立性以及 1231 年梅尔菲宪法	13 s.
and Involvement of Two Notaries in France	法国两类公证人的联系	75
Legislation of the French Revolution	法国大革命后的立法	16 s.
Neutral Institutions of Preventative Law in the US	美国预防性法律的中立制度	119 ss.
of Notaries in Modern France	现代法国公证人	74 ss.
of Notaries in Modern Germany	现代德国公证人	30
Partisan Legal Advocate Adviser and Lawyer for the Situation in the US	美国当事人主义下的辩护律师和情势律师	1ss. ,3ss. , 109ss. ,112ss.

原文	译文	页码
French Revolution	法国大革命	16 s.
and Functional Efficiency	预防性司法和功能效率	153 ss.
Future in the EU	预防性司法在欧盟的前景	169 ss.
and German Title Register System	预防性司法和德国产权登记制度	45 ss.
in Germany	德国的预防性司法	25 ss.
and Human Equality and Dignity	预防性司法和人类平等尊严	158 ss.
Importance of Neutrality	中立的重要性	162 ss.
No Preventative Justice Model in England and the US	英格兰和美国的无预防性司法模式	59 s. , 103 ss.
and Principle of Profit Maximization	预防性司法和利润最大化原则	177 ss.
Quality of Advice Compared with Non−Notarial Systems	法律意见的质量与无公证体系的对比	160 ss.
Role of Repeat Players	重复投入的问题	164 s.
Romanjurisdiction voluntaria	罗马的非诉事件管辖权	9 ss.
see also Access to Justice	又参见词条"实现正义"	
Professional Regulation and Discipline	对专业人士的规制和准则	
the European Commission's Point of View	欧盟委员会的观点	185 ss.
Future Regulation of Neutral Transaction Professionals	未来对中立专业人士规则	212

原文	译文	页码
Real Estate Transactions	**不动产交易**	
in England	英格兰	62 ss.
in Estonia	爱沙尼亚	97 ss.
in France	法国	80 ss.
in Germany	德国	43 ss.
in Maine	缅因州	132 ss.
in New York	纽约州	136 ss.
in Sweden	瑞典	90 ss.
in the US	美国	120 ss.
Real Estate Transfer Costs	**不动产转让成本**	
Comparative Costs	相对成本	144 ss.
in England	英格兰	66 s. ,68
in Estonia	爱沙尼亚	100s.
in France	法国	86 s.
in Germany	德国	55
Statutorily fixed notarial fees	法律规定的公证费用	172,176, 183s. ,203s. , 210
in Sweden	瑞典	94 ss. ,96
in the US(Maine and NewYork)	美国(缅因和纽约)	141 ss.
Registration of land and land records	**土地登记和土地记录**	

原文	译文	页码
in England	英格兰	64 ss.
in Estonia	爱沙尼亚	99 s.
in France	法国	85 s.
in Germany	德国	45 ss.
in Sweden	瑞典	93
in the US	美国	128 s. , 134, 140
Sale of notarial practice	公证事务所的买卖	
Ban on sale in Germany	德国禁止买卖公证事务所	38 s. ,213
Practice in France	法国的实践	17, 78, 183, 213
Scriveners	代书	
in England	英格兰	70 s.
Solicitors	律师	
Code ofConduct	行为准则	60
Licensed English Conveyancers	有执照的房产过户师	60
SubprimeCrisis	低风险	
and Importance of neutral transaction professionals	低风险和中立的交易专业人士的重要性	44 s. , 121, 156
Sweden	瑞典	
Conveyancing Costs	让与成本	94 ss. ,96
Fraud by Impersonation	冒名式欺诈	93 s.

原文	译文	页码
Conveyancing practices in New York	纽约州的不动产交易事务所	136 ss.
Corporate Entities and their formation and representation	公司的实体、形式和代表	122 ss.
Effectuation of Legal Transactions	法律交易的完成	103 ss.
Formal Requirements of Legal Transactions	法律交易的形式要件	105 ss.
History of Public Notaries	普通公证人历史	114 s.
Land Registration and Land Records	土地登记和地产记录	128 s. , 134, 140
Lawyers as Neutrals	律师的中立角色	112s. ,125s. , 211s.
Lawyers' Monopoly of Legal Transactions	律师对法律交易的垄断	111 ss.
Mediation and the Third Neutral	调解和中立第三方	124 s. ,195
Neutrality and Privatization of Civil Justice	民事审判的中立性和自治化	162 ss. ,164
Preventive Law	预防性法律	105 ss. ,199
Professionals in American Legal Transactions	美国法律交易中的专业人士	109 ss.
Public Notaries in Louisiana and Florida	路易斯安那和佛罗里达的普通公证人	115 s.

原文	译文	页码
Public Policy and Legal Transactions	公共政策和法律交易	107 ss.
Real Estate Transactions	不动产交易	120ss. ,127ss. , 193ss.
Regulation of Lawyer and Neutral Practitioners	对律师和中立执业者的规制	113s. , 196s. 212s.
Regulation of Legal Transactions	法律交易的规制	107 ss.
Self Executing Documents	自执行文件	200 ss.
Title Companies	产权公司	120 ss.
Title Insurance	产权保险	128s. , 134s. , 140
Title Research	产权调查	128s. , 134s. , 139
Torrens Land Registration	托伦斯土地登记制度	128s.
World Bank Reports	世界银行报告	
on Doing Business and Notarial Authentication	关于商业和公证的报告	188
ZERP Study	不来梅大学欧洲法律政策中心的研究	
On Comparative Conveyancing and Real Estate Transfer Costs	关于不动产交易的中介服务和费用的比较研究	154,172s.

图书在版编目（ＣＩＰ）数据

民法公证人和中立律师：现代社会预防性司法比较研究 ／（美）彼得·L. 马瑞，（德）拉尔夫·施图尔纳著；王葆莳等译.—北京：中国政法大学出版社，2023.7

书名原文：The Civil Law Notary – Neutral Lawyer for the Situation

ISBN 978-7-5764-1029-7

Ⅰ.①民… Ⅱ.①彼… ②拉… ③王… Ⅲ.①民法－公证人－研究②律师制度－研究 Ⅳ.①D916

中国版本图书馆CIP数据核字(2023)第157271号

出版者	中国政法大学出版社
地　址	北京市海淀区西土城路 25 号
邮　箱	fadapress@163.com
网　址	http://www.cuplpress.com (网络实名：中国政法大学出版社)
电　话	010-58908435(第一编辑部) 58908334(邮购部)
承　印	固安华明印业有限公司
开　本	880mm×1230mm　1/32
印　张	8.5
字　数	233 千字
版　次	2023 年 7 月第 1 版
印　次	2023 年 7 月第 1 次印刷
定　价	46.00 元

The Civil Law Notary - Neutral Lawyer for the Situation: A
Comparative Study on Preventative Justice in Modern Societies
by Peter L. Murray, Rolf Stürner
Copyright © Verlag C.H.Beck OHG, München 2010

著作权合同登记号：图字01-2023-1181号